スッキリとける

FP技能士2級・AFP
過去+予想問題

TAC FP講座

TAC出版
TAC PUBLISHING Group

「科目別の過去問題」で知識の穴を埋め、
「予想問題」で本試験形式に慣れることが

合格への最善・最短ルート！

本書は、**頻出問題を確実にマスター**し、さらに**本試験形式に慣れていただく**ために「**過去＋予想問題**」という形式をとっています。資格の学校 TAC FP 講座のノウハウを詰め込んだ本書を利用して、ぜひ合格を勝ち取ってください！

本書の合《う》格《か》るポイント

「科目別の過去問題」で知識の穴を埋め、「予想問題」で本試験に対応する力をつける!

本書の前半部分は**頻出の過去問題**を**科目別**に掲載しています。FP 試験は**６割の得点で合格でき、頻出論点はほぼ固定されています。**そのため、あまり出題されない微細な論点にまで手をひろげずに、本書に掲載している**試験によく出る論点の過去問題を確実にマスターすることが合格のカギ**になります。

本書は**見開き形式**で**すぐに解答が確認できる**ので、問題を解きながら、同時進行で知識を吸収することができます。まちがった問題については、姉妹書の『**スッキリわかるＦＰ技能士２級**』の同じ論点を確認することで、知識がより強固なものとなります。

後半部分には**予想問題**を１回分掲載しています。**最新の法改正**が反映された**本試験形式の問題**を制限時間内に解くことで、**本番を想定した演習**ができます。

本書だけで合格点を突破できる!

23 年９月試験で、学科試験では全 60 問中 38 問、実技試験（個人、生保、資産）では全 70 問中 47 問が的中。**少ない労力で最大の効果を発揮します。**

「頻出ポイント」が本試験直前まで役に立つ!

各科目の過去問題の後には**頻出ポイント**を掲載しています。**試験に出やすいポイントにしぼって暗記事項を掲載**しているので、試験直前まで役に立ちます。

学習方法

本書には、姉妹書として、インプット中心の『スッキリわかるＦＰ技能士２級』があります。また、直前対策として『〇年〇月試験をあてる TAC 直前予想 FP 技能士２級』をご利用いただくのも効果的です。学習に割ける時間や、知識量に応じて、最適な方法で学習しましょう。

時間がない人や、
あるていど知識がある人に
オススメ！

パターン❶

いきなり
本書の
過去問を解く！

試験直前で
本当に時間の
ない方は、
本書1冊にしぼって
学習しましょう！

STEP 1 スッキリとける で 過去問演習

FP 試験は頻出論点がほぼ固定されていて、類似の問題が繰り返し出題されています。また、もともと持っている知識や常識で対応できる問題も出題されるため、平易な論点については、該当部分のテキストを読むことが時間の無駄になる場合があります。そのため、学習時間があまり取れない場合は、**テキストを読まずにいきなり本書の過去問題を解き、**間違えた部分については解説を読み込み、その場で知識を吸収していくのが実は**最短の学習ルート**なのです。

基礎から順序立てて
学びたい人に
オススメ！

パターン❷

インプット
をしてから
本書の
過去問を解く！

STEP 1 スッキリわかる で 知識をインプット

『スッキリわかるＦＰ技能士２級』は、専門知識がない人でも、平易な言葉で重要論点をどんどん読み進められるつくりになっています。**基礎から知識を積み上げていきたい方**は、まず『スッキリわかる』を読みましょう。

STEP 2 スッキリわかるで知識を確認

本書の問題を解いて間違えた箇所については、『スッキリわかるFP技能士2級』の同じ論点を確認することで、知識をより確かなものにできます。

STEP 2 スッキリとけるで過去問演習

『スッキリわかる』を1章分読んだら、『スッキリとける』の同じ章の問題を解きましょう。**過去問題**を解くことで、**「インプットした知識」を「実際に問題を解く力」に変えること**ができます。間違えた問題は、『スッキリわかる』の同じ論点を読み返して復習しましょう。

STEP 3 スッキリとけるで予想問題にチャレンジ

本書の過去問題を解き終わったら、時間を計って巻末の「予想問題」にチャレンジしましょう。**合格ラインの6割**が目標です。間違えた論点はしっかり復習しましょう。また、本書の**ダウンロードサービス**を利用して、**最新の本試験問題**も解いておきましょう。

STEP 4 あてるで直前対策を完璧に

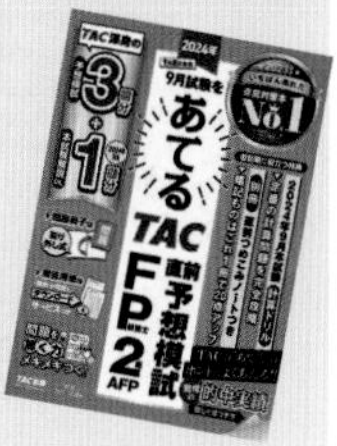

さらに余力があれば、『○年○月試験をあてるTAC直前予想模試FP技能士2級』を利用しましょう。予想模試3回分や、苦手な人が多い計算問題を一気に演習できる計算ドリルなどを解いて、**最終仕上げをしましょう。**

本書の特長と利用方法

STEP 1 各章の扉で、頻出論点を確認しよう！

頻出論点ベスト3

合格点が60点のFP本試験では、試験によく出る論点を確実にマスターすることが合格のカギになります。まずは各科目の扉に掲載されている頻出論点を確認し、これらについては必ずマスターするようにしましょう。

STEP 2 アウトプット⇄インプットで知識を定着！

学科問題は見開きでサクサク確認！

最新の本試験問題から、マスターすべき重要な頻出問題を掲載しています。見開き形式ですぐに解答解説が確認できるので、問題を解きながら、同時進行で知識を吸収することができます。

問題　**解答解説**

第1章｜学科

四答択一式問題　次の各問について答えを1つ選び、その番号を答えなさい。

1 FP業務の基本

頻出

ファイナンシャル・プランナー（以下「ＦＰ」という）の顧客に対する行為に関する次の記述のうち、関連法規に照らし、最も不適切なものはどれか。（2021年9月問1）

1）税理士の登録を受けていないＦＰのＡさんは、顧客からふるさと納税に関する寄附金控除について相談され、所得税法や地方税法の条文等を示しながら一般的な説明をした。

2）弁護士の登録を受けていないＦＰのＢさんは、顧客からの要請に応じ、当該顧客を委任者とする任意後見契約の受任者となった。

3）生命保険募集人の登録を受けていないＦＰのＣさんは、ライフプランの相談に来た顧客に対して、生命保険の商品内容を説明した。

4）金融商品取引業の登録を受けていないＦＰのＤさんは、顧客と資産運用に関する投資顧問契約を締結したうえで、値上がりが期待できる株式の個別銘柄を示し、その購入を勧めた。

4

解答解説

1 ▸ 正解 4

1）適　切。税理士の登録を受けていないＦＰであっても、制度や法律の一般的な説明をすることはできる。

2）適　切。弁護士の登録を受けていないＦＰであっても、任意後見受任者になるこ[redacted]

3）適　切[redacted]ＦＰであっても、商品の説明を[redacted]

4）不適[redacted]Ｐは、顧客と投資顧問契約[redacted]

5

過去問題編　第1章　ライフプランニングと資金計画　学科

繰り返し学習

チェックボックスを活用して、
何度も繰り返し解いて、
正答率をあげていきましょう。

重要な語句や
問題演習の解答は
赤シートで隠せます。

アイコンに注目

本試験でよく出る論点には、「頻出」アイコンをつけています。このアイコンがついた問題は絶対に間違えないようにしましょう。

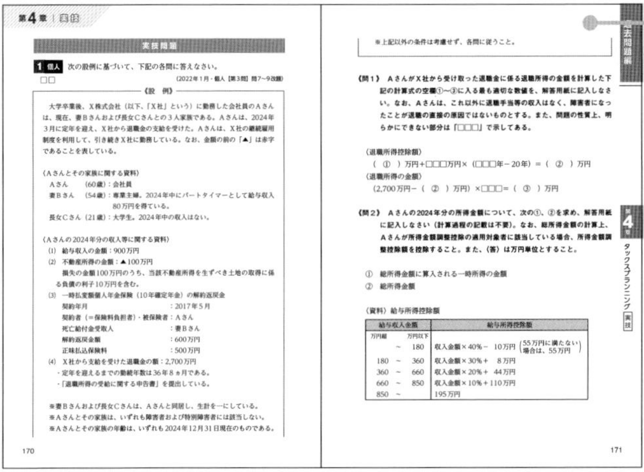

第4章 | 実技

実技問題

1 個人 次の設例に基づいて、下記の各問に答えなさい。
□□ (2022年1月・個人【第3問】問7〜9改題)

《設 例》

大学卒業後、X株式会社（以下、「X社」という）に勤務した会社員のAさんは、現在、妻Bさんおよび長女Cさんとの3人家族である。Aさんは、2024年3月に定年を迎え、X社から退職金の支給を受けた。Aさんは、X社の継続雇用制度を利用して、引き続きX社に勤務している。なお、金額の前の「▲」は赤字であることを表している。

〈Aさんとその家族に関する資料〉
Aさん　（60歳）：会社員
妻Bさん　（54歳）：専業主婦。2024年中にパートタイマーとして給与収入80万円を得ている。
長女Cさん（21歳）：大学生。2024年中の収入はない。

〈Aさんの2024年分の収入等に関する資料〉
(1) 給与収入の金額：900万円
(2) 不動産所得の金額：▲100万円
　損失の金額100万円のうち、当該不動産所得を生ずべき土地の取得に係る負債の利子10万円を含む。
(3) 一時払変額個人年金保険（10年確定年金）の解約返戻金
　契約年月：2017年5月
　契約者（＝保険料負担者）・被保険者：Aさん
　死亡給付金受取人：妻Bさん
　解約返戻金額：600万円
　正味払込保険料：500万円
(4) X社から支給を受けた退職金の額：2,700万円
　・定年を迎えるまでの勤続年数は36年8ヵ月である。
　・「退職所得の受給に関する申告書」を提出している。

※妻Bさんおよび長女Cさんは、Aさんと同居し、生計を一にしている。
※Aさんとその家族は、いずれも障害者および特別障害者には該当しない。
※Aさんとその家族の年齢は、いずれも2024年12月31日現在のものである。

170

※上記以外の条件は考慮せず、各問に従うこと。

《問1》 AさんがX社から受け取った退職金に係る退職所得の金額を計算した下記の計算式の空欄①〜③に入る最も適切な数値を、解答用紙に記入しなさい。なお、Aさんは、これ以外に退職手当等の収入はなく、障害者になったことが退職の直接の原因ではないものとする。また、問題の性質上、明らかにできない部分は「□□□」で示してある。

〈退職所得控除額〉
（ ① ）万円＋□□□万円×（□□□年－20年）＝（ ② ）万円
〈退職所得の金額〉
（2,700万円－（ ② ）万円）×□□□＝（ ③ ）万円

《問2》 Aさんの2024年分の所得金額について、次の①、②を求め、解答用紙に記入しなさい（計算過程の記載は不要）。なお、総所得金額の計算上、Aさんが所得金額調整控除の適用対象者に該当している場合、所得金額調整控除額を控除すること。また、〈答〉は万円単位とすること。

① 総所得金額に算入される一時所得の金額
② 総所得金額

〈資料〉給与所得控除額

給与収入金額	給与所得控除額
万円超　万円以下	
～　180	収入金額×40％－　10万円（55万円に満たない場合は、55万円）
180　～　360	収入金額×30％＋　8万円
360　～　660	収入金額×20％＋　44万円
660　～　850	収入金額×10％＋110万円
850　～	195万円

171

過去問題編

第4章 タックスプランニング 実技

実技は最重要問題に絞って対策！

金財
■個人資産相談業務
■生保顧客資産相談業務
FP協会
■資産設計提案業務

から最重要問題を掲載。定番問題の解き方をマスターしましょう。

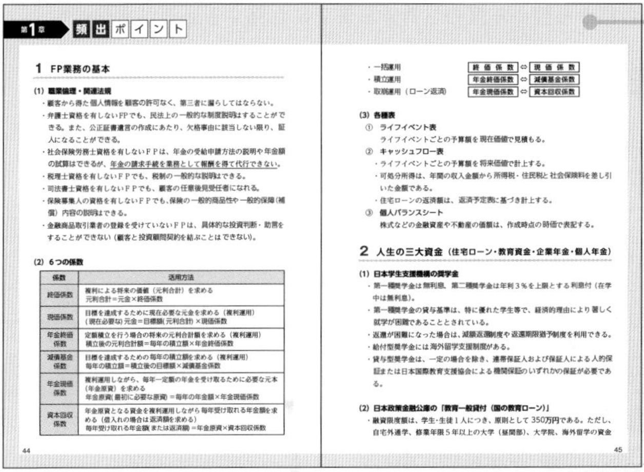

第1章 頻出ポイント

1 FP業務の基本

(1) 職業倫理・関連法規
・顧客から得た個人情報を顧客の許可なく、第三者に漏らしてはならない。
・弁護士資格を有しないFPでも、民法上の一般的な制度説明はすることができる。また、公正証書遺言の作成にあたり、欠格事由に該当しない限り、証人になることができる。
・社会保険労務士資格を有しないＦＰは、年金の受給申請方法の説明や年金額の試算はできるが、年金の請求手続を業務として報酬を得て代行できない。
・税理士資格を有しないＦＰでも、税制の一般的な説明はできる。
・司法書士資格を有しないＦＰでも、顧客の任意後見受任者になれる。
・保険募集人の資格を有しないＦＰでも、保険の一般的商品性や一般的保障（補償）内容の説明はできる。
・金融商品取引業者の登録を受けていないＦＰは、具体的な投資判断・助言をすることができない（顧客と投資顧問契約を結ぶことはできない）。

(2) 6つの係数

係数	活用方法
終価係数	複利による将来の価値（元利合計）を求める 元利合計＝元金×終価係数
現価係数	目標を達成するために現在必要な元金を求める（複利運用） （現在必要な）元金＝目標額（元利合計）×現価係数
年金終価係数	定額積立を行う場合の将来の元利合計額を求める（複利運用） 積立後の元利合計額＝毎年の積立額×年金終価係数
減債基金係数	目標を達成するための毎年の積立額を求める（複利運用） 毎年の積立額＝積立後の目標額×減債基金係数
年金現価係数	複利運用しながら、毎年一定額の年金を受け取るために必要な元本（年金原資）を求める 年金原資（最初に必要な原資）＝毎年の年金額×年金現価係数
資本回収係数	年金原資となる資金を複利運用しながら毎年受け取れる年金額を求める（借入れの場合は返済額を求める） 毎年受け取れる年金額（または返済額）＝年金原資×資本回収係数

44

・一括運用　終価係数 ⇔ 現価係数
・積立運用　年金終価係数 ⇔ 減債基金係数
・取崩運用（ローン返済）　年金現価係数 ⇔ 資本回収係数

(3) 各種表
① ライフイベント表
　ライフイベントごとの予算額を現在価値で見積もる。
② キャッシュフロー表
　・ライフイベントごとの予算額を将来価値で計上する。
　・可処分所得は、年間の収入金額から所得税・住民税と社会保険料を差し引いた金額である。
　・住宅ローンの返済額は、返済予定表に基づき計上する。
③ 個人バランスシート
　株式などの金融資産や不動産の価額は、作成時点の時価で表記する。

2 人生の三大資金（住宅ローン・教育資金・企業年金・個人年金）

(1) 日本学生支援機構の奨学金
・第一種奨学金は無利息、第二種奨学金は年利3％を上限とする利息付（在学中は無利息）。
・第一種奨学金の貸与基準は、特に優れた学生等で、経済的理由により著しく就学が困難であることとされている。
・返還が困難になった場合は、減額返還制度や返還期限猶予制度を利用できる。
・給付型奨学金には海外留学支援制度がある。
・貸与型奨学金は、一定の場合を除き、連帯保証人および保証人による人的保証または日本国際教育支援協会による機関保証のいずれかの保証が必要である。

(2) 日本政策金融公庫の「教育一般貸付（国の教育ローン）」
・融資限度額は、学生・生徒1人につき、原則として350万円である。ただし、自宅外通学、修業年限5年以上の大学（昼間部）、大学院、海外留学の資金

45

本試験まで使える頻出ポイント

科目別過去問題で弱点を補強したら、「頻出ポイント」で試験に出やすいポイントについて、本試験まで知識を確認して、キープしましょう。

STEP 3

予想問題で本試験対応力をつける！

最新の試験傾向を反映した予想問題

最新の試験傾向や法改正情報をもとにした予想問題1回分を解いて、本試験対応力をつけていきます。時間をきちんと計って解き、試験時間内に解ききれたかを確認しましょう。
また、採点をして、どこが間違ったかを把握し、復習に役立てていきましょう。

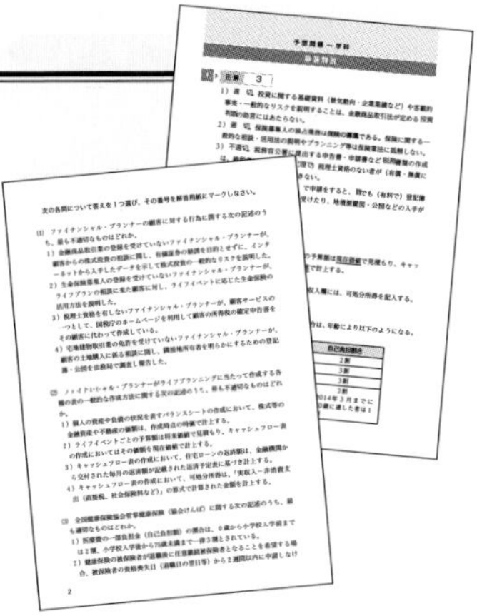

2級試験について

試験は「学科試験」と「実技試験」の２種類あり、

両方に合格することでＦＰ技能士として認定されます。

学科試験	「学科試験」は金財・日本 FP 協会の両団体ともに共通です。
実　技	「実技試験」は各団体で内容が異なります。「実技」といっても、試験形式は学科と同様のペーパーテスト※です。 ※ 2025 年度より CBT 方式に移行

学科・実技のどちらか片方だけ合格した場合は、
残りの試験は、片方の合格から翌々年度の３月末日までに合格する必要があります。

2級　試験概要

受検資格		FP 技能検定３級の合格者・FP 業務に関し２年以上の実務経験を有する者・日本 FP 協会が認定する AFP 認定研修を修了した者・厚生労働省認定 金融渉外技能審査３級の合格者
試験実施団体		金財・日本 FP 協会
試験月		9月・1月・5月※　※ 2025 年5月は金財のみ実施
出題形式	**学科**	筆記試験（マークシート方式）　四答択一式　60 問
	実技	**金　財** 筆記試験　事例形式　5題（15 問） **日本FP協会** 筆記試験　40 問
実技の試験科目		**金　財** 個人資産相談業務・生保顧客資産相談業務・中小事業主資産相談業務・損保顧客資産相談業務（どれか１つを選択） **日本FP協会** 資産設計提案業務
合格基準（6割以上）	**学科**	60 点満点で 36 点以上
	実技	**金　財** 50 点満点で 30 点以上 **日本FP協会** 100 点満点で 60 点以上

※日本 FP 協会は、2025 年１月試験をもって、ペーパーテストを終了し、2025 年４月より CBT 方式へ移行する。

※金財も 2025 年４月より CBT 方式が実施されるものの、2025 年５月試験ではペーパーテスト（学科、実技個人、実技生保）が並行実施される。

2024年度　2級試験日程（予定）※2025年以降はCBT化

	2024年 9月	2025年 1月	2025年※ 5月
試験日	2024年 9月8日	2025年 1月26日	2025年 5月下旬
受検申請書 請求期間 ※金財の日程	2024年 6月3日～ 7月16日	2024年 10月1日～ 11月26日	2025年 2月上旬～ 3月下旬
受検申請 受付期間	2024年 7月2日～ 7月23日	2024年 11月13日～ 12月3日	2025年 3月中旬～ 4月上旬
受検票 発送日	2024年 8月22日	2025年 1月8日	2025年 5月上旬
合格発表日 （予定）	2024年 10月21日	2025年 3月7日	2025年 6月下旬～ 7月上旬

※ 2025年5月は金財のみ実施

法令基準日

問題文にとくに断りのない限り、以下の基準日現在の法令等に基づいて出題されます。
（ただし、試験範囲に含まれる時事的問題など、FPとして当然知っておくべき事項については、基準日にかかわらず出題される可能性もあります）

試験日	2024年9月8日	2025年1月26日	2025年5月下旬※
	↑	↑	↑
法令基準日	2024年4月1日	2024年10月1日	2024年10月1日

※ 2025年5月は金財のみ実施

試験情報は変更する可能性があります。最新の試験情報の確認や受検手続は、以下の試験団体のHP等を参照しましょう。

一般社団法人　金融財政事情研究会（金財）
URL https://www.kinzai.or.jp/fp　TEL 03-3358-0771

NPO法人　日本ファイナンシャル・プランナーズ協会（日本FP協会）
URL https://www.jafp.or.jp/　TEL 03-5403-9890

CBT試験体験プログラムについて

2025年４月より、FP2級はペーパー試験からCBT（Computer Based Testing）に変更されます。

TACでは、CBT方式の開始に先立ち、2025年２月よりCBT試験体験プログラムのサービスを開始します。

ペーパー試験とは異なるCBT方式に慣れることが、FP２級の合格に直結します。

「最新過去問解説 ダウンロードサービス」および「CBT試験体験プログラム」

TAC出版書籍販売サイト Cyber Book Store
「読者様限定 書籍連動ダウンロードサービス」
よりご利用いただけます。

CYBER BOOK STORE TAC出版書籍販売サイト

TAC出版　検索

右記のスケジュールで直近の本試験問題の解説をダウンロードしていただけます(日程は多少前後する可能性があります)。

過去問解説	ダウンロードサービス開始時期
2024年９月試験	2024年12月上旬
2025年１月試験	2025年　4月上旬

右記のスケジュールで模擬試験プログラムを体験できます。

模擬試験プログラム	ダウンロードサービス開始時期
2025年4月～5月試験	2025年2月中

ダウンロードページのアクセスには次のパスワードが必要です。

パスワード　250511191

※　ダウンロード期限は2025年6月30日までとなっております。

(模擬試験体験プログラムに関する免責事項)
(1)　本アプリの利用にあたり、当社の故意または重大な過失によるもの以外で生じた損害、及び第三者から利用者に対してなされた損害賠償請求に基づく損害については一切の責任を負いません。
(2)　利用者が使用する対応端末は、利用者の費用と責任において準備するものとし、当社は、通信環境の不備等による本アプリの使用障害については、一切サポートを行いません。
(3)　当社は、本アプリの正確性、健全性、適用性、有用性、動作保証、対応端末への適合性、その他一切の事項について保証しません。
(4)　各種本試験の申込、試験申込期間などは、必ず利用者自身で確認するものとし、いかなる損害が発生した場合であっても当社では一切の責任を負いません。
(推奨デバイス）PC・タブレット
(推奨ブラウザ）Microsoft Edge 最新版／ Google Chrome 最新版／ Safari 最新版
詳細は、下記URLにてご確認ください。
https://tac-fp.com/login

CONTENTS

過去問題編

第1章 ライフプランニングと資金計画

第2章 リスク管理

第3章 金融資産運用

第4章 タックスプランニング

第5章 不動産

第6章 相続／事業承継

予想問題編

解答解説

スッキリとける

過去問題編

ＦＰ試験は６割の得点で合格でき、頻出論点はほぼ固定されています。そのため、あまり出題されない微細な論点にまで手をひろげずに、試験によく出る問題を確実にマスターすることが合格のカギになります。

この「過去問題編」では、頻出の過去問題を、知識のインプットがしやすいように科目別・論点ごとに掲載しています。間違えた問題にはチェックをつけ、掲載されている問題は確実に解けるようになるまで演習しましょう。

第1章

ライフプランニングと資金計画

頻出論点 Best 3

1位

公的年金

毎試験、出題されます。特に老齢給付、遺族厚生年金および障害給付の受給要件や計算方法を確認しましょう。

2位

雇用保険制度

雇用保険の給付の中でも特に、雇用保険の基本手当、高年齢雇用継続給付、育児休業給付、介護休業給付の受給要件を確認しましょう。

3位

私的年金

私的年金の中でも特に、確定拠出年金の個人型年金の掛金や受給要件等の特徴を学習しましょう。

四答択一式問題 次の各問について答えを１つ選び、その番号を答えなさい。

1 FP業務の基本

頻出

1 □□

ファイナンシャル・プランナー（以下「ＦＰ」という）の顧客に対する行為に関する次の記述のうち、関連法規に照らし、最も不適切なものはどれか。 (2023年９月問１)

1）金融商品取引業の登録を受けていないＦＰのＡさんは、顧客と資産運用に関する投資顧問契約を締結したうえで、値上がりが期待できる株式の個別銘柄の購入を勧めた。

2）弁護士の登録を受けていないＦＰのＢさんは、財産管理の相談に来た顧客の求めに応じ、有償で、当該顧客を委任者とする任意後見契約の受任者となった。

3）税理士の登録を受けていないＦＰのＣさんは、顧客から配偶者控除と配偶者特別控除の適用要件を聞かれ、所得税法の条文等を示しつつ、それぞれの適用要件の違いを説明した。

4）生命保険募集人の登録を受けていないＦＰのＤさんは、顧客からライフプランの相談を受け、老後資金を準備するための生命保険の一般的な活用方法を説明した。

解答解説

1 ▶ 正解 1

1）不適切。金融商品取引業の登録を受けていないＦＰは、顧客と投資顧問契約を締結し、顧客へ投資助言をすることはできない。

2）適　切。弁護士の登録を受けていないＦＰであっても、任意後見契約の受任者になることはできる。

3）適　切。税理士の登録を受けていないＦＰであっても、制度に関する概要を説明することはできる。

4）適　切。生命保険募集人の登録を受けていないＦＰであっても、一般的な生命保険の商品内容や活用方法を説明することはできる。

頻出 **2**

□
□

クレジットカード会社（貸金業者）が発行するクレジットカードの一般的な利用に関する次の記述のうち、最も不適切なものはどれか。

(2022年1月問10)

1）クレジットカードは、約款上、クレジットカード会社が所有権を有しており、クレジットカード券面上に印字された会員本人以外が使用することはできないとされている。

2）ＩＣチップを埋め込んだクレジットカードを専用の端末機のある加盟店で利用する場合、署名に代えて暗証番号を入力する方法によって決済することができる。

3）クレジットカードで無担保借入（キャッシング）をする行為や商品を購入（ショッピング）する行為は、貸金業法上、総量規制の対象とならない。

4）クレジットカードで商品を購入（ショッピング）した場合の返済方法の一つである分割払いは、カード利用時に代金の支払回数を決め、利用代金をその回数で分割して支払う方法である。

2 ▶ 正解　3

1）適　切。

2）適　切。

3）不適切。クレジットカードを使った無担保借入（キャッシング）は、総量規制の対象となるが、商品の購入（ショッピング）は、総量規制の対象外となる。

4）適　切。

2 人生の三大資金（住宅ローン・教育資金・企業年金等）

3

□
□

リタイアメントプランニング等に関する次の記述のうち、最も不適切なものはどれか。　(2023年9月問9)

1）金融機関のリバースモーゲージには、一般に、利用者が死亡し、担保物件の売却代金により借入金を返済した後も債務が残った場合に、利用者の相続人がその返済義務を負う「リコース型」と、返済義務を負わない「ノンリコース型」がある。

2）高齢者の居住の安定確保に関する法律に定める「サービス付き高齢者向け住宅」に入居した者は、「状況把握サービス」や「生活相談サービス」を受けることができる。

3）将来、本人の判断能力が不十分になった場合に備えて、あらかじめ本人が選任した者と締結する任意後見契約は、公正証書によらない場合であっても有効である。

4）確定拠出年金の加入者が、老齢給付金を60歳から受給するためには、通算加入者等期間が10年以上なければならない。

3 ▶ **正解 3**

1）適　切。なお、ノンリコース型の方が金利は高めに設定されている。

2）適　切。高齢者の居住の安定確保に関する法律に定める「サービス付き高齢者向け住宅」に入居した者は、「状況把握サービス」や「生活相談サービス」を受けることができる。

3）不適切。任意後見契約は、公正証書によって契約しなければならない。

4）適　切。確定拠出年金の加入者が、老齢給付金を60歳から受給するためには、通算加入者等期間が10年以上必要である。

4

□
□

住宅購入に伴って住宅ローンの利用を検討しているＡさんに関する次の記述の空欄（ア）、（イ）にあてはまる語句の組み合わせとして、最も適切なものはどれか。なお、フラット35（買取型）を利用するに当たって、記載されたもの以外の要件はすべて満たしているものとする。

（2022年１月問７）

> 給与所得者であるＡさん（40歳）は将来、相応の金利上昇を見込んで固定金利型の住宅ローンを利用し、返済方法については、毎月の返済額が一定で返済計画を立てやすい（　ア　）を選ぶつもりである。Ａさんは、専有面積50㎡の２ＤＫタイプの居住用マンションの購入を考えており、この場合、住宅金融支援機構と金融機関が提携した住宅ローンであるフラット35（買取型）を利用することは（　イ　）。

1）（ア）元利均等返済　（イ）できない
2）（ア）元金均等返済　（イ）できない
3）（ア）元利均等返済　（イ）できる
4）（ア）元金均等返済　（イ）できる

4 ▶ 正解 3

給与所得者であるAさん（40歳）は将来、相応の金利上昇を見込んで固定金利型の住宅ローンを利用し、返済方法については、毎月の返済額が一定で返済計画を立てやすい（ア　元利均等返済）を選ぶつもりである。Aさんは、専有面積50㎡の２ＤＫタイプの居住用マンションの購入を考えており、この場合、住宅金融支援機構と金融機関が提携した住宅ローンであるフラット35（買取型）を利用することは（イ　できる）。

頻出 **5**

□
□

奨学金および教育ローンに関する次の記述のうち、最も不適切なものはどれか。 (2022年1月問8)

1）日本学生支援機構の貸与奨学金には、無利息の第一種奨学金と利息付き（在学中は無利息）の第二種奨学金がある。

2）日本学生支援機構の貸与奨学金のうち、第一種奨学金の返還方式には、貸与総額に応じて月々の返還額が算出され、返還完了まで定額で返還する「定額返還方式」と、前年の所得に応じてその年の毎月の返還額が決まり、返還期間が変動する「所得連動返還方式」がある。

3）日本政策金融公庫の教育一般貸付（国の教育ローン）は、学生の保護者が申込人になる場合、教育資金融資保証基金の保証制度を利用することが義務付けられている。

4）日本政策金融公庫の教育一般貸付（国の教育ローン）の資金使途には、入学金・授業料等の学校納付金や教材費だけではなく、自宅外から通学する学生の住居費用や通学費用も含まれる。

頻出 **6**

□
□

確定拠出年金に関する次の記述のうち、最も不適切なものはどれか。 (2023年9月問7)

1）国民年金の任意加入被保険者のうち、所定の要件を満たす者は、個人型年金に加入することができる。

2）企業型年金において、加入者が掛金を拠出することができることを規約で定める場合、加入者掛金の額は、その加入者に係る事業主掛金の額を超える額とすることができない。

3）企業型年金加入者であった者が退職し、国民年金の第3号被保険者となった場合、所定の手続きにより、企業型年金の個人別管理資産を個人型年金に移換し、個人型年金加入者または個人型年金運用指図者となることができる。

4）企業型年金および個人型年金の老齢給付金は、70歳に達する日の属する月までに受給を開始しなければならない。

5 ▶ **正解　3**

1）適　切。

2）適　切。

3）不適切。義務付けられているわけではない。

4）適　切。国の教育ローンの資金使途は、学校費用だけではなく、住居費やパソコン購入費用等、幅広く認められている。

6 ▶ **正解　4**

1）適　切。所定の要件を満たす国民年金の任意加入被保険者も、加入することができる。

2）適　切。企業型年金における加入者掛金の上限は、事業主掛金を超えることができない。

3）適　切。企業型年金加入者であった者が退職し、国民年金の第３号被保険者となった場合、手続きを行うことにより、個人型年金加入者または個人型年金運用指図者となることができる。

4）不適切。企業型年金および個人型年金の老齢給付金は、75歳に達する日の属する月までに受給を開始しなければならない。

3 社会保険（健康保険・雇用保険・労災保険・公的介護保険）

頻出 **7** □□

公的医療保険に関する次の記述のうち、最も不適切なものはどれか。

（2021年5月問4）

1）健康保険の被保険者の３親等内の親族（直系尊属、配偶者、子、孫および兄弟姉妹を除く）が被扶養者になるためには、被保険者と同一世帯に属していることが必要である。

2）国民健康保険の加入者は、全員が被保険者であり、被扶養者という区分はない。

3）退職により健康保険の被保険者資格を喪失した者が、健康保険の任意継続被保険者となるためには、資格喪失日の前日までの被保険者期間が継続して１年以上なければならない。

4）健康保険や国民健康保険の被保険者が75歳になると、原則として、その被保険者資格を喪失して後期高齢者医療制度の被保険者となる。

7 ▶ 正解　**3**

1）適　切。下記参照。

2）適　切。

3）不適切。健康保険の任意継続被保険者となるためには、資格喪失日の前日までの被保険者期間が継続して2ヵ月以上なければならない。

4）適　切。健康保険や国民健康保険の被保険者（一定の障害認定を受けている者を除く）は、75歳になると後期高齢者医療制度の被保険者となる。

〈健康保険の被扶養者の範囲〉

① 被保険者と同居でも別居でもよい者

ア）配偶者

イ）子・孫

ウ）本人の兄弟姉妹

エ）本人の直系尊属

② 被保険者と同居が条件となる者

ア）被保険者の3親等以内の親族（①に該当する人を除く）

イ）被保険者の内縁の配偶者の父母および子

ウ）内縁の配偶者死亡後の父母および子

頻出 **8**

□
□

雇用保険の失業等給付に関する次の記述のうち、最も適切なものはどれか。 (2020年9月問3)

1）特定受給資格者等を除く一般の受給資格者に支給される基本手当の所定給付日数は、被保険者期間が20年以上の場合、180日である。

2）高年齢雇用継続基本給付金の支給を受けるためには、一定の一般被保険者に対して支給対象月に支払われた賃金の額が、原則として60歳到達時の賃金月額の85%未満になっていることが必要である。

3）雇用保険に係る保険料のうち、失業等給付に係る保険料は、被保険者の賃金総額に事業の種類に応じた雇用保険率を乗じて得た額となり、事業主がその全額を負担する。

4）雇用保険の一般被保険者が失業した場合、基本手当を受給するためには、原則として、離職の日以前2年間に被保険者期間が通算して12ヵ月以上あること等の要件を満たす必要がある。

8 ▶ **正解　4**

1）不適切。

〈基本手当の所定給付日数〉

算定基礎期間	1年以上10年未満	10年以上20年未満	20年以上
全年齢共通	90日	120日	150日

※特定受給者を除く

2）不適切。高年齢雇用継続基本給付金の受給要件

・60歳到達時に雇用保険の一般被保険者期間が5年以上ある60歳以上65歳未満の者かつ、60歳以降の賃金月額が60歳到達時の賃金月額の75％未満に低下した者。

3）不適切。雇用保険の失業等給付に係る保険料については、事業主の全額負担ではない。

4）適　切。なお、特定受給資格者（倒産・解雇による離職者）や特定理由者離職者（雇止めによる離職者）の場合は、離職の日以前1年間に被保険者期間が6ヵ月以上あることが必要である。

頻出 **9** □□

雇用保険の高年齢雇用継続基本給付金に関する次の記述の空欄（ア）～（ウ）にあてはまる語句の組み合わせとして、最も適切なものはどれか。

（2020年1月問4改題）

・高年齢雇用継続基本給付金の支給を受けるためには、原則として60歳到達時に雇用保険の一般被保険者であった期間が（　ア　）以上あることが必要でmある。
・高年齢雇用継続基本給付金の支給を受けるためには、一定の一般被保険者に対して支給対象月に支払われた賃金の額が、原則として60歳到達時の賃金月額の（　イ　）未満になっていることが必要である。また、支給額の算定において、支給対象月に支払われた賃金の額に乗じる率は最高で（　ウ　）である。

1）（ア）3年　（イ）85%　（ウ）15%
2）（ア）5年　（イ）85%　（ウ）20%
3）（ア）3年　（イ）75%　（ウ）20%
4）（ア）5年　（イ）75%　（ウ）15%

頻出 **10** □□

雇用保険法に基づく育児休業給付および介護休業給付に関する次の記述のうち、最も適切なものはどれか。

（2022年9月問3）

1）育児休業給付金は、一般被保険者の休業開始日前1年間に、みなし被保険者期間が通算して6ヵ月以上なければ支給されない。
2）育児休業給付金の支給額は、1支給単位期間について、休業開始日から休業日数が通算して300日に達するまでの間は、原則として、休業開始時賃金日額に支給日数を乗じて得た額の67%相当額である。
3）介護休業給付金は、同一の対象家族について介護休業を分割して取得する場合、休業開始日から休業日数が通算して93日に達するまでに5回を限度として支給される。
4）一般被保険者の配偶者の父母は、介護休業給付金の支給対象となる家族に該当する。

9 ▶ **正解　4**

（ア）5年　（イ）75%　（ウ）15%

〈高年齢雇用継続基本給付金の受給要件〉

・60歳到達時に雇用保険の一般被保険者期間が**5年**以上ある60歳以上65歳未満の者、かつ60歳以降の賃金月額が60歳到達時の賃金月額の**75%**未満に低下した者。

※上記に該当すれば、支払い対象月に支払われた賃金の最高**15%**が雇用保険から支給される。なお、2025年4月以降は給付率が10%に引き下がる予定である。

10 ▶ **正解　4**

1）**不適切**。原則として、休業開始日前2年間に、みなし被保険者期間が通算して12ヵ月以上なければ支給されない。

2）**不適切**。休業開始日から休業日数が通算して180日に達するまでの間は、原則として、休業開始時賃金に支給日数を乗じて得た額の67%相当額である。

3）**不適切**。休業開始日から休業日数が通算して93日に達するまでに3回を限度として支給される。

4）**適　切**。なお、同居や扶養は要件となっていない。

11

□
□

労働者災害補償保険（以下「労災保険」という）に関する次の記述のうち、最も適切なものはどれか。　(2021年9月問3)

1）労災保険の適用を受ける労働者には、雇用形態がアルバイトやパートタイマーである者は含まれない。

2）業務上の負傷または疾病が治癒したときに身体に一定の障害が残り、その障害の程度が労働者災害補償保険法に規定する障害等級に該当する場合、障害補償給付が受けられる。

3）労災保険の適用事業所の事業主は、その営む事業において使用する労働者数の多寡にかかわらず、労災保険の特別加入の対象となる。

4）労災保険の保険料を計算する際に用いる保険料率は、適用事業所の事業の種類による差異はない。

11 ▶ 正解 2

1）不適切。雇用形態を問わず、すべての労働者が労災保険の対象となる。

2）適　切。

3）不適切。労災保険の特別加入が認められているのは、中小事業主や一人親方などであり、使用する労働者の数による制限がある。

4）不適切。適用事業所の事業の種類によって保険料率が変わる。

4 公的年金

頻出 **12**

□
□

公的年金等に関する次の記述のうち、最も適切なものはどれか。

(2023年1月問6)

1）公的年金および年金生活者支援給付金は、原則として、毎年1月、3月、5月、7月、9月および11月に、それぞれの前月までの2ヵ月分が支給される。

2）国民年金の第1号被保険者は、日本国内に住所を有する20歳以上60歳未満の自営業者や学生などのうち、日本国籍を有する者のみが該当する。

3）産前産後休業を取得している厚生年金保険の被保険者の厚生年金保険料は、所定の手続きにより、被保険者負担分と事業主負担分がいずれも免除される。

4）老齢厚生年金の繰上げ支給を請求する場合、老齢基礎年金の繰上げ支給の請求を同時に行う必要はない。

13

□
□

国民年金の保険料に関する次の記述のうち、最も不適切なものはどれか。

(2022年9月問4)

1）国民年金の付加保険料は、将来の一定期間の保険料を前納することができ、前納する期間に応じて所定の額が控除される。

2）第1号被保険者で障害基礎年金または障害等級1級もしくは2級の障害厚生年金を受給している者は、原則として、所定の届出により、保険料の納付が免除される。

3）第1号被保険者が出産する場合、所定の届出により、出産予定月の前月から4ヵ月間（多胎妊娠の場合は出産予定月の3ヵ月前から6ヵ月間）、保険料の納付が免除される。

4）保険料免除期間に係る保険料を追納する場合、追納保険料は、追納する時期にかかわらず、免除された時点における保険料の額となる。

12 ▶ 正解　**3**

1）不適切。公的年金の支払月は、2月、4月、6月、8月、10月、12月であり、それぞれの支払月には、その前月までの2ヵ月分の年金が支払われる。また、年金生活者支援給付金の支払いは、原則として、2ヵ月分を翌々月（偶数月）の中旬に、公的年金とは別途で支払われる。

2）不適切。国民年金の被保険者には、国籍要件はない。したがって、外国人（日本国籍を有していない者）も、国民年金の被保険者となる。

3）適　切。厚生年金保険の保険料は、被保険者が産前産後休業期間中に事業主が年金事務所に申し出ることにより、被保険者および事業主の両方の負担が免除される。

4）不適切。原則として、老齢基礎年金と老齢厚生年金は、同時に繰上げ請求をする必要がある。

13 ▶ 正解　**4**

1）適　切。一定の手続きを行うと2年間前納することができる。

2）適　切。

3）適　切。

4）不適切。免除・猶予を受けた翌年度から起算して3年度目以降に追納すると、保険料に対して経過期間に応じた加算額が上乗せされる。

頻出 **14**

□
□

老齢厚生年金に加算される加給年金額に関する次の記述のうち、最も適切なものはどれか。　(2021年1月問6)

1）加給年金額が加算されるためには、原則として、老齢厚生年金の受給権者本人の厚生年金保険の被保険者期間が25年以上あることが必要である。

2）婚姻の届出をしていない者は、老齢厚生年金の受給権者と事実上の婚姻関係にある者であっても、加給年金額対象者となる配偶者には該当しない。

3）加給年金額が加算される老齢厚生年金の繰下げ支給の申出をした場合、加給年金額については、繰下げ支給による増額の対象とならない。

4）加給年金額が加算される老齢厚生年金について、在職老齢年金の仕組みにより、その報酬比例部分の全部が支給停止となっても、加給年金額については支給される。

頻出 **15**

□
□

公的年金等に係る税金に関する次の記述のうち、最も不適切なものはどれか。　(2023年5月問7)

1）遺族基礎年金および遺族厚生年金は、所得税の課税対象とならない。

2）老齢基礎年金および老齢厚生年金は、その年中に受け取る当該年金の収入金額から公的年金等控除額を控除した金額が雑所得として所得税の課税対象となる。

3）確定拠出年金の老齢給付金は、その全部について、一時金として受給する場合は一時所得として、年金として受給する場合は雑所得として所得税の課税対象となる。

4）老齢基礎年金および老齢厚生年金の受給者が死亡した場合において、その者に支給されるべき年金給付のうち、まだ支給されていなかったもの（未支給年金）は、当該年金を受け取った遺族の一時所得として所得税の課税対象となる。

14 ▶ **正解　3**

1）不適切。加給年金額は、厚生年金保険の被保険者期間が20年以上ある者が、65歳到達時点で、その者に生計を維持されている下記の者がいるときに加算される。

①65歳未満の配偶者

②18歳到達年度の末日（3月31日）までにある子

③障害等級1級または2級の20歳未満の子

2）不適切。正式な婚姻関係にある夫婦に限らず、事実上の婚姻関係にある者であっても、加給年金額を受給することができる。

3）適　切。加給年金額は、老齢厚生年金を繰下げしても増額されない。なお、振替加算も同様に、老齢厚生年金を繰下げしても増額されない。

4）不適切。在職老齢年金と加給年金額の仕組みについては、下記のとおりである。

・老齢厚生年金が支給（一部支給）される場合…加給年金額は全額支給される。

・老齢厚生年金が全額支給停止される場合………加給年金額も全額支給停止となる。

15 ▶ **正解　3**

1）適　切。遺族基礎年金や遺族厚生年金などの遺族給付は非課税である。

2）適　切。

3）不適切。一時金として受給する場合は、一時所得ではなく、退職所得となる。

4）適　切。遺族の一時所得として所得税が課せられる。

16
□
□

厚生年金保険における離婚時の年金分割制度に関する次の記述のうち、最も不適切なものはどれか。なお、本問においては、「離婚等をした場合における特例」による標準報酬の改定を合意分割といい、「被扶養配偶者である期間についての特例」による標準報酬の改定を3号分割という。

（2023年9月問6）

1）合意分割および3号分割の請求期限は、原則として、離婚等をした日の翌日から起算して2年以内である。
2）合意分割は、離婚等をした当事者間において、標準報酬の改定または決定の請求をすることおよび請求すべき按分割合についての合意が得られない限り、請求することができない。
3）3号分割の対象となるのは、2008年4月1日以降の国民年金の第3号被保険者であった期間における、当該第3号被保険者の配偶者に係る厚生年金保険の保険料納付記録（標準報酬月額・標準賞与額）である。
4）老齢厚生年金を受給している者について、3号分割により標準報酬の改定または決定が行われた場合、3号分割の請求をした日の属する月の翌月から年金額が改定される。

17
□
□

公的年金制度の障害給付に関する次の記述のうち、最も適切なものはどれか。

（2021年9月問6）

1）障害厚生年金の額を計算する際に、その計算の基礎となる被保険者期間の月数が300月に満たない場合、300月として計算する。
2）国民年金の被保険者ではない20歳未満の期間に初診日および障害認定日があり、20歳に達した日において障害等級1級または2級に該当する程度の障害の状態にある者に対しては、その者の前年の所得の額にかかわらず、障害基礎年金が支給される。
3）障害基礎年金の受給権者が、所定の要件を満たす配偶者を有する場合、その受給権者に支給される障害基礎年金には、配偶者に係る加算額が加算される。
4）障害手当金の支給を受けようとする者が、同一の傷病により労働者災害補償保険の障害補償給付の支給を受ける場合、障害手当金と障害補償給付の支給を同時に受けることができる。

16 ▶ **正解　2**

1）適　切。合意分割および3号分割の請求は、原則として、離婚等をした日の翌日から起算して2年以内に行わなければならない。

2）不適切。合意が成立しない場合は、裁判手続で分割割合を定めることができる。

3）適　切。3号分割の対象となるのは、2008年4月1日以降の国民年金の第3号被保険者であった期間である。

4）適　切。老齢厚生年金を受給している者について、3号分割により標準報酬の改定または決定が行われた場合、その請求をした日の属する月の翌月から年金額が改定される。

17 ▶ **正解　1**

1）適　切。

2）不適切。前年の所得金額によっては、一部または全部が支給停止されることがある。

3）不適切。障害基礎年金の受給権を得たときに、生計維持関係にある子がいる場合には、子の加算額が加算される。

4）不適切。労働者災害補償保険法の規定による障害補償給付の支給を受ける場合、障害手当金は支給されない。

頻出 **18**

□
□

公的年金の遺族給付に関する次の記述のうち、最も不適切なものはどれか。 (2022年1月問5)

1）厚生年金保険の被保険者である夫が死亡し、子のない30歳未満の妻が遺族厚生年金の受給権を取得した場合、その妻に対する遺族厚生年金の支給期間は、最長で5年間である。

2）国民年金の第1号被保険者である夫が死亡し、子のない60歳未満の妻が寡婦年金の受給権を取得した場合、その妻に対する寡婦年金の支給期間は、妻の60歳到達月の翌月から65歳到達月までである。

3）遺族基礎年金を受給できる遺族とは、国民年金の被保険者または被保険者であった者の死亡の当時、その者によって生計を維持されていた親族のうち、配偶者、子、父母、孫、祖父母をいう。

4）遺族厚生年金の年金額（中高齢寡婦加算額および経過的寡婦加算額を除く）は、原則として、死亡した者の厚生年金保険の被保険者記録を基に計算された老齢厚生年金の報酬比例部分の額の4分の3相当額である。

18 ▶ 正解 3

1）適　切。

2）適　切。

3）不適切。遺族基礎年金を受給できる遺族は、「子のある配偶者」もしくは「子」である。

4）適　切。なお、短期要件に該当する場合で被保険者期間が300月に満たない場合は、300月として計算する。

5 中小企業の資金調達等

頻出 **19**
□
□

決算書に基づく経営分析指標に関する次の記述のうち、最も適切なものはどれか。 (2022年5月問10)

1）損益分岐点比率は、実際の売上高に対する損益分岐点売上高の割合を示したものであり、一般に、この数値が低い方が企業の収益性が高いと判断される。

2）自己資本比率は、総資本に対する自己資本の割合を示したものであり、一般に、この数値が低い方が財務の健全性が高いと判断される。

3）固定長期適合率は、自己資本に対する固定資産の割合を示したものであり、一般に、この数値が低い方が財務の健全性が高いと判断される。

4）ＲＯＥは、自己資本に対する当期純利益の割合を示したものであり、一般に、この数値が低い方が経営の効率性が高いと判断される。

頻出 **20**
□
□

中小企業による金融機関からの資金調達に関する次の記述のうち、最も不適切なものはどれか。 (2021年5月問10)

1）手形貸付は、借入れについての内容や条件等を記載した金銭消費貸借契約証書によって資金を調達する方法である。

2）インパクトローンは、米ドル等の外貨によって資金を調達する方法であり、その資金使途は限定されていない。

3）ＡＢＬ（動産・債権担保融資）は、企業が保有する売掛債権等の債権や在庫・機械設備等の動産を担保として資金を調達する方法である。

4）信用保証協会保証付融資（マル保融資）の対象となる企業には、業種に応じた資本金または常時使用する従業員数の要件がある。

19 ▶ **正解　1**

1）適　切。

2）不適切。自己資本比率（%）……$\frac{自己資本}{総資本}\times 100$で計算する。

自己資本比率は、高い方が財務の健全性は高いといわれている。

3）不適切。固定長期適合率（%）…$\frac{固定資産}{固定負債+自己資本}\times 100$で計算する。

固定長期適合率は、低い方が財務の健全性は高いといわれている。

4）不適切。ROE（%）……………$\frac{当期純利益}{自己資本}\times 100$で計算する。

ROEは、高い方が経営の効率性が高いといわれている。

20 ▶ **正解　1**

1）不適切。手形貸付とは、融資金額と同額の約束手形を振り出して融資を受ける方法である。

2）適　切。インパクトローンとは、資金使途に制限のない外貨での借入れのことである。

3）適　切。

4）適　切。

実技問題

1 個人 次の設例に基づいて、下記の各問に答えなさい。

□□

(2022年5月・個人【第1問】問1～3改題)

《設　例》

X社に勤務するAさん（49歳）は、妻Bさん（45歳）および長男Cさん（16歳）との３人暮らしである。Aさんは、高等専門学校を卒業して入社したX社を、2025年５月末日に退職し、６月からは、妻Bさんの父親がY市内で営む電気工事店（従業員２名）を引き継ぐ予定である。そのため、X社退職後に個人事業主となった場合における社会保険の取扱いや老後資金の準備について詳しく知りたいと考えている。

そこで、Aさんは、ファイナンシャル・プランナーのMさんに相談することにした。

〈Aさんとその家族に関する資料〉

(1)　Aさん（会社員）

生年月日：1975年３月28日

・公的年金加入歴：下図のとおり（60歳までの見込みを含む）

・全国健康保険協会管掌健康保険、雇用保険に加入している。

20歳　　50歳　　60歳

厚生年金保険		国民年金
被保険者期間 96月 （平均標準報酬月額：28万円）	被保険者期間 266月 （平均標準報酬月額：42万円）	保険料納付予定 117月

1995年４月　　2003年４月　　2025年６月

※1995年３月分の国民年金の保険料を納めておらず、未納期間となっている。

(2)　妻Bさん（専業主婦）

生年月日：1978年10月10日

短期大学卒業後からX社に勤務し、33歳で退職するまでは厚生年金保険に加入（被保険者期間は156月）していた。X社退職後は、第３号被保険者として国民年金に加入している。

(3)　長男Cさん（高校生）

生年月日：2008年７月７日

※妻Bさんは、現在および将来においても、Aさんと同居し、生計維持関係にあるものとする。
※家族全員、現在および将来においても、公的年金制度における障害等級に該当する障害の状態にないものとする。

※上記以外の条件は考慮せず、各問に従うこと。

《問1》 Mさんは、Aさんに対して、Aさんの退職後の国民年金について説明した。Mさんが説明した以下の文章の空欄①～③に入る最も適切な語句を、下記の〈語句群〉のなかから選び、その記号を解答用紙に記入しなさい。

Ⅰ 「Aさんは、X社を退職後、国民年金に第1号被保険者として加入することになります。国民年金法によると、国民年金に加入するには、厚生年金保険の被保険者資格を喪失した日から、原則として14日以内に住所地の（　①　）にその旨を届け出なければなりません」

Ⅱ 「Aさんは、個人事業主となった後、収入の減少等により国民年金の保険料を納めることが経済的に難しくなった場合、保険料の免除を申請することができます。免除された期間の保険料は追納することができますが、追納ができるのは、追納が承認された月の前（　②　）以内の免除期間の保険料です。なお、追納がない場合、その保険料免除期間は、所定の割合で老齢基礎年金の年金額に反映されます。仮に、Aさんが、保険料の4分の3免除を受け、残り4分の1の保険料を納付し、その期間に係る保険料の追納を行わなかった場合、その保険料免除期間の月数の（　③　）に相当する月数が、老齢基礎年金の年金額に反映されます」

〈語句群〉

イ．年金事務所長　　ロ．都道府県知事
ハ．市町村長（特別区の区長を含む）　　ニ．5年　　ホ．7年
ヘ．10年　　ト．4分の1　　チ．2分の1　　リ．8分の5
ヌ．4分の3

《問２》 Ａさんが2025年５月末日付でＸ社を退職して、個人事業主となった場合に、原則として65歳から受給することができる老齢厚生年金の年金額（2024年度価額）を計算した次の〈計算の手順〉の空欄①、③に入る最も適切な数値を解答用紙に記入しなさい。

また、空欄②に入る語句を、解答用紙の「される／されない」のいずれかから選び、適切なものを〇で囲みなさい。計算にあたっては、《設例》の〈Ａさんとその家族に関する資料〉および下記の〈資料〉を利用すること。なお、問題の性質上、明らかにできない部分は「□□□」で示してある。

〈計算の手順〉

1．報酬比例部分の額（円未満四捨五入）

（　①　）円

2．経過的加算額（円未満四捨五入）

□□□円

3．基本年金額（上記「１＋２」の額）

□□□円

4．加給年金額（解答用紙の「される／されない」のいずれかを○で囲むこと）

Ａさんの場合、加給年金額は加算（　②　）。

5．老齢厚生年金の年金額

（　③　）円

〈資料〉

○老齢厚生年金の計算式（本来水準の額）

ｉ）報酬比例部分の額（円未満四捨五入）＝ⓐ＋ⓑ

ⓐ　2003年３月以前の期間分

平均標準報酬月額×$\frac{7.125}{1{,}000}$×2003年３月以前の被保険者期間の月数

ⓑ　2003年４月以後の期間分

平均標準報酬額×$\frac{5.481}{1{,}000}$×2003年４月以後の被保険者期間の月数

ⅱ）経過的加算額（円未満四捨五入）＝1,701円×被保険者期間の月数

$$-816{,}000\text{円}\times\frac{\text{1961年4月以後で20歳以上60歳未満の厚生年金保険の被保険者期間の月数}}{480}$$

ⅲ）加給年金額408,100円（要件を満たしている場合のみ加算すること）

《問３》　Ｍさんは、Ａさんに対して、ＡさんがＸ社を退職して個人事業主となった場合における老後資金の準備についてアドバイスした。Ｍさんがアドバイスした次の記述①～④について、適切なものには○印を、不適切なものには×印を解答用紙に記入しなさい。

①「国民年金の定額保険料のほかに、月額400円の付加保険料を納付することを検討してみてはいかがでしょうか。仮に、付加保険料を100月納付し、65歳から老齢基礎年金を受給する場合、年額20,000円の付加年金を受給することができます」

②「小規模企業共済制度への加入を検討してみてはいかがでしょうか。小規模企業共済制度は、個人事業主や会社等の役員が所定の要件を満たしていれば加入することができる退職金制度です。毎月の掛金は1,000円から７万円までの範囲内（500円単位）で選択することができ、その全額が所得控除の対象となります」

③「国民年金基金への加入を検討してみてはいかがでしょうか。国民年金基金の加入は口数制であり、現在49歳のＡさんの場合、１口目は、20年間の保証期間のある終身年金Ａ型と保証期間のない終身年金Ｂ型の２種類のなか

から選択し、２口目以降は、２種類の終身年金と５種類の確定年金のなかから選択することができます」

④ 「仮に、Ａさんが国民年金基金に加入した場合、国民年金の付加保険料を納付することはできませんが、小規模企業共済制度に加入することはできます。国民年金基金の掛金の拠出限度額は月額68,000円ですが、小規模企業共済制度にも加入した場合、その掛金と合わせて月額68,000円が上限となります」

2 資産 下記の各問について解答しなさい。

□□

（2021年1月・資産【第7問】問23～25改題）

〈浜松家の家族データ〉

氏名	続柄	生年月日	備考
浜松　賢人	本人	1992年6月14日	会社員
未来	妻	1992年10月9日	パートタイマー
菜々	長女	2021年7月22日	
竜太郎	長男	2024年4月18日	

〈浜松家のキャッシュフロー表〉

（単位：万円）

経過年数			基準年	1年	2年	3年	4年
西暦（年）			2024	2025	2026	2027	2028
家族構成／年齢	浜松　賢人	本人	32歳	33歳	34歳	35歳	36歳
	未来	妻	32歳	33歳	34歳	35歳	36歳
	菜々	長女	3歳	4歳	5歳	6歳	7歳
	竜太郎	長男	0歳	1歳	2歳	3歳	4歳
ライフイベント		変動率		菜々 幼稚園入園	住宅購入		菜々 小学校入学 竜太郎 幼稚園入園
収入	給与収入（夫）	1％	468				
	給与収入（妻）	0％	80	80	80	80	80
	収入合計	－	548				
支出	基本生活費	1％	204				（　ア　）
	住居費	－	102	102	168	168	168
	教育費	－	35	40	40	40	60
	保険料	－	48	40	40	40	40
	一時的支出	－			1,000		
	その他支出	1％	30	30	31	31	31
	支出合計	－	419	418	1,487	489	
年間収支		－	129	135	▲930	73	56
金融資産残高		1％			171	（　イ　）	

※年齢および金融資産残高は各年12月31日現在のものとし、2024年を基準年とする。

※給与収入は可処分所得で記載している。

※記載されている数値は正しいものとする。

※問題作成の都合上、一部を空欄としている。

《問1》 浜松家のキャッシュフロー表の空欄（ア）に入る数値を計算しなさい。なお、計算過程においては端数処理をせず計算し、計算結果については万円未満を四捨五入すること。

《問2》 浜松家のキャッシュフロー表の空欄（イ）に入る数値を計算しなさい。なお、計算過程においては端数処理をせず計算し、計算結果については万円未満を四捨五入すること。

《問3》 キャッシュフロー表を作成するうえでは、収入や支出などの変動率、金融資産の運用利回りの予測が重要である。運用利回り等の変動に影響を与える要因についての次の記述のうち、最も不適切なものはどれか。

1）為替が円安になると、輸入物価を押し上げる要因となり得る。
2）公的年金の老齢給付におけるマクロ経済スライドにおいて、給付水準の調整に用いられるのは物価の変動のみである。
3）消費者物価指数の算出では、消費税率が引き上げられて消費者の支払価格が増大すれば、消費者物価指数を押し上げることになる。
4）変動金利型住宅ローンの適用金利は、短期プライムレートを基準にする金融機関が主流である。

解答解説

1 《問1》 正解 ①ハ ②ヘ ③リ

Ⅰ 「Aさんは、X社を退職後、国民年金に第1号被保険者として加入することになります。国民年金法によると、国民年金に加入するには、厚生年金保険の被保険者資格を喪失した日から、原則として14日以内に住所地の（① **市町村長（特別区の区長を含む）**）にその旨を届け出なければなりません」

Ⅱ 「Aさんは、個人事業主となった後、収入の減少等により国民年金の保険料を納めることが経済的に難しくなった場合、保険料の免除を申請することができます。免除された期間の保険料は追納することができますが、追納ができるのは、追納が承認された月の前（② **10年**）以内の免除期間の保険料です。なお、追納がない場合、その保険料免除期間は、所定の割合で老齢基礎年金の年金額に反映されます。仮に、Aさんが、保険料の４分の３免除を受け、残り４分の１の保険料を納付し、その期間に係る保険料の追納を行わなかった場合、その保険料免除期間の月数の（③ **8分の5**）に相当する月数が、老齢基礎年金の年金額に反映されます」

〈解説〉

① 国民年金に加入するには、原則として退職日の翌日から14日以内に住所地の市町村長（特別区の区長を含む）に、基礎年金番号通知書または年金手帳等の基礎年金番号を明らかにすることができる書類を持参のうえ、その旨を届け出る。

② 保険料の免除・納付猶予や学生納付特例の承認を受けた期間の保険料については、追納が承認された月の前10年以内に限り納付（追納）することができる。

③ 保険料を免除した期間の年金額は、免除の時期と免除の種類に応じて算出する。Aさんが、保険料の４分の３免除を受け、残り４分の１の保険料を納付し、その期間に係る保険料の追納を行わなかった場合には、その保険料免除期間の月数の８分の５に相当する月数が、老齢基礎年金の年金額に反映される。

	全額免除	3／4免除	半額免除	1／4免除
2009年3月までの期間	1／3	1／2	2／3	5／6
2009年4月以降の期間	1／2	5／8	3／4	7／8

《問2》 正解 ①803,857円 ②される ③1,212,319円

〈計算の手順〉

1．報酬比例部分の額（円未満四捨五入）
（① 803,857）円

2．経過的加算額（円未満四捨五入）362円

3．基本年金額（上記「1＋2」の額）804,219円

4．加給年金額（解答用紙の「される／されない」のいずれかを○で囲むこと）
Aさんの場合、加給年金額は加算（② される）。

5．老齢厚生年金の年金額
（③ 1,212,319）円

〈解説〉

1．報酬比例部分の額（円未満四捨五入）

⑴ 報酬比例部分の額

Aさんの2003年3月以前の被保険者月数は96月であり、平均標準報酬月額28万円を用いて算出する。

$$280{,}000円 \times \frac{7.125}{1{,}000} \times 96月 = 191{,}520円$$

2003年4月以降は平均標準報酬額を用いて算出する。

$$420{,}000円 \times \frac{5.481}{1{,}000} \times 266月 = 612{,}337.32円$$

191,520円＋612,337.32円＝803,857.32≒①803,857円

⑵ 経過的加算額

経過的加算額は、下記の計算式に厚生年金保険の加入期間である480月を代入して求める。

経過的加算額＝1,701円×厚生年金保険の被保険者期間の月数※

$$-816{,}000\text{円}\times\frac{\text{1961年4月以後で20歳以上60歳未満の厚生年金保険の被保険者期間の月数}}{\text{加入可能年数}\times 12}$$

※　厚生年金保険の被保険者期間の月数は、1946年4月2日以降生まれの場合、480月が上限となる。

$$1{,}701\text{円}\times 362\text{月}-816{,}000\text{円}\times\frac{362\text{月}}{480\text{月}}=362\text{円}$$

3．基本年金額

803,857円＋362円＝804,219円

4．加給年金額　②加算される

5．老齢厚生年金の年金額

804,219円＋408,100円＝③1,212,319円

《問3》▶ 正解　①○　②○　③×　③×

〈解説〉

①　付加年金は、国民年金第1号被保険者と任意加入被保険者が、定額保険料に付加保険料400円を上乗せして納めることで、付加年金を受け取ることができる。付加年金はひと月につき200円となっている。100月分支払った場合の付加年金は年額20,000円である。

付加年金200円×100月＝20,000円。

②　小規模企業共済は小規模企業の経営者や役員が、廃業や退職時の生活資金などのために積み立てる制度である。掛金が全額所得控除できるなどの税制メリットに加え、事業資金の借入れもできる。

③　終身年金A型の保証期間は15年間である。

④　小規模企業共済制度の掛金は単独で7万円までが上限となる。ほかの制度と合算されることはない。

2《問1》▶ 正解　212万円

○年後の予想額(将来価値)＝現在の金額×(1＋変動率)^経過年数

4年後の基本生活費　204万円×(1＋0.01)^4＝212.28…→212万円

《問2》▶ 正解 246万円

貯蓄残高＝前年の貯蓄残高×（1＋運用利率）±その年の年間収支

2027年の金融資産残高＝171万円×（1＋0.01）＋73万円
＝245.71…→246万円

《問3》▶ 正解 2

1）適　切。為替が円安になると、輸入物価を押し上げる要因となり得る。
2）不適切。物価の変動だけでなく、賃金の伸びも給付水準の調整に用いられる。
3）適　切。消費税分も含んでいるため、税率の引き上げがあった場合はその分押し上げられる。
4）適　切。住宅ローンの変動金利は、短期プライムレートを基準にするケースが主流である。

第1章 頻出ポイント

1 FP業務の基本

(1) 職業倫理・関連法規

・顧客から得た個人情報を顧客の許可なく、第三者に漏らしてはならない。

・社会保険労務士資格を有しないＦＰは、年金の受給申請方法の説明や年金額の試算はできるが、年金の請求手続を業務として報酬を得て代行できない。

・税理士資格を有しないＦＰでも、税制の一般的な説明はできる。

・弁護士資格・司法書士資格を有しないＦＰでも、顧客の任意後見受任者になれる。

・保険募集人の資格を有しないＦＰでも、保険の一般的商品性や一般的保障（補償）内容の説明はできる。

・金融商品取引業者の登録を受けていないＦＰは、具体的な投資判断・助言をすることができない（顧客と投資顧問契約を結ぶことはできない）。

(2) 6つの係数

係数	活用方法
終価係数	複利による将来の価値（元利合計）を求める 元利合計＝元金×終価係数
現価係数	目標を達成するために現在必要な元金を求める（複利運用） （現在必要な）元金＝目標額（元利合計）×現価係数
年金終価係数	定額積立を行う場合の将来の元利合計額を求める（複利運用） 積立後の元利合計額＝毎年の積立額×年金終価係数
減債基金係数	目標を達成するための毎年の積立額を求める（複利運用） 毎年の積立額＝積立後の目標額×減債基金係数
年金現価係数	複利運用しながら、毎年一定額の年金を受け取るために必要な元本（年金原資）を求める 年金原資（最初に必要な原資）＝毎年の年金額×年金現価係数
資本回収係数	年金原資となる資金を複利運用しながら毎年受け取れる年金額を求める（借入れの場合は返済額を求める） 毎年受け取れる年金額（または返済額）＝年金原資×資本回収係数

・一括運用　　終価係数 ⇔ 現価係数

・積立運用　　年金終価係数 ⇔ 減債基金係数

・取崩運用（ローン返済）　　年金現価係数 ⇔ 資本回収係数

2 人生の三大資金（住宅ローン・教育資金・企業年金等）

(1) フラット35

・住宅の床面積は、一戸建ては70㎡以上、マンションなどは30㎡以上必要である。また、店舗併用住宅の場合は、住宅部分の床面積が全体の２分の１以上必要である。

・住宅金融支援機構は、対象となる住宅の第１順位の抵当権者となる。

(2) 日本学生支援機構の奨学金

・第一種奨学金の返還方式には、貸与総額に応じて月々の返還額が算出され、返還完了まで定額で返還する定額返還方式と、前年の所得に応じてその年の毎月の返還額が決まり、返還期間が変動する所得連動返還方式がある。

・返還が困難になった場合、減額返還制度や返還期限猶予制度を利用できる。

(3) 日本政策金融公庫の「教育一般貸付（国の教育ローン）」

・資金使途は、入学金・授業料等の学校納付金、教材費、自宅外から通学する学生の住居費用、通学費用なども含む。

(4) 確定拠出年金

・マッチング拠出をする場合、加入者掛金は事業主掛金と同額以下、かつ加入者掛金と事業主掛金の合計額は拠出限度額以内である必要がある。

・老齢給付金を一時金として受給する場合は退職所得、年金として受給する場合は雑所得として課税対象となる。

(5) 国民年金基金

・国民年金の第１号被保険者、日本国内に住所を有する60歳以上65歳未満の任意加入被保険者、日本国籍を有し海外に居住する20歳以上65歳未満の任意加入被保険者は、加入員になれる。

・給付の種類には、老齢年金と遺族一時金があり、障害給付はない。

(6) 中小企業退職金共済

・掛金は、事業主が全額を負担し、掛金月額は１人当たり３万円が上限

(7) 小規模企業共済

・毎月の掛金は1,000円から70,000円の範囲内（500円単位）である。

(8) クレジットカード

・クレジットカードの所有権は、約款上、クレジットカード会社が有しており、会員本人以外は使用できない。

・分割払いは、利用代金の支払回数を決め、その回数で利用代金を分割して支払う方法である。

3 社会保険（公的医療保険・雇用保険・労災保険・公的介護保険）

(1) 健康保険

・退職により健康保険の被保険者資格を喪失した者が、健康保険の任意継続被保険者となるためには、資格喪失日の前日までの被保険者期間が継続して２ヵ月以上あり、資格喪失日から20日以内に申請をすることが必要である。

・協会けんぽの場合、一般保険料率は都道府県ごとに定められているが、介護保険料率は全国一律である。

(2) 国民健康保険

・保険者は、都道府県および市町村（特別区を含む）もしくは国民健康保険組合である。

(3) 後期高齢者医療制度

・対象者は、原則として75歳以上の者である。

(4) 労災保険

・労災保険率は事業の種類に応じて定められている。

・労災指定病院で療養補償給付として受ける療養の給付に労働者の一部負担金

はない。
・アルバイト・パートタイマー、日雇労働者、外国人労働者は労災保険の適用を受ける労働者に含まれる。
・休業補償給付は賃金を受けられない日の第４日目から支給される。

(5) 雇用保険

① 基本手当

・離職日以前２年間に、被保険者期間が通算して12ヵ月以上あることが受給要件の１つである。ただし、倒産、解雇、労働契約が更新されなかったために離職した有期契約労働者などの場合は、離職の日以前１年間に、被保険者期間が通算して６ヵ月以上ある場合でも可。
・受給期間中に、出産、疾病等の理由で引き続き30日以上職業に就くことができない場合、所定の申出により、受給期間を離職日の翌日から最長４年まで延長可能。

② 育児休業給付

・育児休業給付金は、原則として、１歳未満の子を養育するための休業において、その休業開始日前２年間にみなし被保険者期間が12ヵ月以上あるときに支給される。
・賃金が支払われなかった場合の支給額は、育児休業給付金の支給に係る休業日数が通算して180日目までは、１支給単位期間当たり、「休業開始時賃金日額×支給日数×67％」相当額である。181日目以降は、１支給単位期間当たり、「休業開始時賃金日額×支給日数×50％」相当額である。
・支払われた賃金額が、「休業開始時賃金日額×支給日数×80％」相当額以上である場合、育児休業給付金は支給されない。

③ 介護休業給付

・介護休業給付金の支給対象となる家族には、被保険者の配偶者の父母（養父母を含む）も含まれる。
・介護休業給付金は、同一の対象家族について介護休業を分割して取得する場合、休業開始日から93日までに３回を限度として支給される。

4 公的年金

(1) 被保険者

- 国民年金の**第１号**被保険者は、日本国内に住所を有する**20歳**以上**60歳**未満の者であり、**日本国籍の有無を問わない**。
- 生活保護法による生活扶助を受けている者、障害基礎年金または障害等級２級以上の障害厚生年金を受給している者は、所定の届出により保険料の**納付が免除**される。また、免除された期間は、**受給資格期間に算入**され、年金額については**一定割合が反映**される。
- 第１号被保険者が出産する場合、所定の届出により、出産予定月の前月から**４ヵ月間**（多胎妊娠の場合は出産予定月の３ヵ月前から**６ヵ月間**）、保険料の**納付が免除**される。免除された期間は、**保険料納付済期間**として年金額に反映される。
- 免除されていた保険料を追納できる期間は、追納に係る厚生労働大臣の承認を受けた日の属する月前**10年**以内に限られる。

(2) 厚生年金保険

- 産前産後休業中の被保険者の厚生年金保険料は、被保険者負担分と事業主負担分が**いずれも免除**される。

(3) 老齢基礎年金

- 老齢厚生年金の繰上げは、老齢基礎年金の繰上げと**同時**に行う必要がある。

(4) 遺族厚生年金

- 年金額は死亡した被保険者の老齢厚生年金の報酬比例部分の額の**４分の３**相当額である。

(5) 離婚時の年金分割制度

- ３号分割（被扶養配偶者である期間についての特例）の対象となるのは、**2008年４月１日**以降の国民年金の第３号被保険者であった期間における、配偶者に係る厚生年金保険の**標準報酬月額・標準賞与額**である。

(6) 併給調整

・障害厚生年金と労災保険の障害補償年金が支給される場合、障害厚生年金は全額支給され、障害補償年金は所定の調整率により減額される。

(7) 公的年金と税金

・障害給付や遺族給付は非課税である。

5 中小企業の資金調達

(1) 経営分析

・流動比率は、現在の資金状態（流動性）を見る指標である。

$$\frac{\text{流動資産}}{\text{流動負債}}\times 100$$

・固定比率は、固定資産が自己資本でどれだけ賄われているかを見る指標である。

$$\frac{\text{固定資産}}{\text{自己資本}}\times 100$$

・自己資本比率は、自前の資本力の大きさを示す指標である。一般に、数値が高いほうが財務の健全性が高いと判断される。

$$\frac{\text{自己資本}}{\text{総資本}}\times 100$$

(2) 資金調達

・信用保証協会保証付融資（マル保融資）は、融資を受ける際に信用保証協会が保証するものである。業種ごとの資本金額（出資の総額）または常時使用する従業員数の要件がある。

・ＡＢＬ（動産・債権担保融資）は、売掛債権や在庫・機械設備等の動産あるいは知的財産等を担保として資金調達する方法である。不動産担保や個人保証に依存していないというメリットがある。

・インパクトローンは、米ドル等の外貨によって資金調達する方法である。資金使途に制限はない。

第2章

リスク管理

頻出論点 Best 3

1位

生命保険

生命保険の保険料の仕組み、生命保険の商品性を学びましょう。

2位

損害保険

損害保険の中でも特に、自動車保険と傷害保険については保険の種類によって異なる補償内容を確認しましょう。

3位

保険と税金

生命保険料控除と地震保険料控除の対象となる契約や控除額を把握しましょう。

四答択一式問題　次の各問について答えを１つ選び、その番号を答えなさい。

1　契約者保護に関する制度

1

わが国の保険制度に関する次の記述のうち、最も不適切なものはどれか。　(2021年1月問11)

1）保険業法上、保険期間が１年以内の保険契約の申込みをした者は、契約の申込日から８日以内であれば、書面または電磁的方法により申込みの撤回等をすることができる。

2）保険業法で定められた保険会社の健全性を示すソルベンシー・マージン比率が200%を下回った場合、監督当局による業務改善命令などの早期是正措置の対象となる。

3）保険法は、生命保険契約、損害保険契約だけでなく、保険契約と同等の内容を有する共済契約も適用対象となる。

4）日本国内で事業を行う生命保険会社が破綻した場合、生命保険契約者保護機構による補償の対象となる保険契約については、高予定利率契約を除き、原則として、破綻時点の責任準備金等の90%まで補償される。

2

生命保険契約や保険約款に関する次の記述のうち、最も不適切なものはどれか。　(2021年5月問11)

1）生命保険会社は、保険契約者等の保護の観点から、普通保険約款の所定の事項を変更する場合、内閣総理大臣の認可を受けなければならない。

2）生命保険契約は、保険契約者と生命保険会社との合意により契約が成立する諾成契約である。

3）生命保険契約の締結に際し、保険契約者または被保険者になる者は、生命保険会社から告知を求められた事項以外に保険事故の発生の可能性に関する重要な事項があれば、その者が自発的に判断して事実の告知をしなければならない。

4）保険金の支払時期に関して、保険法の規定よりも保険金受取人にとって不利な内容である保険約款の定めは無効となる。

解答解説

1 ▶ 正解　1

1）不適切。保険期間が1年以内の契約は、クーリングオフの対象とならない。

2）適　切。

3）適　切。共済契約も保険法の対象となる。

4）適　切。

2 ▶ 正解　3

1）適　切。

2）適　切。

3）不適切。告知を求められた事項に対して告知をすればよい。

4）適　切。保険法の規定よりも保険契約者等に不利な内容の約款の定めは無効となる。

頻出 **3** □□

少額短期保険に関する次の記述のうち、最も適切なものはどれか。

(2023年9月問11)

1）少額短期保険業者と締結した保険契約は、保険法の適用対象となる。

2）少額短期保険業者が取り扱う保険契約は、生命保険契約者保護機構または損害保険契約者保護機構の保護の対象となる。

3）少額短期保険の保険料は、保障内容に応じて、所得税の生命保険料控除または地震保険料控除の対象となる。

4）少額短期保険の保険期間は、損害保険では1年、生命保険および傷害疾病保険では2年が上限である。

3 ▶ 正解 **1**

1）**適　切**。少額短期保険業者と締結した保険契約は、保険法の適用対象となる。

2）**不適切**。少額短期保険業者で取り扱う保険契約は、生命保険契約者保護機構または損害保険契約者保護機構の保護の対象とならない。

3）**不適切**。少額短期保険の保険料は、生命保険料控除または地震保険料控除の対象とならない。

4）**不適切**。生命保険、傷害疾病保険の保険期間は上限１年であるが、損害保険の保険期間は上限２年である。

2 生命保険

4

□
□

生命保険の保険料等の一般的な仕組みに関する次の記述のうち、最も不適切なものはどれか。 (2023年1月問12)

1）保険料は、将来の保険金等の支払いの財源となる純保険料と、保険会社が保険契約を維持・管理していくために必要な経費等の財源となる付加保険料で構成されている。

2）保険料は、予定死亡率、予定利率、予定事業費率の3つの予定基礎率に基づいて算定される。

3）終身保険の死亡保険金の支払いに充てるために必要な保険料の計算に用いられる予定死亡率が高く設定された場合、新規契約の保険料は安くなる。

4）責任準備金は、保険会社が将来の保険金等の支払いの財源とするため、保険数理に基づいて算定し、積み立てる準備金である。

5

□
□

団体生命保険等の一般的な商品性に関する次の記述のうち、最も適切なものはどれか。 (2022年9月問14)

1）団体定期保険（Bグループ保険）は、従業員等が任意に加入する1年更新の保険であり、毎年、保険金額を所定の範囲内で見直すことができる。

2）総合福祉団体定期保険では、ヒューマン・ヴァリュー特約を付加した場合、当該特約の死亡保険金受取人は被保険者の遺族となる。

3）住宅ローンの利用に伴い加入する団体信用生命保険では、被保険者が住宅ローン利用者（債務者）、死亡保険金受取人が住宅ローン利用者の遺族となる。

4）勤労者財産形成貯蓄積立保険（一般財形）には、払込保険料の累計額385万円までにかかる利子差益が非課税となる税制上の優遇措置がある。

4 ▶ 正解 3

1）適　切。なお、純保険料は予定死亡率と予定利率を用いて計算し、付加保険料は予定事業費率を用いて計算する。

2）適　切。

3）不適切。予定死亡率が高く設定された場合、新規契約の保険料は高くなる。

4）適　切。

5 ▶ 正解 1

1）適　切。

2）不適切。ヒューマン・ヴァリュー特約※の死亡保険金の受取人は法人である。

3）不適切。団体信用生命保険の死亡保険金受取人は、住宅ローンの債権者（金融機関など）である。

4）不適切。一般財形の積立限度額に制限はない。また、利子差益が非課税になることもない。

※ヒューマン・ヴァリュー特約とは、代替者の採用や育成にかかるコストを補填する目的で付加する特約である。

6
□
□

生命保険等を活用した法人の福利厚生に係るアドバイスに関する次の記述のうち、最も不適切なものはどれか。　(2021年9月問20)

1)「従業員の定年退職時に支給する退職金の原資を準備したい」という顧客に対して、総合福祉団体定期保険の活用をアドバイスした。

2)「従業員の死亡時に支給する弔慰金や死亡退職金、定年退職時に支給する生存退職金の原資を準備したい」という顧客に対して、養老保険の活用をアドバイスした。

3)「休業補償規程に基づいて従業員に支給する休業の補償に係る給付の原資を準備したい」という顧客に対して、団体就業不能保障保険の活用をアドバイスした。

4)「従業員の自助努力による資産形成を支援したい」という顧客に対して、勤労者財産形成貯蓄積立保険（一般財形）の活用をアドバイスした。

頻出

7
□
□

死亡保障を目的とする生命保険の一般的な商品性に関する次の記述のうち、最も不適切なものはどれか。なお、特約については考慮しないものとする。　(2022年5月問11)

1．定期保険では、保険期間中に所定の支払事由が発生すると、死亡保険金や高度障害保険金が支払われるが、保険期間満了時に満期保険金は支払われない。

2．終身保険では、保険料払込期間が有期払いの場合と終身払いの場合を比較すると、他の契約条件が同一であれば、年払いの1回当たりの払込保険料は終身払いの方が高い。

3．特定（三大）疾病保障定期保険では、がん、急性心筋梗塞、脳卒中以外で被保険者が死亡した場合も死亡保険金が支払われる。

4．変額保険（終身型）では、契約時に定めた保険金額（基本保険金額）が保証されており、運用実績にかかわらず、死亡保険金の額は基本保険金額を下回らない。

6 ▶ 正解　1

1）不適切。総合福祉団体定期保険は、従業員の遺族に対する死亡保障を確保することはできるが、定年退職金の原資を準備することには適していない。

2）適　切。養老保険は、満期保険金や死亡保険金が支払われる保険であるため、定年退職に支給する退職金や死亡退職金の準備に適している。

3）適　切。団体就業不能補償保険とは、従業員が就業不能状態にある場合、保険金が支払われる保険であるため、従業員の休業補償に係る原資の準備に適している。

4）適　切。財形貯蓄は、従業員の資産形成の支援を目的に活用するものである。

7 ▶ 正解　2

1）適　切。

2）不適切。終身保険の保険料は、有期払いの方が1回当たりの保険料が高くなる。

3）適　切。がん、急性心筋梗塞、脳卒中以外で死亡した場合も死亡保険金が支払われる。

4）適　切。変額保険であっても死亡保険金は、基本保険金額を下回らない。

頻出 **8**

□
□

生命保険の一般的な商品性に関する次の記述のうち、最も不適切なものはどれか。なお、記載のない特約については考慮しないものとする。

(2023年9月問12)

1）養老保険では、保険金の支払事由が発生せずに保険期間満了となった場合、死亡・高度障害保険金と同額の満期保険金を受け取ることができる。

2）定期保険特約付終身保険では、定期保険特約の保険金額を同額で更新した場合、更新後の保険料は更新前の保険料に比べて高くなる。

3）外貨建て個人年金保険では、年金を円貨で受け取る場合、外貨と円貨との為替レートの変動により、年金受取総額が払込保険料相当額を下回ることがある。

4）こども保険（学資保険）では、契約者が死亡した場合、あらかじめ指定された受取人に死亡給付金が支払われる。

頻出 **9**

□
□

個人年金保険の一般的な商品性に関する次の記述のうち、最も適切なものはどれか。なお、いずれも契約者（＝保険料負担者）、被保険者および年金受取人は同一人とする。

(2023年1月問14)

1）確定年金では、年金受取期間中に被保険者が死亡した場合、死亡給付金受取人が既払込保険料相当額から被保険者に支払われた年金額を差し引いた金額を死亡給付金として受け取ることができる。

2）10年保証期間付終身年金において、被保険者の性別以外の契約条件が同一である場合、保険料は男性の方が女性よりも高くなる。

3）変額個人年金保険では、特別勘定における運用実績によって、将来受け取る年金額等が変動するが、年金受取開始前に被保険者が死亡した場合に支払われる死亡給付金については、基本保険金額が最低保証されている。

4）生存保障重視型の個人年金保険（いわゆるトンチン年金保険）では、年金受取開始前に被保険者が死亡した場合に支払われる死亡給付金は、既払込保険料相当額を超える金額に設定されている。

8 ▶ **正解 4**

1）適　切。養老保険は、保険期間中に被保険者が死亡した場合は死亡保険金が支払われ、満期時に生存していた場合は、死亡保険金と同額の満期保険金が支払われる。

2）適　切。定期保険特約の保険金額を同額で更新した場合、更新時の年齢によって保険料が計算されるため、更新前よりも更新後の保険料は高くなる。

3）適　切。年金受取時に円高になっていた場合、払込保険料相当額を下回ることがある。

4）不適切。契約者が死亡した場合、以後の保険料が免除され、祝い金や満期保険金が契約どおりに支払われる。

9 ▶ **正解 3**

1）不適切。確定年金では、年金受取期間中に被保険者が死亡した場合、残りの期間分の年金または一時金が遺族に支払われる。

2）不適切。終身年金は、生存している限り年金が受け取れるため、被保険者（＝年金受取人）の年齢や基本年金額等、他の条件が同一である場合、統計上で男性より長寿の傾向にある女性の方が保険料は高くなる。

3）適　切。変額個人年金保険は、資産を株や債券などの特別勘定で運用するため、運用成果によって将来の年金額や解約返戻金額が変動するが、死亡給付については、基本保険金額が最低保証されている。

4）不適切。トンチン年金保険は、年金受取開始前に被保険者が死亡した場合の死亡給付金や解約返戻金を大幅に抑え、その分、年金額を大きくしている商品である。

10 □□

総合福祉団体定期保険の一般的な商品性に関する次の記述のうち、最も不適切なものはどれか。（2020年9月問13）

1）総合福祉団体定期保険は、原則として、企業（団体）が保険料を負担し、役員・従業員を被保険者とする定期保険である。

2）総合福祉団体定期保険は、被保険者の死亡または所定の高度障害に対して保険金が支払われるため、被保険者が定年退職した場合に支払う退職金の準備としては適さない。

3）総合福祉団体定期保険の保険期間は、1年から10年の範囲内で、被保険者ごとに設定することができる。

4）総合福祉団体定期保険のヒューマン・ヴァリュー特約は、被保険者の死亡等による企業（団体）の経済的損失に備えるものであり、その特約死亡保険金等の受取人は、企業（団体）となる。

頻出 **11** □□

生命保険の税金に関する次の記述のうち、最も不適切なものはどれか。なお、いずれも契約者（＝保険料負担者）ならびに保険金、年金および給付金の受取人は個人であるものとする。（2023年1月問15）

1）契約者と被保険者が異なる終身保険において、被保険者がリビング・ニーズ特約に基づいて受け取る特約保険金は非課税となる。

2）契約者と被保険者が異なる個人年金保険において、年金受取開始前に被保険者が死亡して契約者が受け取った死亡給付金は、相続税の課税対象となる。

3）契約者、被保険者および年金受取人が同一人である個人年金保険（保証期間付終身年金）において、保証期間内に被保険者が死亡し、残りの保証期間について相続人等が受け取る年金の年金受給権は、相続税の課税対象となる。

4）一時払終身保険を契約から5年以内に解約したことにより契約者が受け取る解約返戻金は、一時所得として総合課税の対象となる。

10 ▶ **正解 3**

1）適　切。

2）適　切。総合福祉団体定期保険は、定期保険であるため、定年退職による退職金の準備としては適していない。

3）不適切。総合福祉団体定期保険は、1年更新の定期保険である。

4）適　切。なお、ヒューマン・ヴァリュー特約とは、代替者の採用や育成費用など、企業が負担すべき経済的損失の財源確保を目的とした特約である。

11 ▶ **正解 2**

1）適　切。リビング・ニーズ特約に基づく保険金（生前給付金）は、非課税である。

2）不適切。契約者（＝保険料負担者）と受取人が同一人の場合は、一時所得として所得税の課税対象となる。

3）適　切。なお、「年金受給権」とは、他の者が保険料を負担した個人年金保険契約などの年金給付契約について、今後「年金を受け取ることができる権利」をいう。

4）適　切。なお、一時払養老保険や一時払個人年金保険（確定年金）等の満期保険金や解約返戻金（保険期間が5年以下のものまたは保険期間が5年超で5年以内に解約したもの）は、金融類似商品として、源泉分離課税が適用される。

頻出 **12**

□
□

生命保険の課税関係に関する次の記述のうち、最も不適切なものはどれか。なお、いずれも契約者（＝保険料負担者）および保険金・給付金等の受取人は個人であるものとする。（2020年9月問14）

1）契約者と保険金受取人が同一人であり、被保険者が異なる終身保険において、被保険者が死亡して保険金受取人が受け取る死亡保険金は、相続税の課税対象となる。

2）契約者と被保険者が同一人である医療保険において、疾病の治療のために入院をしたことにより被保険者が受け取る入院給付金は、非課税である。

3）一時払終身保険を契約から５年以内に解約したことにより契約者が受け取る解約返戻金は、一時所得として総合課税の対象となる。

4）契約者、被保険者および年金受取人が同一人である個人年金保険（保証期間付終身年金）において、保証期間内に被保険者が死亡し、残りの保証期間について相続人等が受け取る年金の年金受給権は、相続税の課税対象となる。

頻出 **13**

□
□

2012年１月１日以後に締結した保険契約の保険料に係る生命保険料控除に関する次の記述のうち、最も適切なものはどれか。なお、各選択肢において、ほかに必要とされる要件等はすべて満たしているものとする。

（2022年５月問13）

1）一般の生命保険料控除、個人年金保険料控除および介護医療保険料控除の控除限度額は、所得税では各５万円である。

2）生命保険契約に付加された傷害特約の保険料は、介護医療保険料控除の対象となる。

3）変額個人年金保険の保険料は、個人年金保険料控除の対象とはならず、一般の生命保険料控除の対象となる。

4）少額短期保険の保険料は、一般の生命保険料控除や介護医療保険料控除の対象となる。

12 ▶ 正解 1

1）**不適切**。契約者と保険金受取人が同一人の場合、受け取った死亡保険金は所得税の対象となる。下記参照。

2）**適　切**。また、手術給付金や通院給付金も非課税である。

3）**適　切**。一時払終身保険を解約したことにより受け取る解約返戻金は、一時所得となる。

4）**適　切**。被保険者の死亡により相続人が年金受給権を受取った場合、相続税の対象となる。

〈死亡保険金と税金〉

契約者	被保険者	受取人	対象となる税金
A	A	B	相続税
A	B	A	所得税
A	B	C	贈与税

13 ▶ 正解 3

1）**不適切**。2012年1月1日以後に締結した保険契約に適用される生命保険料控除額は、一般の生命保険料控除、個人年金保険料控除、介護医療保険料控除ともに各4万円が所得税の控除限度額である。

2）**不適切**。2012年1月1日以後に締結した保険契約に付加された傷害特約に関する保険料は、生命保険料控除の対象とならない。

3）**適　切**。

4）**不適切**。少額短期保険の保険料は、生命保険料控除の対象とならない。

頻出

14

□
□

生命保険料控除に関する次の記述のうち、最も適切なものはどれか。なお、各選択肢において、ほかに必要とされる要件等はすべて満たしているものとする。 (2022年1月問14改題)

1）養老保険の月払保険料について、保険料の支払いがなかったため、自動振替貸付により保険料の払込みに充当された金額は、生命保険料控除の対象となる。

2）終身保険の月払保険料のうち、2025年1月に払い込まれた2024年12月分の保険料は、2024年分の生命保険料控除の対象となる。

3）2024年4月に加入した特定（三大）疾病保障定期保険の保険料は、介護医療保険料控除の対象となる。

4）2024年4月に加入した一時払定額個人年金保険の保険料は、個人年金保険料控除の対象となる。

14 ▶ **正解　1**

1）**適　切**。自動振替貸付によって保険料の払込みに充当された金額は、生命保険料控除の対象となる。

2）**不適切**。実際に保険料が支払われた年の生命保険料控除の対象となる。

3）**不適切**。一般の生命保険料控除の対象となる。

4）**不適切**。個人年金保険料控除を受けられるのは、税制適格要件を満たした個人年金保険契約である。下記参照。

〈税制適格要件〉

・年金受取人は、保険契約者または配偶者であること
・年金受取人は、被保険者と同一であること
・保険料の払込みは、年金支払開始前10年以上にわたって定期に行うものであること（一時払契約は不可）
・年金の種類が確定年金・有期年金の場合、年金の支払いは、年金受取人の年齢が60歳に達した日以降の日で10年以上の期間にわたって定期的に行われるものであること（終身年金の場合、年金支払開始日における被保険者の年齢は問わない）

頻出　15

□
□

契約者（＝保険料負担者）を法人とする生命保険の保険料の経理処理に関する次の記述のうち、最も不適切なものはどれか。なお、いずれの保険契約も保険料は年払いかつ全期払いで、2024年４月に締結したものとする。　(2022年９月問16改題)

1）被保険者が役員、死亡保険金受取人が法人である終身保険の支払保険料は、その全額を資産に計上する。

2）被保険者が役員・従業員全員、死亡保険金受取人および満期保険金受取人が法人である養老保険の支払保険料は、その全額を資産に計上する。

3）被保険者が役員、死亡保険金受取人が法人で、最高解約返戻率が75％である定期保険（保険期間：40年、年払保険料：100万円）の支払保険料は、保険期間の前半４割相当期間においては、その60％相当額を資産に計上し、残額を損金の額に算入することができる。

4）被保険者が役員、保険金受取人が法人である解約返戻金のない終身払いのがん保険（保険期間：終身、年払保険料：80万円）の支払保険料は、保険期間満了年齢を116歳とした保険期間の前半５割相当期間においては、その50％相当額を資産に計上し、残額を損金の額に算入することができる。

15 ▶ **正解　4**

1）適　切。死亡保険金受取人が法人である終身保険の支払保険料は、全額を資産に計上する。

2）適　切。支払った保険料の全額を保険料積立金として資産計上する。

3）適　切。下記※1参照。

4）不適切。下記※2参照。全期払い（終身払い）で解約返戻金のない定期保険や医療保険は、支払保険料の全額を損金に算入される。

※1　2019年7月8日以後（一定の契約については10月8日以後）に締結した保険契約の経理処理

最高解約返戻率	取扱い		
	資産計上期間	資産計上額	資産取り崩し方法
50%以下	資産計上不要（全額損金算入）		
50%超 70%以下	保険期間の当初4割相当の期間	年間の支払保険料×40%	保険期間の75/100相当期間経過後から、保険期間の終了の日まで。
70%超 85%以下		年間の支払保険料×60%	
85%超	保険期間開始日から解約返戻率が最高となる期間の終了	年間の支払保険料×最高解約返戻率×70%（保険期間開始日から10年経過日までの期間は90%）	解約返戻金が最高となった期間経過後から、保険期間終了の日まで。

※2　医療保険（解約返戻金のないタイプ）の経理処理

契約者	被保険者	受取人	支払保険料		経理処理
法　人	役員・従業員	法　人	全期払い（保険期間＝払込期間）		医療保険料（損金）
			短期払い	年間保険料30万円超	※以下の金額を医療保険料（損金） 年間保険料×払込年数÷(116年－加入年数)
				年間保険料30万円以下	医療保険料（損金）

3 損害保険

16

□
□

火災保険および地震保険の一般的な商品性に関する次の記述のうち、最も不適切なものはどれか。 (2023年1月問16)

1）地震保険は、火災保険の契約時に付帯する必要があり、火災保険の保険期間の中途で付帯することはできない。

2）地震保険の保険料には、「建築年割引」、「耐震等級割引」、「免震建築物割引」、「耐震診断割引」の割引制度があるが、これらは重複して適用を受けることはできない。

3）保険始期が2017年1月1日以降となる地震保険における損害の程度の区分は、「全損」「大半損」「小半損」「一部損」である。

4）専用住宅を対象とする火災保険の保険料を決定する要素の1つである建物の構造級別には、「M構造」「T構造」「H構造」の区分がある。

頻出 **17**

□
□

任意加入の自動車保険の一般的な商品性に関する次の記述のうち、最も適切なものはどれか。なお、記載のない特約は考慮しないものとする。

(2021年9月問16)

1）被保険者が被保険自動車を運転中に、ハンドル操作を誤って路上にいる自分の子にケガを負わせた場合、対人賠償保険の補償の対象となる。

2）被保険者が被保険自動車を運転中に、交差点で接触事故を起こしてケガを負った場合、被った損害額から自分の過失相当分を差し引いた金額が人身傷害（補償）保険の補償の対象となる。

3）海岸沿いの駐車場に止めていた被保険自動車が、高潮により損害を被った場合、一般車両保険の補償の対象となる。

4）自動車保険に運転者本人・配偶者限定特約を付帯した場合、被保険者の配偶者が運転している間に起こした事故により被った損害は、当該配偶者が被保険者と同居していることを条件として補償の対象となる。

16 ▶ 正解 **1**

1）**不適切**。地震保険を付帯せずに火災保険に加入した場合でも、保険期間に中途で付帯することができる。

2）**適　切**。４つの割引制度は、いずれの割引も重複して適用することはできない。

3）**適　切**。なお、支払保険金は、下記のとおり。

全損：保険金額の100％（上限：保険価額）

大半損：保険金額の60％（上限：保険価額の60％）

小半損：保険金額の30％（上限：保険価額の30％）

一部損：保険金額の５％（上限：保険価額の５％）

4）**適　切**。住宅物件の構造級別は、M構造（マンション構造）、T構造（耐火構造）、H構造（非耐火構造）の３区分に分類される。

17 ▶ 正解 **3**

1）**不適切**。対人賠償保険は、他人を死傷させた場合に保険金が支払われる。自分の子に負わせたケガは対象外となる。

2）**不適切**。人身傷害補償保険は、被保険者が被保険自動車の事故により死傷し、損害を被った場合、自己の過失部分を含めた損害額が支払われる。

3）**適　切**。高潮による損害は、一般車両保険の補償対象となる。

4）**不適切**。記名被保険者とその配偶者は同居・別居にかかわらず、補償の対象となる。

頻出 **18**

□
□

傷害保険の一般的な商品性に関する次の記述のうち、最も適切なものはどれか。なお、特約については考慮しないものとする。 (2021年1月問16)

1）交通事故傷害保険では、デパートのエスカレーターに搭乗中の事故によるケガは補償の対象となる。

2）普通傷害保険では、地震・噴火またはこれらによる津波によって生じたケガは補償の対象となる。

3）家族傷害保険では、保険期間中に生まれた記名被保険者本人の子は、被保険者とならない。

4）国内旅行傷害保険では、国内旅行中の飲食による細菌性食中毒は補償の対象とならない。

頻出 **19**

□
□

損害保険を利用した事業活動のリスク管理に関する次の記述のうち、最も不適切なものはどれか。 (2023年9月問20)

1）家庭用品を製造する事業者が、製造した製品が原因で、当該製品を使用した顧客がケガをして法律上の損害賠償責任を負うリスクに備えて、生産物賠償責任保険（ＰＬ保険）を契約した。

2）ボウリング場を経営する事業者が、施設の管理不備により、来場者がケガをして法律上の損害賠償責任を負うリスクに備えて、施設所有（管理）者賠償責任保険を契約した。

3）建設業を営む事業者が、従業員が業務中の事故によりケガをする場合に備えて、労働者災害補償保険（政府労災保険）の上乗せとして労働災害総合保険（法定外補償）を契約した。

4）事業用ビルの賃貸業を営む事業者が、賃貸ビルに設置した機械設備が火災により損害を被る場合に備えて、機械保険を契約した。

18 ▶ **正解　1**

1）適　切。交通事故傷害保険では、電車、自転車、自動車、飛行機、エレベーター、エスカレーター等に乗っているときの事故によるケガは補償の対象となる。

2）不適切。普通傷害保険では、特約を付加しない限り、地震・噴火・津波による傷害は補償の対象とならない。

3）不適切。家族傷害保険では、保険期間中に生まれた記名被保険者本人の子も、同一生計であれば、自動的に被保険者となる。

4）不適切。国内旅行傷害保険では、細菌性食中毒による傷害は特約なしで補償の対象となる。

19 ▶ **正解　4**

1）適　切。製造・販売した物の欠陥などによって第三者の身体や財産に損害が生じた場合などの賠償責任に備える保険は、生産物賠償責任保険である。

2）適　切。施設の不備・欠陥による事故のほか、施設の用法に伴う関連業務を遂行中に起こした賠償事故に対して補償する保険は、施設所有（管理）者賠償責任保険である。

3）適　切。労働災害総合保険は、政府労災保険の上乗せを目的として加入する。なお、政府労災保険の給付決定が保険金の支払い要件となる。

4）不適切。機械保険では、火災による機械の損害をカバーすることはできない。

4 第三分野の保険

頻出 **20**
□
□

第三分野の保険の一般的な商品性に関する次の記述のうち、最も不適切なものはどれか。　(2021年9月問19)

1）所得補償保険は、被保険者が保険会社所定の病気により就業不能になった場合には補償の対象となるが、ケガにより就業不能になった場合には補償の対象とならない。

2）先進医療特約で先進医療給付金の支払いの対象とされている先進医療は、療養を受けた時点において厚生労働大臣によって定められたものである。

3）限定告知型の医療保険は、他の契約条件が同一で、限定告知型ではない一般の医療保険と比較した場合、保険料は割高となる。

4）がん保険では、被保険者ががんで入院したことにより受け取る入院給付金について、１回の入院での支払日数に制限はない。

20 ▶ 正解 1

1）不適切。所得補償保険は、就業不能となった原因については、病気やケガの別、また入院の有無は問われない。

2）適　切。先進医療特約の対象となる先進医療は、診療・治療を受ける時点において厚生労働大臣によって定められたものである。

3）適　切。限定告知型は、告知の範囲が限定されているため、一般の医療保険と比較した場合、保険料は高くなる。

4）適　切。一般にがん保険では、入院給付金支払日数が無制限となっている。

実技問題

1 生保 次の設例に基づいて、下記の各問に答えなさい。

□□

(2022年9月・生保【第2問】問4～6改題)

《設　例》

会社員であるAさん(31歳)は、先日、職場で生命保険会社の営業担当者から生命保険の提案を受けた。Aさんは、これまで独身である自分に生命保険は必要ないと考えていたが、提案を受けたことを機に、病気になった場合の保障の必要性を感じ、加入を検討するようになった。なお、Aさんは全国健康保険協会管掌健康保険の被保険者であり、マイナ保険証ではなく健康保険証を利用している。

そこで、Aさんは、懇意にしているファイナンシャル・プランナーのMさんに相談することにした。

〈Aさんが提案を受けた終身医療保険に関する資料〉

保険の種類：無配当終身医療保険

月払保険料：6,100円(全額が介護医療保険料控除の対象)

保険料払込期間：終身払込(注1)

契約者(＝保険料負担者)・被保険者：Aさん

主契約の内容	保障金額	保険期間
入院給付金	日額10,000円	終身
手術給付金	一時金5万円または20万円	終身

特約の内容	保障金額	保険期間
入院一時金特約(注2)	一時金　10万円	終身
三大疾病一時金特約(注3)	一時金　100万円	終身
先進医療特約	先進医療の技術費用と同額	10年

(注1) 保険料払込期間は、契約時に有期払込を選択することができる。

(注2) 1日以上の入院の場合に支払われる。

(注3) がん(悪性新生物)と診断確定された場合、または急性心筋梗塞・脳卒中で所定の状態に該当した場合に一時金が支払われる(死亡保険金の支払はない)。

※上記以外の条件は考慮せず、各問に従うこと。

《問1》 Mさんは、Aさんに対して、全国健康保険協会管掌健康保険の高額療養費制度について説明した。Mさんが説明した以下の文章の空欄①〜④に入る最も適切な数値を、下記の〈数値群〉のなかから選び、その記号を解答用紙に記入しなさい。

「Aさんに係る医療費の一部負担金の割合は、（　①　）割となりますが、同一月内に、医療機関等に支払った医療費の一部負担金の額が自己負担限度額を超えた場合、所定の手続により、自己負担限度額を超えた額が高額療養費として支給されます。この一部負担金の合計には、差額ベッド代、食事代、保険適用となっていない医療行為等は含まれません。また、過去12ヵ月以内に複数回高額療養費が支給されると、（　②　）回目から自己負担限度額が軽減される仕組みがあります。

なお、事前に保険者から健康保険限度額適用認定証の交付を受け、医療機関の窓口に当該認定証と健康保険被保険者証を提示すると、一医療機関の窓口で支払う同一月内の一部負担金を自己負担限度額までとすることができます。

仮に、Aさんが病気により下記の〈条件〉で入院し、事前に健康保険限度額適用認定証の交付を受け、所定の手続をした場合、Aさんは、医療機関に一部負担金のうち（　③　）円を支払えばよく、実際の一部負担金との差額（　④　）円が現物給付されることになります」

〈条件〉
・Aさんの標準報酬月額は30万円である。
・入院は1ヵ所の病院で、期間は2024年5月3日〜12日までの10日間である。
・総医療費（すべて全国健康保険協会管掌健康保険の保険給付の対象となるもの）は60万円である。
・他に医療費はない。

〈資料〉医療費の自己負担限度額（月額）

自己負担限度額
80,100円＋（総医療費－267,000円）×1％

〈数値群〉

イ．1　ロ．1.5　ハ．2　ニ．3　ホ．4　ヘ．80,100
ト．83,430　チ．96,570　リ．180,000　ヌ．516,570

《問2》 Mさんは、Aさんが提案を受けた終身医療保険の保障内容について説明した。Mさんが説明した次の記述①～③について、適切なものには○印を、不適切なものには×印を解答用紙に記入しなさい。

① 「Aさんが生まれて初めてがん（悪性新生物）に罹患したと医師によって診断確定され、10日間入院（手術なし）した場合、提案を受けた終身医療保険から支払われる給付金および一時金の合計額は110万円です」

② 「先進医療の治療を受けた場合、診察料や投薬料等に係る費用は公的医療保険の対象となりますが、技術料に係る費用は全額自己負担となりますので、先進医療特約の付加をお勧めします」

③ 「提案を受けた終身医療保険の保険料払込期間を有期払込にすることで、毎月の保険料負担は減少し、保険料の払込総額も少なくなります。保険料負担を軽減するために有期払込を選択することをお勧めします」

《問3》 Mさんは、Aさんに対して、生命保険の加入等について説明した。Mさんが説明した次の記述①～③について、適切なものには○印を、不適切なものには×印を解答用紙に記入しなさい。

① 「生命保険の契約の際には、傷病歴や現在の健康状態などについて、事実をありのままに正しく告知してください。告知受領権は生命保険募集人が有していますので、当該募集人に対して口頭で告知してください」

② 「Aさんが提案を受けた終身医療保険の保険料は、介護医療保険料控除の対象となります。介護医療保険料控除の控除限度額は、所得税で50,000円、住民税で25,000円です」

③ 「医療技術の進歩や社会保険制度の改正等に合わせ、今後も生命保険の商品改定が行われていくと思います。保険料が割安なうちに終身医療保険に加入し、一生の保障を確保することもよいですが、一度加入して終わりにするのではなく、ライフステージの変化等に伴い、定期的に保障内容を見直すことをお勧めします」

2 **資産** 下記の問について解答しなさい。　(2023年9月・資産【第4問】問12改題)

□□

《問》　山岸幸太郎さん（48歳）が加入の提案を受けた生命保険の保障内容は下記〈資料〉のとおりである。この生命保険に加入した場合、次の記述の空欄（ア）～（ウ）にあてはまる数値を解答欄に記入しなさい。なお、各々の記述はそれぞれ独立した問題であり、相互に影響を与えないものとする。

〈資料／生命保険提案書〉

ご提案書

(ご契約者)　　山岸　幸太郎　様
(被保険者)　　山岸　幸太郎　様
(年齢・性別)　４８歳・男性

予定契約日：２０２４年１０月１日
払込保険料合計：××,×××円
支払方法：月払い、口座振替

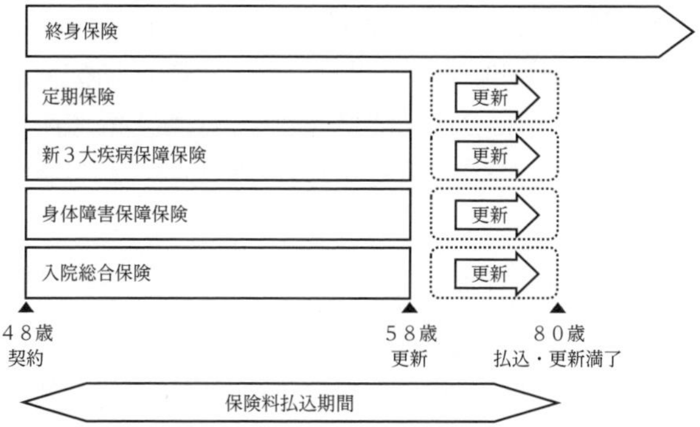

◇ご提案内容

ご契約内容	保険期間	保険金・給付金名称	主なお支払事由など	保険金額・給付金額
終身保険	終身	死亡保険金	死亡のとき	１００万円
定期保険	１０年	死亡保険金	死亡のとき	１，４００万円
新３大疾病保障保険	１０年	３大疾病保険金	所定の３大疾病に罹患したとき（がん（悪性新生物）・急性心筋梗塞・脳卒中）	５００万円
		特定疾病診断保険金	所定のがん（上皮内新生物等）・狭心症・急性心筋梗塞・脳動脈瘤・一過性脳虚血発作・脳卒中のいずれかに罹患、または３大疾病保険金が支払われるとき	３大疾病保険金額の１０％
		死亡保険金	死亡のとき	３大疾病保険金額の１０％
身体障害保障保険	１０年	身体障害保険金	身体障害者福祉法に定める１～３級の障害に該当し、その障害に対する身体障害者手帳の交付があったとき	４００万円
		死亡保険金	死亡のとき	４００万円

入院総合保険	１０年	入院給付金	所定の入院で入院日数が１日、３０日、６０日、９０日の各日数に達したとき		それぞれ３０万円
		外来手術給付金	公的医療保険制度の対象となる所定の手術等や同制度に定める先進医療	入院を伴わない所定の手術を受けたとき	入院給付金額×１０％
		先進医療給付金		所定の先進医療による治療を受けたとき	先進医療にかかる技術料と同額
		先進医療一時金		先進医療給付金が支払われるとき	２０万円（技術料と同額が上限）
リビング・ニーズ特約（※）	－	特約保険金	余命６ヵ月以内と判断されるとき		死亡保険金の範囲内、かつ、３，０００万円以内の金額

（※）新３大疾病保障保険の死亡保険金は、リビング・ニーズ特約による保険金支払いの対象となりません。

・山岸さんが虫垂炎で８日間継続して入院し、その入院中に公的医療保険制度の対象となる所定の手術を１回受け、退院後にケガで公的医療保険制度の対象となる所定の手術を入院せずに１回受けた場合、保険会社から支払われる保険金・給付金の合計は（　ア　）万円である。

・山岸さんが初めてがん（悪性新生物）と診断され、治療のため20日間継続して入院し、その入院中に公的医療保険制度の対象となる所定の手術を１回受けた場合、保険会社から支払われる保険金・給付金の合計は（　イ　）万円である。

・山岸さんが余命６ヵ月以内と判断された場合、リビング・ニーズ特約の請求において指定できる最大金額は（　ウ　）万円である。なお、指定保険金額に対する６ヵ月分の利息と保険料相当額は考慮しないものとする。

3 **資産** 下記の各問について解答しなさい。

□□ (2023年９月・資産【第４問】問13・14 2023年１月・資産【第４問】13改題)

《問１》 下記〈資料〉の養老保険のハーフタックスプラン（福利厚生プラン）に関する次の（ア）～（エ）の記述について、適切なものには○を、不適切なものには×を解答欄に記入しなさい。なお、当該法人の役員・従業員の大部分は法人の同族関係者ではない。

〈資料〉

保険の種類	養老保険
契約者（保険料負担者）および満期保険金受取人	株式会社ＹＣ
被保険者	役員・従業員
死亡保険金受取人	被保険者の遺族

（ア）部課長等の役職者のみを被保険者とする役職による加入基準を設けた場合、職種等に応じた合理的な基準により、普遍的に設けられた格差であると認められる。

（イ）原則として役員・従業員全員を被保険者とする普遍的加入でなければ、株式会社ＹＣが支払った保険料の２分の１を福利厚生費として損金の額に算入することができない。

（ウ）養老保険に入院特約等を付加した場合、株式会社ＹＣが支払った養老保険部分の保険料の２分の１を福利厚生費として損金の額に算入することができない。

（エ）死亡保険金が被保険者の遺族に支払われた場合、株式会社ＹＣは当該契約に係る資産計上額を取り崩し、同額を損金の額に算入する。

《問2》 川野さん（43歳）が自身を記名被保険者として契約している自動車保険の下記〈資料〉の契約更新案内に関する次の（ア）～（エ）の記述について、適切なものには○、不適切なものには×を解答欄に記入しなさい。なお、〈資料〉に記載のない特約については考慮しないものとする。

〈資料〉

	前年同等プラン	おすすめプランA	おすすめプランB
保険料（月払い）	×,×××円	×,×××円	×,×××円
運転者年齢条件	35歳以上補償	35歳以上補償	年齢条件なし
運転者限定の有無	家族限定	限定なし	限定なし
対人賠償保険（1名につき）	無制限	無制限	無制限
対物賠償保険	無制限	無制限	無制限
人身傷害保険（1名につき）	付帯なし	3,000万円	5,000万円
車両保険	エコノミー型（車対車＋A）保険金額：130万円 免責金額 1回目の事故 0円 2回目の事故 10万円	一般型 保険金額：130万円 免責金額 1回目の事故 0円 2回目の事故 10万円	一般型 保険金額：130万円 免責金額 1回目の事故 0円 2回目の事故 10万円
その他の特約	－	弁護士特約	弁護士特約ファミリーバイク特約

（ア）どのプランでも、川野さんが被保険自動車を運転中の事故により負傷した場合、川野さんの過失割合にかかわらず、ケガの治療費の補償を受けることができる。

（イ）前年同等プランでは、被保険自動車が盗難による損害を受けた場合、補償の対象となる。

（ウ）おすすめプランAでは、川野さんの友人（33歳）が被保険自動車を運転中に対人事故を起こった場合、補償の対象とならない。

（エ）おすすめプランBでは、川野さんが所有する原動機付自転車を運転中に対物事故を起こした場合、補償の対象となる。

《問３》　長谷川さんは、2024年中に糖尿病および心疾患により合計３回入院をした。下記〈資料〉に基づき、長谷川さんが契約している医療保険の入院給付金の日数に関する次の記述の空欄（ア）に入る数値を解答欄に記入しなさい。なお、長谷川さんはこれまでにこの医療保険から一度も給付金を受け取っていないものとする。

〈資料〉

[長谷川さんの入院日数]

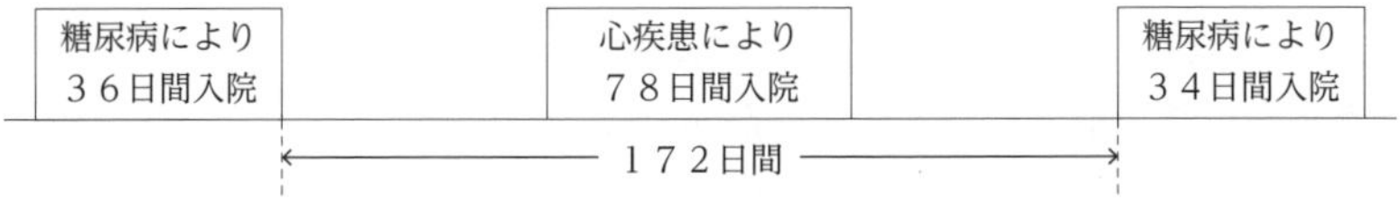

[長谷川さんの医療保険の入院給付金（日額）の給付概要]
・給付金の支払い条件：入院１日目（日帰り入院含む）から支払う。
・１入院限度日数：60日
・通算限度日数：1,095日
・３大疾病（がん、心疾患、脳血管疾患）による入院は支払日数無制限
・180日以内に同じ疾病で再入院した場合には、１回の入院とみなす。

長谷川さんが、2024年の入院について受けることができる入院給付金の日数は、合計（　ア　）日分である。

解答解説

1 《問1》 正解 ①ニ ②ホ ③ト ④チ

「Aさんに係る医療費の一部負担金の割合は、（①ニ　3）割となりますが、同一月内に、医療機関等に支払った医療費の一部負担金の額が自己負担限度額を超えた場合、所定の手続により、自己負担限度額を超えた額が高額療養費として支給されます。この一部負担金の合計には、差額ベッド代、食事代、保険適用となっていない医療行為等は含まれません。また、過去12ヵ月以内に複数回高額療養費が支給されると、（②ホ　4）回目から自己負担限度額が軽減される仕組みがあります。

なお、事前に保険者から健康保険限度額適用認定証の交付を受け、医療機関の窓口に当該認定証と健康保険被保険者証を提示すると、一医療機関の窓口で支払う同一月内の一部負担金を自己負担限度額までとすることができます。

仮に、Aさんが病気により下記の〈条件〉で入院し、事前に健康保険限度額適用認定証の交付を受け、所定の手続をした場合、Aさんは、医療機関に一部負担金のうち（③ト　83,430）円を支払えばよく、実際の一部負担金との差額（④チ　96,570）円が現物給付されることになります」

〈解説〉

原則として、小学校入学から70歳未満の者は、医療費の一部負担金の割合が3割である。

同一世帯で直前の1年間（12ヵ月間）に、既に3回以上高額療養費の支給を受けており、さらに4回以上の高額療養費が支給される場合は、4回目から自己負担限度額が一定の金額に軽減される（多数回該当による軽減制度）。

標準報酬月額30万円、総医療費60万円であるAさんの自己負担限度額および高額療養費は、次のとおりである。

自己負担限度額：80,100円＋(60万円－267,000円)×1％＝83,430円（空欄③）

高額療養費：60万円×30%(3割)－83,430円＝96,570円（空欄④）

《問2》 正解 ①× ②○ ③×

〈解説〉

① Aさんが生まれて初めてがん（悪性新生物）に罹患したと医師によって診断確定され、10日間入院（手術なし）した場合、終身医療保険から支払われる給付金および一時金の合計額は、次のとおりである。

入院給付金：	10,000円×10日＝	10万円
入院一時金：		10万円
三大疾病一時金：		100万円
		120万円

② 先進医療は保険診療と併用が認められており、通常の治療と共通する部分（診察・検査・投薬・入院料等）の費用は、一般の保険診療と同様に扱われる。よって、先進医療の治療の額は全額自己負担となるが、通常の治療と共通する部分については一部負担金を支払い、残りの額は保険外併用療養費として、健康保険から給付が行われる。

また、先進医療の技術料に係る費用は全額自己負担となる。

③ 終身払込みを有期払込みに変更した場合、短期間で支払い終わる有期払込みのほうが、毎月の保険料負担は増加する。

保険料の払込総額については、有期払込みと同じ期間であれば終身払込みのほうが少なくなる。また、有期払込みの期間を超えて、長生きすればするほど終身払込のほうが多くなるため、必ずしも有期払込みのほうが、保険料の払込総額が少なくなるとは限らない。

《問3》 正解 ①× ②× ③○

〈解説〉

① 告知の方法は、告知書または医師の診査による。生命保険募集人に口頭で告知しても、告知したことにはならない。

② 介護医療保険料控除の控除限度額は、所得税40,000円、住民税28,000円である。

③ 医療技術や社会保険制度は時間の経過とともに変化するため、加入した保険の保障内容を定期的に見直すことによって、加入しすぎまたは加入足りないという状況を回避することができる。

2 ▶ **正解 （ア）×　（イ）○　（ウ）×　（エ）○**

（ア）不適切。養老保険のハーフタックスプランは、役員・従業員全員が加入することが条件であるため、役職者のみなど格差がある場合は認められない。

（イ）適　切。普遍的加入でなければ、ハーフタックスプランの採用は出来ない。

（ウ）不適切。入院特約等を付加しても、その他の要件を満たしていれば、ハーフタックスプランの採用はできる。

（エ）適　切。死亡保険金が支払われた時、資産計上額を取り崩し、同額を損金算入する。

3《問1》▶ **正解 （ア）33（万円）（イ）580（万円）（ウ）1,900（万円）**

・山岸さんが虫垂炎で8日間継続して入院し、その入院中に公的医療保険制度の対象となる所定の手術を1回受け、退院後にケガで公的医療保険制度の対象となる所定の手術を入院せずに1回受けた場合、保険会社から支払われる保険金・給付金の合計は（ア　33）万円である。

・山岸さんが初めてがん（悪性新生物）と診断され、治療のため20日間継続して入院し、その入院中に公的医療保険制度の対象となる所定の手術を1回受けた場合、保険会社から支払われる保険金・給付金の合計は（イ　580）万円である。

・山岸さんが余命6ヵ月以内と判断された場合、リビング・ニーズ特約の請求において指定できる最大金額は（ウ　1,900）万円である。なお、指定保険金額に対する6ヵ月分の利息と保険料相当額は考慮しないものとする。

〈解説〉

（ア）虫垂炎による入院・手術の場合、下記の保険金・給付金を受け取ることができる。

入院給付金	入院１日目の時	30万円
外来手術給付金		入院給付金×10%

30万円＋30万円×10%＝33万円

（イ）がんによる入院・手術は、下記保険金・給付金を受け取ることができる。

入院給付金	入院１日目の時	30万円
３大疾病保険金		500万円
特定疾病診断保険金		３大疾病保険金の10%

30万円＋500万円＋500万円×10%＝580万円

（ウ）余命６ヵ月以内でリビング・ニーズ特約を請求する場合は、下記の保険金・給付金を受け取ることができる。

終身保険	100万円
定期保険	1,400万円
身体障害保障保険	400万円

100万円＋1,400万円＋400万円＝1,900万円

《問２》▶ 正解　**（ア）×　（イ）○　（ウ）×　（エ）○**

（ア）不適切。前年同等プランでは、人身傷害保険が付帯されていないため、自身のケガの補償は受けられない。

（イ）適　切。車両保険エコノミー型（車対車＋A）であっても盗難は保障される。

（ウ）不適切。運転者年齢条件（35歳以上補償）は、家族にのみ適用され、他人（友人）には適用されない。よって33歳の友人が起こした事故は補償の対象となる。

（エ）適　切。ファミリーバイク特約が付いているため補償の対象となる。

《問３》▶ 正解　**138（日分）**

長谷川さんが、2024年の入院について受けることができる入院給付金の日数は、合計（ア　138）日分である。

〈解説〉

・同じ疾病での２回目の入院までの間（糖尿病１回目と糖尿病２回目）が172日間（＜180日）のため、１回の入院とみなされる。また１入院限度日数は60日のため、糖尿病２回目入院は、60日－36日（糖尿病１回目入院）＝24日間となる。36日＋24日＝60日
→糖尿病による入院給付日数60日間

・心疾患入院の給付日数は、糖尿病とは違う疾病での入院となる。また〈資料〉より心疾患を含む３大疾病は支払日数無制限とあるため、そのまま78日間となる。

・2024年の入院における入院給付日数＝60日間＋78日間＝138日間

1 契約者保護に関する制度

(1) 少額短期保険

・保険法の適用対象となる。

・保険契約者保護機構の保護の対象とならない。

・原則として、被保険者１人につき加入できる保険金額の合計額は1,000万円が上限である。

・生命保険および医療保険の保険期間は１年が上限、損害保険の保険期間は2年が上限である。

・保険料は生命保険料控除および地震保険料控除の対象とならない。

2 生命保険

(1) 保険料の仕組み

・保険金・給付金等の支払いに充てるための純保険料と、保険契約を維持・管理していくために必要な経費等に充てるための付加保険料で構成される。

・保険料の算定は、予定死亡率、予定利率および予定事業費率の３つの予定基礎率を用いる。

・予定利率を低く設定すると、新規契約の保険料は高くなる。

・保険会社が実際に要した事業費が、保険料を算定する際に見込んでいた事業費よりも少なかった場合、費差益が生じる。

(2) 契約の更新

・保険期間が満了したときに、健康状態に関係なく、原則としてそれまでと同一の保障内容・保険金額で保障を継続できる制度。更新の際、更新時の年齢、保険料率によって保険料が再計算されるため、通常、保険料は高くなる。

(3) 終身保険

・有期払いと終身払いを比較すると、他の契約条件が同一であれば、１回当たりの払込保険料は有期払いのほうが高い。

(4) 収入保障保険

・保険金が**年金**形式で支払われる定期保険。**一時金**で受け取ることもできるが、一時金の場合、年金形式の受取総額よりも**少なくなる**。

(5) 養老保険

・一定期間内に死亡した場合には**死亡保険金**が支払われ、満期まで生存していた場合には、死亡保険金と**同額**の**満期保険金**が支払われる。

(6) 外貨建て保険

・**円換算支払特約**を付加しても、為替変動リスクを回避できないため、死亡保険金額が**円貨で保証されるわけではない**。つまり、**契約時**の為替相場で円換算した死亡保険金を受け取れるわけではない。

(7) こども保険（学資保険）

・契約者が死亡した場合、それ以降の保険料の払込みが**免除**されるが、**祝金**や**満期保険金**は支払われる。

(8) 変額保険

・変額保険（終身型）の死亡保険金は、運用実績にもとづいて**保険金額**が増減するが、契約時に定めた**基本保険金額**は保証される。

(9) 個人年金

① 共通事項

・年金受取開始**前**に被保険者（＝年金受取人）が死亡した場合、一般に、それまでの**既払込保険料相当額**の死亡給付金が遺族に支払われ契約は**消滅**する。

② 終身年金

・被保険者が同年齢で、基本年金額や保険料払込期間、年金受取開始年齢など契約内容が同一の場合、**保険料**は男性よりも女性のほうが**高くなる**。

③ 確定年金

・年金受取期間中に被保険者が死亡した場合、遺族が**残りの期間**に対応する**年金**または**一時金**を受け取る。

④ **変額年金**

・**特別勘定**の運用成果により、**年金額**や**解約返戻金額**が変動する。

⑤ **外貨建て個人年金保険**

・年金を円貨で受け取る場合、外貨と円貨の為替レートの変動により、年金受取総額が払込保険料相当額を**下回る**ことがある。

(10) 総合福祉団体定期保険

・ヒューマン・ヴァリュー特約の死亡保険金受取人は**法人**である。

(11) 生命保険料控除

・**自動振替貸付**により立て替えられた保険料は、正常に払込みがなされた保険料と同様の取扱いとなるため、**貸し付けられた年**の生命保険料控除の対象となる。

・特定（三大）疾病保障定期保険の保険料は、**一般の生命保険料控除**の対象となる。

・2012年1月1日以後に締結した生命保険契約に付加された傷害特約の保険料は、生命保険料控除の対象と**ならない**。

・変額個人年金保険の保険料は、**一般の生命保険料控除**の対象となる。

・終身保険の月払保険料のうち、2025年1月に払い込まれた2024年12月分の保険料は、**2025年**分の生命保険料控除の対象となる。

・所得税における一般の生命保険料控除、個人年金保険料控除および介護医療保険料控除の控除限度額は、各**4万円**である。

(12) 死亡保険金に対する課税

契約者 (保険料負担者)	被保険者	死亡保険金受取人	死亡保険金に対する課税
A	A	相続人	**相続税**（非課税枠適用可）
A	A	相続人以外	**相続税**（非課税枠適用**不可**）
A	A以外	B	**贈与税**
A	問わない	A	**所得税**（一時所得）・住民税

(13) 個人年金保険に対する課税

① 被保険者が生存して年金を受け取る場合

契約者(保険料負担者)	被保険者	年金受取人	対象となる税金	
			年金受給権発生時	年金受取時
A	A	A	課税なし	所得税(雑所得※)
A	B	B	贈与税(年金受給権に対して課税)	

※ 公的年金等控除の適用を受けることはできない。

② 死亡保険金を年金で受け取る場合

・年金支払開始前に被保険者が死亡した場合の死亡給付金は、(11)の死亡保険金に対する課税と同様、契約者と受取人の関係によって、相続税、贈与税、所得税の課税対象となる。

・個人年金保険(保証期間付終身年金)において、保証期間内に被保険者(=契約者=年金受取人)が死亡し、残りの保証期間について相続人が受け取る年金の年金受給権は、相続税の課税対象となる。

契約者(保険料負担者)	被保険者	年金受取人	対象となる税金	
			年金受給権発生時	年金受取時
A	A	B	相続税(年金受給権に対して課税)	所得税(雑所得※)
A	B	A	課税なし	
A	B	C	贈与税(年金受給権に対して課税)	

※ 公的年金等控除の適用を受けることはできない。

(14) 法人の経理処理

・貯蓄性のない医療保険の保険料は、全額損金算入する。

・被保険者が役員、入院給付金受取人が法人である医療保険の給付金は、全額を雑収入として益金算入する。

・終身保険の経理処理は次のとおりである。

契約者	被保険者	死亡保険金受取人	経理処理
法人	役員・従業員	法人	資産計上 （保険料積立金）
		被保険者の遺族	損金算入 （給与）

※　被保険者が役員、死亡保険金受取人が法人である終身保険を解約して受け取った解約返戻金は、それまで資産計上していた保険料と解約返戻金との差額を雑収入（または雑損失）として益金（または損金）に算入する。

・養老保険の経理処理は次のとおりである。

契約者	被保険者	死亡保険金受取人	満期保険金受取人	経理処理
法人	役員・従業員	法人	法人	資産計上 （保険料積立金）
		被保険者の遺族	被保険者	損金算入 （給与）
		被保険者の遺族	法人	1／2資産計上 （保険料積立金） 1／2損金算入 （福利厚生費）

・2019年7月8日以後に締結した長期平準定期保険契約、逓増定期保険契約および2019年10月8日以後に締結した第三分野の短期払いのがん保険契約等は、次のように経理処理する。

最高解約返戻率	資産計上期間	資産計上額	資産取崩方法
50%超 70%以下	保険期間の当初 40%相当期間	年間支払保険料× 40%	保険期間の75/100相当期間経過後から、保険期間の終了日まで
70%超 85%以下		年間支払保険料× 60%	
85%超	保険期間開始日から解約返戻率が最高となる期間の終了日まで	年間支払保険料×最高解約返戻率×70%（保険期間開始日から10年経過日までの期間は90%）	解約返戻金が最高となった期間経過後から、保険期間の終了日まで

3 損害保険

(1) 対人賠償保険

・自賠責保険で支払われる金額を超える部分に対して保険金が支払われる。

(2) 対物賠償保険

・飲食店に衝突して損害を与えた場合、店舗を修復する期間の休業損害は補償の対象となる。

(3) 人身傷害補償保険

・自動車事故により被保険者が死傷した場合、過失の有無にかかわらず、実際の損害額が支払われる。

(4) 傷害保険

・家族傷害保険では、記名被保険者またはその配偶者と生計を共にする別居の未婚の子は被保険者である。保険金等が支払われる事由が発生した時点の続柄で判定する。

(5) 国内旅行傷害保険と海外旅行傷害保険

	細菌性（ウィルス性）食中毒	地震・噴火・津波によるケガ	摘要
国内旅行傷害保険	○	×	
海外旅行傷害保険	○	○	持ち物の損害、救援者費用、損害賠償責任も含む

※　国内旅行、海外旅行ともに自宅を出発してから帰宅するまでの間の傷害（損害）を補償。

(6) 施設所有（管理）者賠償責任保険

・工場、店舗などの各種施設の不備や建物の欠陥による事故のほか、施設の用法に伴う関連業務を遂行中に起こした偶然な事故に起因して、第三者の身体や財物に法律上の賠償責任を負った場合に補償する保険。

(7) 生産物賠償責任保険（ＰＬ保険）

・事業者の製品が原因で、顧客がケガを負った場合、当該事業者が法律上の損害賠償責任を負うリスクに備えることができる。

(8) 機械保険

・事故発生直前の状態に回復するために必要な修理費用を補償する保険であり、火災または化学反応による爆発・破裂による事故は対象とならない。

(9) 労働災害総合保険

・政府労災保険等の給付の上乗せとなる法定外補償と、事業主が民法上の賠償責任を負担しなければならない場合の使用者賠償責任を補償する保険。

(10) 損害保険の税金

・地震保険が付帯されている火災保険の保険料は、地震保険料控除の対象とならない。

・損害保険の場合、保険金は損失補てんを目的としたもの（実損払い）のため、原則として非課税である。

（例）火災保険の保険金、人身傷害補償保険の保険金、車両保険の保険金

(11) 法人の経理処理

・火災等により事業用の固定資産（建物、自動車など）に損害が生じたために受け取った保険金を、新たな固定資産の取得にあてた場合には、圧縮記帳を適用することができる。

・従業員の遺族が死亡保険金を保険会社から直接受け取った場合、当該死亡保険金の経理処理は不要である。

・満期返戻金・契約者配当金を法人が受け取った場合、その全額を益金に算入し、それまで資産計上していた積立保険料累計額を損金に算入する。

4 第三分野の保険

(1) 医療保険

・検査のための入院であっても、医師の指示による治療目的の入院であれば、入院給付金支払いの対象となる。

・限定告知型は、告知の範囲が限定されているため、一般の医療保険と比較した場合、保険料は高くなる。

(2) がん保険

・一般に契約日から90日間または3ヵ月間の免責期間があるため、この期間中にがんと診断確定された場合、診断給付金を受け取ることはできない。

・入院給付金の支払日数や手術給付金の支払回数に上限はない。

(3) 特定（三大）疾病保障保険

・がん、急性心筋梗塞、脳卒中により約款に定める所定の状態と医師に診断確定されたとき、生前に死亡・高度障害保険金と同額の特定疾病保険金が支払われる。

・特定疾病保険金が支払われると契約は消滅する。

(4) 先進医療保険（特約）

・治療・手術の時点で厚生労働大臣が定めた先進医療であり、厚生労働大臣へ届け出た病院で治療・手術を受けることなどが給付条件である。

第3章

金融資産運用

頻出論点 Best3

1位

投資信託

投資信託の分類を学習しましょう。主に、上場投資信託の特徴は整理しておきましょう。

2位

債券

債券の仕組みや特徴を理解し、債券の利回り計算は電卓を使い計算できるようにしましょう。

3位

株式

株価収益率（ＰＥＲ）、株価純資産倍率（ＰＢＲ）、自己資本利益率（ＲＯＥ）、配当利回り、配当性向は計算できるようにしましょう。

四答択一式問題 次の各問について答えを1つ選び、その番号を答えなさい。

1 マーケット環境の理解

1

□
□

全国企業短期経済観測調査（日銀短観）に関する次の記述のうち、最も適切なものはどれか。 (2022年5月問21)

1）日銀短観は、統計法に基づいて行われる調査であり、全国の企業動向を的確に把握し、政府の財政政策の適切な運営に資することを目的としている。

2）日銀短観の調査は年4回実施され、その結果は、3月、6月、9月、12月に公表される。

3）日銀短観の調査対象企業は、全国の資本金1,000万円以上の民間企業（金融機関等を除く）の中から抽出され、各種計数が業種別および企業規模別に公表される。

4）日銀短観で公表される「業況判断ＤＩ」は、回答時点の業況とその3ヵ月後の業況予測について、「良い」と回答した企業の社数構成比から「悪い」と回答した企業の社数構成比を差し引いて算出される。

解答解説

1 ▶ **正解　4**

1）不適切。全国の企業動向を的確に把握し、金融政策の適切な運営のために行われている。

2）不適切。毎年3月、6月、9月、12月に調査を実施し、原則、4月、7月、10月、12月に調査結果を公表している。

3）不適切。資本金2,000万円以上の民間企業の中から抽出される。

4）適　切。

2 □□　景気動向指数に関する次の記述のうち、最も不適切なものはどれか。

(2021年5月問21)

1）景気動向指数は、景気の現状把握および将来予測に資するために作成された指標であり、コンポジット・インデックス（ＣＩ）とディフュージョン・インデックス（ＤＩ）がある。

2）景気動向指数に採用されている指標は、先行指数が11系列、一致指数が10系列、遅行指数が９系列の合計30系列となっている。

3）コンポジット・インデックス（ＣＩ）は、採用系列の各月の値を３ヵ月前と比べた変化の方向を合成して作成した指数であり、景気拡張の動きの各経済部門への波及度合いの測定を主な目的としている。

4）景気転換点の判定には、一致指数を構成する個別指標ごとに統計的手法を用いて山と谷を設定し、谷から山に向かう局面にある指標の割合を算出したヒストリカル・ディフュージョン・インデックス（ＤＩ）が用いられている。

2 ▶ **正解　3**

1）適　切。景気動向指数にはＤＩとＣＩがあるが、現在はＣＩを中心に公表されている。

2）適　切。

3）不適切。ＣＩは、各系列の指標の前月と比べた変化量を合成したものである。

4）適　切。景気の転換点の判定には、ＤＩが用いられている。

2 様々な金融商品

頻出 **3** □□

銀行等の金融機関で取り扱う預金商品の一般的な商品性に関する次の記述のうち、最も適切なものはどれか。 (2023年1月問21)

1）貯蓄預金は、給与、年金等の自動受取口座や公共料金等の自動振替口座に指定することができる。

2）決済用預金のうち、当座預金は、個人、法人のいずれも利用することができるが、無利息型普通預金は、法人が利用することはできない。

3）期日指定定期預金は、据置期間経過後から最長預入期日までの間で、任意の日を満期日として指定することができる。

4）総合口座において、紙の通帳の代わりにオンライン上で入出金の明細や残高を確認することができるサービスを提供しているのは、ネット専業銀行に限られる。

頻出 **4** □□

個人（居住者）が国内の金融機関等を通じて行う外貨建て金融商品の取引等に関する次の記述のうち、最も不適切なものはどれか。

(2022年5月問26)

1）外貨建て金融商品の取引に係る為替手数料の料率は、同一の外貨を対象にする場合であっても、取扱金融機関により異なることがある。

2）国外の証券取引所に上場している外国株式を、国内店頭取引により売買する場合、外国証券取引口座を開設する必要がある。

3）外国為替証拠金取引では、証拠金にあらかじめ決められた倍率を掛けた金額まで売買することができるが、倍率の上限は各取扱業者が決めており、法令による上限の定めはない。

4）米ドル建て債券を保有している場合、為替レートが円安・米ドル高に変動することは、当該債券に係る円換算の投資利回りの上昇要因となる。

3 ▶ **正解 3**

1）不適切。貯蓄預金は自動振替口座に指定するなど、決済口座として利用することができない。

2）不適切。無利息型普通預金は、法人も利用することができる。

3）適　切。1年間の据置期間経過後は、最長預入期日までの間で、任意の日を満期日として指定することができる。

4）不適切。オンライン上で入出金の明細や残高を確認できるサービスを提供しているのは、ネット専用銀行に限られていない。

4 ▶ **正解 3**

1）適　切。

2）適　切。

3）不適切。法令による証拠金倍率の上限は、25倍と定められている。

4）適　切。満期時の為替レートが円安になると、円換算した受取額が大きくなり投資利回りは向上する。

5
□
□

以下の〈条件〉で、円貨を米ドルに交換して米ドル建て定期預金に10,000米ドルを預け入れ、満期時に米ドルを円貨に交換して受け取る場合における円ベースでの利回り（単利・年率）として、最も適切なものはどれか。なお、税金については考慮しないものとし、計算結果は表示単位の小数点以下第３位を四捨五入するものとする。　(2023年９月問26)

〈条件〉
・預入期間　１年
・預金金利　3.00％（年率）
・為替予約なし
・為替レート（米ドル／円）

	TTS	TTB
預入時	130.00円	129.00円
満期時	135.00円	134.00円

1）3.17％
2）4.79％
3）6.17％
4）7.79％

5 ▶ 正解 3

円ベースでの元本

10,000米ドル×ＴＴＳ130.0円＝1,300,000円

米ドルベースでの満期時元利合計

10,000米ドル×（1＋0.03）＝10,300米ドル

円ベースでの満期時元利合計

10,300米ドル×ＴＴＢ134.0円＝1,380,200円

円ベースでの利回り

$$\frac{(1{,}380{,}200\text{円}-1{,}300{,}000\text{円})}{1{,}300{,}000\text{円}}\times 100=6.169\rightarrow \underline{6.17\%}$$

6 □□

各種債券の一般的な商品性に関する次の記述のうち、最も不適切なものはどれか。 (2021年9月問24)

1）早期償還条項が付いている株価指数連動債は、参照する株価指数の変動によって償還金額などが変動し、満期償還日よりも前に償還されたり償還金額が額面金額を下回ったりする可能性がある債券である。

2）転換社債型新株予約権付社債は、発行時に決められた転換価額で株式に転換することができる権利が付いた債券である。

3）デュアルカレンシー債は、購入代金の払込みおよび利払いの通貨と、償還される通貨が異なる債券である。

4）ゼロ・クーポン債は、利子（クーポン）の支払いがなく、額面金額で発行され、額面金額よりも高い金額で償還される債券である。

頻出 **7** □□

債券のデュレーションに関する次の記述の空欄（ア）、（イ）にあてはまる語句の組み合わせとして、最も適切なものはどれか。 (2022年1月問24)

> デュレーションは、債券への投資資金の平均回収期間を表すとともに、債券投資における金利変動リスクの度合い（金利変動に対する債券価格の感応度）を表す指標としても用いられる。他の条件が同じであれば、債券の表面利率が低いほど、また残存期間が長いほど、デュレーションは（ ア ）。なお、割引債券のデュレーションは、残存期間（ イ ）。

1）（ア）長くなる　（イ）と等しくなる
2）（ア）短くなる　（イ）よりも短くなる
3）（ア）長くなる　（イ）よりも短くなる
4）（ア）短くなる　（イ）と等しくなる

6 ▶ 正解　4

1）適　切。株価指数連動債は、日経平均株価やＳ＆Ｐ500種指数等の参照する指数の変動によって、償還額や利率が変動する仕組債である。また、早期償還条項が付いている場合には満期前に償還する可能性がある。

2）適　切。株式に転換できる価格（転換価格）が設定されており、転換請求期間であれば、その発行企業の株式に転換することができる。

3）適　切。下記参照。

4）不適切。額面金額よりも低い価格で発行され、額面金額で償還される。

〈デュアルカレンシー債とリバース・デュアルカレンシー債の違い〉

	払込み	利払い	償還
デュアルカレンシー債	円	円	外貨
リバース・デュアルカレンシー債	円	外貨	円

7 ▶ 正解　1

デュレーションは、債券への投資資金の平均回収期間を表すとともに、債券投資における金利変動リスクの度合い（金利変動に対する債券価格の感応度）を表す指標としても用いられる。他の条件が同じであれば、債券の表面利率が低いほど、また残存期間が長いほど、デュレーションは（ア　長くなる）。なお、割引債券のデュレーションは、残存期間（イ　と等しくなる）。

頻出 **8**

□
□

市場金利の変動と固定利付債券の利回り（単利・年率）および価格との関係に関する次の記述の空欄（ア）～（ウ）にあてはまる語句の組み合わせとして、最も適切なものはどれか。なお、手数料、経過利子、税金等については考慮しないものとし、計算結果は表示単位の小数点以下第３位を四捨五入するものとする。 (2023年１月問23)

> 表面利率が0.50％、償還年限が10年の固定利付債券が額面100円当たり100円で新規に発行された。５年後、市場金利が当該債券の発行時に比べて上昇した結果、債券の価格は（　ア　）して、（　イ　）となり、当該債券の現時点（発行から５年後）における最終利回りは0.70％（単利・年率）となった。また、当該債券を発行時に購入し、発行から５年後に（　イ　）で売却した場合の所有期間利回りは（　ウ　）となる。

1）（ア）下落　（イ）99.03円　（ウ）0.31％
2）（ア）下落　（イ）99.03円　（ウ）0.69％
3）（ア）上昇　（イ）100.98円　（ウ）0.69％
4）（ア）上昇　（イ）100.98円　（ウ）0.31％

8 ▶ **正解　1**

（ア）…市場金利が上昇すると既発債券の価格は、下落する。

（イ）…（ア）の解答より、債券価格が100円未満に下落していることから99.03円となる。

（ウ）$所有期間利回り＝\dfrac{表面利率＋\dfrac{売却価格－買付価格}{所有期間}}{買付価格}\times 100$

$$所有期間利回り＝\frac{0.50+\dfrac{99.03-100}{5}}{100}\times 100=0.306\rightarrow 0.31\%$$

頻出

9

□
□

東京証券取引所の市場区分等に関する次の記述のうち、最も適切なものはどれか。　(2023年9月問24)

1）スタンダード市場は、「多くの機関投資家の投資対象になりうる規模の時価総額（流動性）を持ち、より高いガバナンス水準を備え、投資者との建設的な対話を中心に据えて持続的な成長と中長期的な企業価値の向上にコミットする企業向けの市場」である。

2）プライム市場は、「高い成長可能性を実現するための事業計画及びその進捗の適時・適切な開示が行われ一定の市場評価が得られる一方、事業実績の観点から相対的にリスクが高い企業向けの市場」である。

3）スタンダード市場の上場会社がプライム市場へ市場区分の変更をするためには、プライム市場の新規上場基準と同様の基準に基づく審査を受ける必要がある。

4）東証株価指数（ＴＯＰＩＸ）は、プライム市場、スタンダード市場およびグロース市場の全銘柄を対象として算出されている。

9 ▶ **正解　3**

1）**不適切**。プライム市場のコンセプトにおける記述である。

2）**不適切**。グロース市場のコンセプトにおける記述である。

3）**適　切**。上場企業が他の市場区分への変更を申請した場合、新規上場と同様の基準で審査をすることになる。

4）**不適切**。東証株価指数（ＴＯＰＩＸ）は、選択市場にかかわらず採用されているが全銘柄が対象となっているわけではない。また、流通株式時価総額100億円未満の銘柄については、段階的にウエイトが低減され、2025年1月末に除外される予定である。

頻出 **10**

□
□

下記〈X社のデータ〉に基づき算出されるX社の株式指標に関する次の記述のうち、誤っているものはどれか。 (2019年5月問25)

〈X社のデータ〉

株価	1,800円
当期純利益	120億円
自己資本（＝純資産）	800億円
総資産	2,000億円
発行済株式数	2億株
配当金総額	36億円

1）ＲＯＥ（自己資本当期純利益率）は、15.0%である。

2）ＰＥＲ（株価収益率）は、30.0倍である。

3）ＰＢＲ（株価純資産倍率）は、4.5倍である。

4）配当利回りは、30.0%である。

10 ▶ **正解　4**

1）**正しい。** ＲＯＥ（自己資本利益率）は、企業の自己資本に対する当期純利益の割合を示す指標で、数値が高いほど、自己資本を活用して効率よく利益を上げていることを示す。なお、自己資本利益率は、自己資本当期純利益率ともいう。

$$\text{ROE（自己資本利益率）（\%）}=\frac{\text{当期純利益}}{\text{自己資本}}\times 100$$

$$\text{X社のROE}=\frac{120\text{億円}}{800\text{億円}}\times 100=15.0\%$$

2）**正しい。** ＰＥＲ（株価収益率）は、収益性の観点から株価の割安性を判断する指標で、数値が低いほど、株価は割安と判断される。

$$\text{PER（株価収益率）（倍）}=\frac{\text{株価}}{\text{1株当たり純利益}}$$

$$\text{X社のPER}=\frac{1{,}800\text{円}}{120\text{億円}\div 2\text{億株}}=30.0\text{倍}$$

3）**正しい。** ＰＢＲ（株価純資産倍率）は、資産価値の観点から株価の割安性を判断する指標である。

$$\text{PBR（株価純資産倍率）（倍）}=\frac{\text{株価}}{\text{1株当たり純資産}}$$

$$\text{X社のPBR}=\frac{1{,}800\text{円}}{800\text{億円}\div 2\text{億株}}=4.5\text{倍}$$

4）**誤　り。** 配当利回りは、株価に対する１株当たり配当金の割合を示す指標である。

$$\text{配当利回り（\%）}=\frac{\text{1株当たり配当金}}{\text{株価}}\times 100$$

$$\text{X社の配当利回り}=\frac{36\text{億円}\div 2\text{億株}}{1{,}800\text{円}}\times 100=\underline{1.0\%}$$

頻出

11

□
□

株式の信用取引に関する次の記述のうち、最も適切なものはどれか。

(2020年9月問25)

1）一般信用取引の建株を制度信用取引の建株に変更することができる。

2）信用取引では、現物株式を所有していなくても、その株式の「売り」から取引を開始することができる。

3）金融商品取引法では、信用取引を行う際の委託保証金の額は20万円以上であり、かつ、約定代金に対する委託保証金の割合は20%以上でなければならないと規定されている。

4）制度信用取引では、売買が成立した後に相場が変動して証券会社が定める最低委託保証金維持率を下回ったとしても、追加で保証金を差し入れる必要はない。

12

□
□

一般的な投資信託の分類方法に関する次の記述のうち、最も不適切なものはどれか。

(2022年9月問22)

1）組入れ資産のほとんどを債券が占め、株式をまったく組み入れていない証券投資信託であっても、約款上、株式に投資することができれば、株式投資信託に分類される。

2）契約型投資信託は、委託者指図型と委託者非指図型に大別され、委託者指図型投資信託は、投資信託委託会社（委託者）と信託銀行等（受託者）との信託契約により、委託者の運用指図に基づいて運用される投資信託である。

3）単位型投資信託は、投資信託が運用されている期間中いつでも購入できる投資信託であり、追加型投資信託は、当初募集期間にのみ購入できる投資信託である。

4）パッシブ型投資信託は、対象となるベンチマークに連動する運用成果を目指して運用される投資信託である。

11 ▶ **正解 2**

1）不適切。一般信用取引の建株を制度信用取引の建株に変更することはできない。

2）適　切。信用取引では「買い」から取引を開始するだけではなく、「売り」から取引を開始することもできる。

3）不適切。委託保証金の額は、30万円以上であり、委託保証金の割合は、約定代金の30%以上でなければならない。

4）不適切。最低委託保証金維持率を下回った場合、追加で保証金を差し入れなければならない。

12 ▶ **正解 3**

1）適　切。

2）適　切。

3）不適切。単位型投資信託は、募集期間のみ購入ができる投資信託である。一方、追加型投資信託は、運用期間中いつでも購入できる投資信託である。

4）適　切。なお、ベンチマークを上回る運用成果を目指す運用手法をアクティブ運用という。

頻出 **13**

□
□

わが国における上場投資信託（ＥＴＦ）および上場不動産投資信託（Ｊ－ＲＥＩＴ）の特徴に関する次の記述のうち、最も適切なものはどれか。

(2023年9月問22)

1）ＥＴＦは、非上場の投資信託と異なり、運用管理費用（信託報酬）は発生しない。

2）ＥＴＦを市場で売却する際には、信託財産留保額はかからない。

3）Ｊ－ＲＥＩＴの分配金は、所得税の配当控除の対象となる。

4）Ｊ－ＲＥＩＴは、一般に、信託財産の解約ができるオープン・エンド型の投資信託として設定されている。

頻出 **14**

□
□

株式投資信託の運用手法に関する次の記述のうち、最も不適切なものはどれか。

(2021年9月問23)

1）マクロ的な環境要因等を基に国別組入比率や業種別組入比率などを決定し、その比率に応じて、個別銘柄を組み入れてポートフォリオを構築する手法を、トップダウン・アプローチという。

2）ベンチマークを上回る運用実績を上げることを目指す運用スタイルを、アクティブ運用という。

3）株価が現在の資産価値や利益水準などから割安と評価される銘柄に投資する手法を、グロース投資という。

4）「ブル型」「ベア型」と呼ばれる特殊型の投資信託のうち、「ベア型」は、ベンチマークが下落すると基準価額が上昇するよう設計されている。

13 ▶ 正解　**2**

1）不適切。ＥＴＦであっても運用管理費用（信託報酬）は発生する。

2）適　切。ＥＴＦを市場で売却する際には、信託財産留保額はかからない。

3）不適切。Ｊ－ＲＥＩＴの分配金は、所得税の配当控除の対象とならない。

4）不適切。Ｊ－ＲＥＩＴは、一般に、信託財産の解約ができないクローズド・エンド型の投資信託として設定される。

14 ▶ 正解　**3**

1）適　切。下記参照。

2）適　切。なお、ベンチマークに連動する運用成果を目指す運用手法をパッシブ運用という。

3）不適切。下記参照。

4）適　切。ブル型……ベンチマークが上昇した場合に利益が出るように設定される。

ベア型……ベンチマークが下落した場合に利益が出るように設定される。

グロース運用	将来的に成長性が高いと見込まれる銘柄を選択して投資対象とする方法。ＰＥＲが高くなる傾向がある。
バリュー運用	利益水準や資産価値から判断して、株価が相対的に割安な銘柄に先回りして投資する方法。

トップダウン・アプローチ	金利・為替・景気などのマクロ経済の動向を分析し、業種別や国別の組入比率を決定してから銘柄を決める方法。
ボトムアップ・アプローチ	個別銘柄の選択を重視し、企業訪問などのリサーチによって投資魅力の高い銘柄を集めてポートフォリオを構築していく方法。

頻出 **15** □□

下記〈資料〉に基づくファンドＡとファンドＢの過去５年間の運用パフォーマンスの比較評価に関する次の記述の空欄（ア）、（イ）にあてはまる語句の組み合わせとして、最も適切なものはどれか。　(2023年1月問27)

〈資料〉ファンドＡとファンドＢの過去５年間の運用パフォーマンス

ファンド名	実績収益率の平均値	実績収益率の標準偏差
ファンドA	3.2%	1.0%
ファンドB	12.0%	5.0%

ファンドの運用パフォーマンスに係る評価指標の１つとして、シャープレシオがある。無リスク金利を全期間にわたり1.0%とし、〈資料〉の数値により、ファンドＡのシャープレシオの値を算出すると（　ア　）となる。同様にファンドＢのシャープレシオの値を算出したうえで、両ファンドの運用パフォーマンスを比較する場合、シャープレシオの比較においては、過去５年間は（　イ　）であったと判断される。

1）（ア）2.2　（イ）ファンドＡとファンドＢの運用効率は同等
2）（ア）2.2　（イ）ファンドＡの方が効率的な運用
3）（ア）3.2　（イ）ファンドＡとファンドＢの運用効率は同等
4）（ア）3.2　（イ）ファンドＡの方が効率的な運用

15 ▶ 正解 1

シャープレシオ

＝（ポートフォリオの収益率－無リスク資産の収益率）/ポートフォリオの標準偏差

ファンドAのシャープレシオ：(3.2%－1.0%）/1.0%＝2.2

ファンドBのシャープレシオ：(12.0%－1.0%）/5.0%＝2.2

16 □□

金融派生商品に関する次の記述のうち、最も不適切なものはどれか。

(2020年9月問26)

1）元本を交換せずに将来にわたって金利のみを交換する通貨スワップを、クーポンスワップという。

2）将来、現物を取得しようとしている者が先物取引で買いヘッジを行うと、実際に現物の価格が上昇した場合には、現物取引では取得コストが上昇する一方、先物取引では利益が発生するため、現物取引の取得コストの上昇を相殺することができる。

3）プット・オプションの売り手の最大利益は無限定であるが、コール・オプションの売り手の最大利益はプレミアム（オプション料）に限定される。

4）コール・オプションとプット・オプションのいずれも、他の条件が同一であれば、満期までの期間が長いほど、プレミアム（オプション料）は高くなる。

17 □□

ポートフォリオ理論に関する次の記述のうち、最も適切なものはどれか。

(2021年1月問27)

1）国内株式のポートフォリオにおいて、組入れ銘柄数を増やすことにより、システマティック・リスクを低減することができる。

2）異なる2資産からなるポートフォリオにおいて、2資産間の相関係数が－1である場合、ポートフォリオを組成することによる分散投資の効果（リスクの低減）は得られない。

3）ポートフォリオの期待収益率は、組み入れた各資産の期待収益率を組入比率で加重平均した値となる。

4）ポートフォリオのリスクは、組み入れた各資産のリスクを組入比率で加重平均した値よりも大きくなる。

16 ▶ 正解　3

1）適　切。

2）適　切。

3）不適切。プット・オプションでもコール・オプションでもオプションの売り手の最大利益は、プレミアムに限定されている。

4）適　切。下記参照。

〈プレミアムの決定要因〉

要因	条件	コールのプレミアム	プットのプレミアム
権利行使価格	高い	低い	高い
	低い	高い	低い
原資産価格	上昇	上昇	下落
	下落	下落	上昇
残存期間	長い	高い	
	短い	低い	
ボラティリティ	上昇	上昇	
	下落	下落	

17 ▶ 正解　3

1）不適切。組み入れ銘柄数を増やすことによってリスクを低減できるのは、非システマティック・リスクである。

2）不適切。下記参照。

3）適　切。

4）不適切。ポートフォリオのリスクは、組み入れた各資産のリスクを組入比率で加重平均した値以下となる。

〈相関係数〉

相関係数　－1	2つの資産が反対の動きをする（リスク軽減効果最大）
相関係数　0	2つの資産に関係性が見当たらない
相関係数　＋1	2つの資産が同じ動きをする　（リスク軽減効果なし）

3 金融商品の税金・法律・顧客保護

頻出

18

□
□

上場株式等の譲渡および配当等（一定の大口株主等が受けるものを除く）に係る所得税の課税等に関する次の記述のうち、最も適切なものはどれか。なお、本問においては、特定口座のうち、源泉徴収がされない口座を簡易申告口座といい、源泉徴収がされる口座を源泉徴収選択口座という。
(2023年9月問29)

1）上場株式等の配当等について、総合課税を選択して確定申告をした場合、上場株式等に係る譲渡損失の金額と損益通算することができる。

2）上場株式等に係る配当所得等の金額と損益通算してもなお控除しきれない上場株式等に係る譲渡損失の金額は、確定申告をすることにより、翌年以後３年間にわたって繰り越すことができる。

3）簡易申告口座では、源泉徴収選択口座と異なり、その年中における口座内の取引内容が記載された「特定口座年間取引報告書」が作成されないため、投資家自身でその年中の上場株式等に係る譲渡損益および配当等の金額を計算する必要がある。

4）年末調整の対象となる給与所得者が、医療費控除の適用を受けるために確定申告をする場合、源泉徴収選択口座における上場株式等に係る譲渡所得等および配当所得等についても申告しなければならない。

18 ▸ 正解　**2**

1）**不適切**。総合課税を選択して確定申告をした場合、譲渡損失の金額と損益通算することはできない。

2）**適　切**。損益通算しても控除しきれなかった譲渡損失の金額は、翌年以降3年間繰り越すことができる。

3）**不適切**。簡易申告口座であっても、その年中における口座内の取引内容が記載された「特定口座年間取引報告書」が交付される。

4）**不適切**。源泉徴収選択口座における上場株式等に係る譲渡所得等および配当所得等については申告しなくてもよい。

頻出 **19**
□
□

金融商品の取引に係る各種法規制に関する次の記述のうち、最も適切なものはどれか。なお、本問においては、「金融サービスの提供及び利用環境の整備等に関する法律」を金融サービス提供法という。(2021年5月問29改題)

1）金、白金、大豆などのコモディティを対象とした市場デリバティブ取引は、金融商品取引法の適用対象とならない。

2）消費者契約法では、消費者契約の解除に伴って消費者が支払う損害賠償額を予定する条項を定めた場合、その額が、当該契約と同種の消費者契約の解除に伴って事業者に生ずべき平均的な損害の額を超えるときは、当該契約自体が無効とされる。

3）金融サービス提供法では、金融商品販売業者等が顧客に金融商品を販売するための勧誘をしようとするときは、原則として、あらかじめ勧誘方針を策定し、公表しなければならないとされている。

4）金融サービス提供法が規定する金融商品の販売において、金融サービス提供法と消費者契約法の両方の規定を適用することができる場合は、金融サービス提供法が優先して適用される。

頻出 **20**
□
□

わが国における個人による金融商品取引に係るセーフティネットに関する次の記述のうち、最も適切なものはどれか。(2022年9月問30)

1）国内銀行に預け入れられている円建ての仕組預金は、他に預金を預け入れていない場合、預金者1人当たり元本1,000万円までと、その利息のうち通常の円建ての定期預金（仕組預金と同一の期間および金額）の店頭表示金利までの部分が預金保険制度による保護の対象となる。

2）ゆうちょ銀行に預け入れられている通常貯金は、他に貯金を預け入れていない場合、貯金者1人当たり元本1,300万円までとその利息が預金保険制度による保護の対象となる。

3）金融機関同士が合併した場合、合併存続金融機関において、預金保険制度による保護の対象となる預金の額は、合併後1年間に限り、全額保護される預金を除き、預金者1人当たり1,300万円とその利息等となる。

4）国内に本店のある銀行で購入した投資信託は、日本投資者保護基金による補償の対象となる。

19 ▶ 正解 **3**

1）不適切。コモディティを対象とした市場デリバティブ取引は、金融商品取引法の対象となる。

2）不適切。契約自体は無効とならず、解除に伴って事業者に生ずべき平均的な損害額を超える部分が無効となる。

3）適　切。

4）不適切。個人の場合、両法を併用して対処することが可能である。

20 ▶ 正解 **1**

1）適　切。円建ての仕組預金は、預金保険制度の対象となる。

2）不適切。ゆうちょ銀行であっても通常貯金の預金保険制度による保護の金額は、元本1,000万円までとその利息である。

3）不適切。金融機関同士が合併した場合、全額保護される預金を除き、預金者1人当たり1,000万円×合併した金融機関の数で計算した金額とその利息が預金保険制度によって、合併後1年間に限り保護される。

4）不適切。銀行で購入した投資信託は、日本投資者保護基金の対象とならない。

実技問題

1 個人 次の設例に基づいて、下記の各問に答えなさい。

□□

(2020年1月・個人【第2問】問4～6)

《設 例》

会社員のAさん(60歳)は、退職金の一部を活用して、国内の大手企業が発行するX社債(特定公社債)の購入を検討している。このほか、高い利回りが期待できる米ドル建定期預金にも興味を持っている。そこで、Aさんは、ファイナンシャル・プランナーのMさんに相談することにした。

〈円建てのX社債に関する資料〉

- 発行会社:国内の大手企業
- 購入価格:104.5円(額面100円当たり)
- 表面利率:2.0%
- 利払日 :年1回
- 残存期間:5年
- 償還価格:100円
- 格付 :A

〈米ドル建定期預金に関する資料〉

- 預入金額 :50,000米ドル
- 預入期間 :3ヵ月
- 利率(年率):1.8%(満期時一括支払)
- 為替予約なし
- 適用為替レート(円/米ドル)

	TTS	TTM	TTB
預入時	110.00円	109.50円	109.00円
満期時	112.00円	111.50円	111.00円

※上記以外の条件は考慮せず、各問に従うこと。

《問１》 Ｍさんは、Ａさんに対して、Ｘ社債および米ドル建定期預金に係る留意点について説明した。Ｍさんが説明した次の記述①～③について、適切なものには○印を、不適切なものには×印を解答用紙に記入しなさい。

① 「Ｘ社債の格付は、Ａ（シングルＡ）と評価されています。一般に、ＢＢＢ（トリプルＢ）格相当以上の格付が付されていれば、投資適格債とされます」

② 「円建ての債券投資では、信用リスクや金利リスクに注意が必要です。一般に、市場金利が低下する局面では、債券価格は下落します」

③ 「外貨預金の魅力は、円建ての預金と比べて相対的に金利が高いことにあります。《設例》の米ドル建定期預金の場合、Ａさんが満期時に受け取ることができる利息額（税引前）は、900米ドルになります」

《問２》 次の①、②を求め、解答用紙に記入しなさい（計算過程の記載は不要）。なお、計算にあたっては税金等を考慮せず、〈答〉は、％表示の小数点以下第３位を四捨五入し、小数点以下第２位までを解答すること。

① Ａさんが Ｘ社債を《設例》の条件で購入した場合の最終利回り（年率・単利）を求めなさい。

② Ａさんが《設例》の条件で円貨を米ドルに換えて米ドル建定期預金に50,000米ドルを預け入れ、満期を迎えた場合の円ベースでの運用利回り（単利による年換算）を求めなさい。なお、預入期間３ヵ月は0.25年として計算すること。

《問３》 Ｍさんは、Ａさんに対して、Ｘ社債および米ドル建定期預金に係る課税関係について説明した。Ｍさんが説明した次の記述①～③について、適切なものには○印を、不適切なものには×印を解答用紙に記入しなさい。

① 「Ｘ社債の利子は、利子の支払時において所得税および復興特別所得税と住民税の合計で20.315％相当額が源泉徴収等されます」

② 「Ｘ社債の譲渡益は、雑所得として総合課税の対象となりますので、上場株式の譲渡損失の金額と損益通算することはできません」

③ 「為替予約のない米ドル建定期預金の満期による為替差益は、雑所得として総合課税の対象となります」

2 資産 下記の問について解答しなさい。 (2020年1月・資産【第2問】問5)

□□

《問》 平尾さんはＫＡ投資信託を新規募集時に100万口購入し、特定口座（源泉徴収口座）で保有して収益分配金を受け取っている。下記〈資料〉に基づき、平尾さんが保有するＫＡ投資信託に関する次の記述の空欄（ア）、（イ）にあてはまる語句の組み合わせとして、正しいものはどれか。

〈資料〉

［ＫＡ投資信託の商品概要（新規募集時）］
投資信託の分類：追加型国内公募株式投資信託
決算および収益分配：年１回
申込価格：１口当たり１円
申込単位：１万口以上１口単位
購入時手数料（税込み）：購入金額1,000万円未満　3.30％
　　　　　　　　　　　　購入金額1,000万円以上　2.20％
運用管理費用（信託報酬）（税込み）：純資産総額に対し年1.760％

［平尾さんが保有するＫＡ投資信託の収益分配金受取時の運用状況（１万口当たり）］
収益分配前の個別元本：10,000円
収益分配前の基準価額：12,000円
収益分配金：2,500円
収益分配後の基準価額：9,500円

・平尾さんが、ＫＡ投資信託を新規募集時に100万口購入した際に、支払った購入時手数料（税込み）は、（　ア　）である。
・〈資料〉の収益分配時に、平尾さんに支払われた収益分配金のうち、普通分配金（１万口当たり）は（　イ　）である。

1）（ア）33,000円　（イ）500円
2）（ア）33,000円　（イ）2,000円
3）（ア）22,000円　（イ）500円
4）（ア）22,000円　（イ）2,000円

3 **資産** 下記の各問について解答しなさい。

□□

(2021年9月・資産【第2問】問4・6)

《問1》 下記〈資料〉の債券を満期(償還)時まで保有した場合の最終利回り(単利・年率)を計算しなさい。なお、手数料や税金等については考慮しないものとし、計算結果については小数点以下第4位を切り捨てること。また、解答に当たっては、解答用紙に記載されている単位に従うこと(解答用紙に記載されているマス目に数値を記入すること)。

〈資料〉

表面利率:年0.10%
購入価格:額面100円につき100.60円
償還価格:額面100円につき100.00円
償還までの残存期間:8年

《問２》 下記〈資料〉に関する次の記述の空欄（ア）、（イ）にあてはまる語句の組み合わせとして、正しいものはどれか。

〈資料〉

	ＧＹ株式会社	ＧＺ株式会社
株価	4,650円	12,020円
１株当たり当期純利益	186円	432円
１株当たり自己資本	2,650円	4,420円
１株当たり年間配当金	50円	140円

・ＧＹ株式会社とＧＺ株式会社の株価をＰＥＲ（株価収益率）で比較した場合、（　ア　）株式会社の方が割安といえる。
・ＧＹ株式会社とＧＺ株式会社の効率性をＲＯＥ（自己資本利益率）で比較した場合、（　イ　）株式会社の方が効率的に利益を上げているといえる。

1）（ア）ＧＹ　（イ）ＧＹ
2）（ア）ＧＹ　（イ）ＧＺ
3）（ア）ＧＺ　（イ）ＧＹ
4）（ア）ＧＺ　（イ）ＧＺ

解答解説

1 《問1》 正解 ①○ ②× ③×

① 適　切。ＢＢＢ（トリプルＢ）格相当以上の格付が付されている債券を投資適格債、ＢＢ（ダブルＢ）格相当以下の格付けが付されている債券を投資不適格債という。

② 不適切。市場金利が低下する局面では、債券価格は上昇する。市場金利と債券価格は逆に動く。

③ 不適切。米ドル建定期預金の利率は1.8%であるが、預入期間が３ヵ月であるため按分計算を行う。

$$\text{利息：}50{,}000\text{米ドル}\times 1.8\%\times\frac{3\text{ヵ月}}{12\text{ヵ月}}=\underline{225\text{米ドル}}$$

《問2》 正解 ①1.05（%） ②5.45（%）

① 最終利回りは、既に発行されている債券を購入して償還期限まで保有した場合の利回りをいう。償還時には100円で償還される。

$$\frac{2+\dfrac{100-104.5}{5}}{104.5}\times 100=1.0526\cdots\fallingdotseq 1.05\%$$

② 円ベースの元本　50,000米ドル×110.00円＝5,500,000円

満期時の元利合計　50,000米ドル×（1＋0.018×0.25年）

＝50,225米ドル

円ベース　50,225米ドル×111.00円＝5,574,975円

$$\text{円ベースの利回り}\quad\frac{5{,}574{,}975\text{円}-5{,}500{,}000\text{円}}{5{,}500{,}000\text{円}}\times 100\div 0.25\text{年}$$

$$=5.452\cdots\fallingdotseq 5.45\%$$

満期時の元利合計を算出した際、0.25を掛けることで、３ヵ月分に対する利息の計算を行う。利回りは１年あたりで表示するため、0.25年で割って求める。

《問3》 正解 ①○ ②× ③○

① 適　切。社債の利子は支払いを受ける際、利子所得の金額に所得税・復

興特別所得税15.315%、住民税５%の税率を乗じて算出した所得税・復興特別所得税が源泉徴収され、申告分離課税の対象となる。

② **不適切**。Ｘ社債の譲渡益は、上場株式等の譲渡所得等として申告分離課税の対象となり、上場株式の譲渡損失の金額と損益通算することができる。

③ **適　切**。為替予約のない米ドル建定期預金の満期による為替差益は、雑所得として総合課税の対象となる。なお、預入時に為替予約をした場合は、源泉分離課税となる。

2 ▶ 正解　2

・平尾さんが、ＫＡ投資信託を新規募集時に100万口購入した際に、支払った購入時手数料（税込み）は、（ア　**33,000円**）である。
・〈資料〉の収益分配時に、平尾さんに支払われた収益分配金のうち、普通分配金（１万口当たり）は（イ　**2,000円**）である。

〈解説〉

（ア）〈資料〉より、購入時手数料：1,000万円未満3.30%とあるため、そちらを採用する。１円／１口×100万口×3.30%＝33,000円

（イ）普通分配金＝収益分配前の基準価格－収益分配前の個別元本
＝12,000円－10,000円＝2,000円

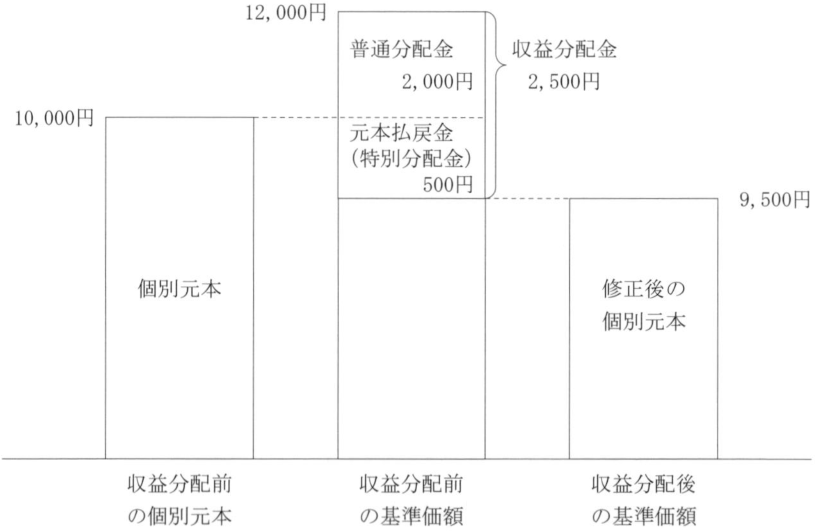

3《問1》▶ 正解　0.024（%）

〈資料〉より

・表面利率：年0.10%

・購入価格：100.60円

・償還価格：100.00円

・残存期間：８年

以上から最終利回りを求める。

$$\text{最終利回り}(\%)=\frac{\text{表面利率}+\dfrac{\text{償還価格}-\text{購入価格}}{\text{残存期間（年）}}}{\text{購入価格}}\times 100$$

$$\text{最終利回り}(\%)=\frac{0.10+\dfrac{100.00-100.60}{8}}{100.60}\times 100$$

$$=0.0248\cdots\text{（小数点以下第４位切捨て）}\rightarrow \underline{0.024\%}$$

《問2》▶ 正解　2

・ＧＹ株式会社とＧＺ株式会社の株価をＰＥＲ（株価収益率）で比較した場合、（ア　GY）株式会社の方が割安といえる。

・ＧＹ株式会社とＧＺ株式会社の効率性をＲＯＥ（自己資本利益率）で比較した場合、（イ　GZ）株式会社の方が効率的に利益を上げているといえる。

〈解説〉

（ア）

$$\text{ＰＥＲ（株価収益率）}=\frac{\text{株価}}{\text{１株当たり当期純利益}}$$

・ＧＹ社　株価4,650円、１株当たり当期純利益186円であるため

$$\text{ＰＥＲ}=\frac{4{,}650}{186}=\underline{25\text{（倍）}}$$

・ＧＺ社　株価12,020円、１株当たり当期純利益432円であるため

$$\text{PER}=\frac{12{,}020}{432}=\underline{27.824\text{（倍）}}$$

GY社：25（倍）＜GZ社：27.824（倍）
よって**GY社**の方が割安である。
※　PERは低い値の方が割安である。

（イ）　**$\text{ROE（自己資本利益率）}=\dfrac{\text{1株当たり当期純利益}}{\text{1株当たり自己資本}}\times 100$**

・GY社　1株当たり当期純利益186円、1株当たり自己資本2,650円であるため

$$\text{ROE}=\frac{186}{2{,}650}\times 100=\underline{7.018\text{（\%）}}$$

・GZ社　1株当たり当期純利益432円、1株当たり自己資本4,420円であるため

$$\text{ROE}=\frac{432}{4{,}420}\times 100=\underline{9.773\text{（\%）}}$$

GY社：7.018（%）＜GZ社：9.773（%）
よって**GZ社**の方が効率的に利益を上げている。
※　ROEは値の高い方が効率的である。

第3章 頻出ポイント

1　マーケット環境の理解

(1) 全国企業短期経済観測調査（日銀短観）

・日本銀行が統計法に基づき、全国約１万社の企業を対象に**四半期ごと**に実施する統計調査であり、全国の企業動向を的確に把握し、**金融政策**の適切な運営に資することを目的としている。

・**業況判断ＤＩ**は、回答時点の業況とその３カ月後の業況予測について、**良い**と回答した企業の社数構成比から**悪い**と回答した企業の社数構成比を差し引いて算出する。

(2) 金利・為替の変動要因

・公開市場操作において、日本銀行が国債の買入れを行うことで市中に出回る資金量が増加することは、一般に、市中金利の**低下**要因となる。

・日本の対米貿易黒字の拡大は、一般に、**円高**要因となる。

・日本の物価が米国と比較して相対的に上昇することは、一般に、**円安**要因となる。

・米国が政策金利を引き上げ、日本と米国との金利差が拡大することは、一般に、**円安**要因となる。

(3) 株式市場と投資指標

・東証株価指数（ＴＯＰＩＸ）は、東京証券取引所に上場されている銘柄を対象とし、株式数（浮動株数）でウェイトを付けた**時価総額加重型**の指数。プライム市場、スタンダード市場、グロース市場の全銘柄が対象**ではない**。

・各市場のコンセプトは、次のとおりである。

プライム市場	多くの機関投資家の投資対象になりうる規模の時価総額（流動性）を持ち、より高いガバナンス水準を備え、投資者との建設的な対話を中心に据えて持続的な成長と中長期的な企業価値の向上にコミットする企業向けの市場
スタンダード市場	公開された市場における投資対象として一定の時価総額（流動性）を持ち、上場企業としての基本的なガバナンス水準を備えつつ、持続的な成長と中長期的な企業価値の向上にコミットする企業向けの市場
グロース市場	高い成長可能性を実現するための事業計画およびその進捗の適時・適切な開示が行われ一定の市場評価が得られる一方、事業実績の観点から相対的にリスクが高い企業向けの市場

2 様々な金融商品

(1) 預金商品

① スーパー定期

・市場金利を基準として、各金融機関が預金金利を設定する。

・預入期間が３年以上の場合、単利型と半年複利型を選択できるが、半年複利型を選択できるのは個人に限られる。

② 仕組預金

・デリバティブなどを組み込んだ定期預金であり、満期日は銀行が指定し、中途解約することはできない。

③ 貯蓄預金

・預入や引出は自由にできるが、公共料金などの自動支払いや給与などの自動受取の決済口座として利用することはできない。

④ 期日指定定期預金

・据置期間（１年間）経過後から最長預入期日までの間で、預金者が指定した日を満期日とすることができる。

(2) 債券の利回り計算

・所有期間利回り

$$\text{所有期間利回り(\%)} = \frac{\text{表面利率} + \dfrac{\text{売却価格} - \text{買付価格(または発行価格)}}{\text{所有期間(年)}}}{\text{買付価格(または発行価格)}} \times 100$$

(3) 債券のデュレーション

・債券への投資資金の平均回収期間を表すとともに、債券投資における金利変動リスクの度合い（金利変動に対する債券価格の感応度）を表す指標としても用いられる。

・他の条件が同じであれば、債券の表面利率が低いほど、また残存期間が長いほど、デュレーションは長くなる。

・割引債券のデュレーションは、残存期間と等しくなる。

(4) 投資指標

① ＰＥＲ（株価収益率）

ＰＥＲが低いほど株価は割安だが、相対的に判断する必要がある。

$$\text{ＰＥＲ(倍)} = \frac{\text{株価}}{\text{1株当たり純利益}}$$

② ＰＢＲ（株価純資産倍率）

ＰＢＲが低いほど株価は割安、ＰＢＲ１倍は下値のめどに使われる。

$$\text{ＰＢＲ(倍)} = \frac{\text{株価}}{\text{1株当たり純資産}}$$

③ ＲＯＥ（自己資本利益率）

資本の効率性を見る指標。ＲＯＥが高いほど投資価値があると判断される。

$$\text{ＲＯＥ(\%)} = \frac{\text{当期純利益}}{\text{自己資本}} \times 100$$

④　配当利回り

投資金額に対する配当金の割合。株式利回りともいわれる。

$$\text{配当利回り}(\%) = \frac{\text{1株当たり配当金}}{\text{株価}} \times 100$$

(5) 信用取引

・現物株式を所有していない場合でも、その株式の**売り**から取引を開始することができる。

・一般信用取引の建株を制度信用株式の建株に変更することは**できない**。制度信用取引の建株を一般信用株式の建株に変更することは**できない**。

・金融商品取引法では、**委託保証金**の額は**30万円以上**、かつ、約定価額の**30%以上**でなければならない。

(6) ＥＴＦ

・**運用管理費用（信託報酬）**が徴収される。

(7) アクティブ運用の銘柄選択方法

①　トップダウン・アプローチとボトムアップ・アプローチ

トップダウン・アプローチ	金利・為替・景気などの**マクロ**経済の動向を分析し、業種別や国別の**組入比率**を決定した上で、組入銘柄を決める方法。
ボトムアップ・アプローチ	**個別銘柄**の選択を重視し、ファンドの運用方針に基づいて、企業訪問などの**リサーチ**によって投資魅力の高い銘柄を発掘し、ポートフォリオを構築する方法。

②　グロース投資とバリュー投資

グロース投資	将来的に**成長性**が高いと見込まれる業種や銘柄（成長株）を選択して、投資対象とする方法。
バリュー投資	企業の**利益水準**や企業の**資産価値**などから判断して、株価が相対的に**割安**な水準にある銘柄（割安株）に、先回りして投資していく方法。

(8) シャープレシオ

・超過収益率（無リスク資産の収益率を上回った部分）を標準偏差で除して算出することにより、標準偏差によるリスク１単位当たりの超過収益率を算出できる。

・数値が大きいほどパフォーマンスが優れていたといえる。

$$\text{シャープレシオ}=\frac{\text{ポートフォリオの収益率}-\text{無リスク資産の収益率}}{\text{ポートフォリオの標準偏差}}$$

(9) 外貨建て金融商品

・国外の上場外国株式を国内店頭取引により売買する場合、外国証券取引口座を開設する必要がある。

(10) 金融派生商品

・ヘッジ取引とは、現物と反対のポジションの先物を保有することによって、現物の価格変動リスク等を回避または軽減することを狙う取引。現物の値下がりリスクに備える売りヘッジと、現物の値上がりリスクに備える買いヘッジがある。

(11) ポートフォリオ理論

・ポートフォリオの期待収益率は、ポートフォリオに組み入れた各資産の期待収益率を組入比率で加重平均した値である。

・ポートフォリオのリスクは、ポートフォリオに組み入れた各資産のリスクを組入比率で加重平均した値以下となる。

・アセットアロケーションとは、異なる資産ごとに、どの程度の割合で配分するかを決定することである。

3 金融商品の税金・法律・顧客保護

(1) 上場株式等の税金

・上場株式等の配当等について、申告分離課税を選択して確定申告をした場合、上場株式等に係る譲渡損失の金額と損益通算することができる。

・上場株式等に係る配当所得等の金額と損益通算してもなお控除しきれない上場株式等に係る譲渡損失の金額は、確定申告をすることにより、翌年以後3年間にわたり繰り越すことができる。

(2) NISA

・NISA口座で譲渡損失が発生しても、他の口座で生じた譲渡益および配当と損益通算することはできない。

・上場株式等の配当金を非課税にするためには、株式数比例配分方式を選択しなければならない。

(3) セーフティネット

・日本国内に本店のある銀行の海外支店や外国銀行の在日支店に預け入れた預金は、その預金の種類にかかわらず、預金保険制度による保護の対象とならない。

・国内銀行の決済用預金は、預入金額にかかわらず、全額が預金保険制度により保護される。決済用預金以外は、元本1,000万円とその利息が保護の対象となる。

・円建ての仕組預金は、元本1,000万円までとその利息のうち、通常の円建ての定期預金（仕組預金と同一の期間および金額）の店頭表示金利までの部分が預金保険制度により保護される。

・証券会社の違法行為等により顧客の財産が被害を受けた場合、一般顧客1人につき1,000万円を限度に、生じた損失を日本投資者保護基金が補償する。

・銀行で購入した投資信託は、日本投資者保護基金による補償の対象とならない。

・日本国内で事業を行う生命保険会社が破綻した場合、生命保険契約者保護機構による補償の対象となる保険契約については、高予定利率契約を除き、原則として、破綻時点の責任準備金等の90％まで補償される。

(4) 各種法令

・事業者の不適切な勧誘で、消費者が誤認・困惑して契約した場合、消費者契約法により、消費者は契約を取り消すことができる。

・消費者契約法では、消費者の不利益となる事実を故意に告げなかったことにより、消費者が誤認し契約の申込みをしたときは、**取り消すことができる。** ただし、事業者が当該事実を告げようとしたにもかかわらず、消費者が拒み、契約の申込みをしたときは、**取り消すことができない。**

・金融商品取引法の対象金融商品

債券、株式、投資信託、信託受益権、集団投資スキーム持分、デリバティブ取引（**有価証券デリバティブ、通貨・金利スワップ、天候デリバティブ**）など

※　一般預金や保険などは対象ではない。

・犯罪収益移転防止法では、顧客と特定業務に係る取引を行った特定事業者に、原則として、当該取引の**記録作成義務**と**7年間**の**保存義務**を課している。

第4章

タックスプランニング

頻出論点 Best 3

1位

各種所得

10種類ある所得の中でも、給与所得、不動産所得、事業所得、雑所得、一時所得の特徴と所得の計算方法を学習しましょう。

2位

損益通算

損益通算の対象となる所得、損益通算のしかた、損益通算できないものを整理しましょう。

3位

税額控除

税額控除の中でも、住宅借入金等特別控除（住宅ローン控除）の適用要件は把握しましょう。

四答択一式問題　次の各問について答えを1つ選び、その番号を答えなさい。

1 所得税の仕組み

頻出 **1**

□
□

わが国の税制に関する次の記述のうち、最も適切なものはどれか。
(2022年1月問31)

1）所得税では、課税対象となる所得を10種類に区分し、それぞれの所得の種類ごとに定められた計算方法により所得の金額を計算する。
2）贈与税では、納税者が贈与を受けた財産を申告した後に、税務署長が納付すべき税額を決定する賦課課税方式を採用している。
3）税金を負担する者と税金を納める者が異なる税金を間接税といい、相続税は間接税に該当する。
4）税金には国税と地方税があるが、不動産取得税は国税に該当し、固定資産税は地方税に該当する。

頻出 **2**

□
□

所得税の基本的な仕組みに関する次の記述のうち、最も適切なものはどれか。
(2023年1月問31)

1）非永住者以外の居住者は、国内源泉所得に加え、国外源泉所得のうち国内において支払われたものおよび国外から送金されたものに限り、所得税の納税義務がある。
2）所得税における青色申告制度では、納税者に記帳義務および帳簿書類保存義務が課されている。
3）各種所得の金額の計算上、収入金額には、原則として、その年において収入すべきことが確定した金額のうち、未収入の金額を控除した額を計上する。
4）所得税は、納税者が申告をした後に、税務署長が所得や納付すべき税額を決定する賦課課税方式を採用している。

解答解説

1 ▶ 正解　**1**

1）適　切。
2）不適切。贈与税は、申告納税方式である。
3）不適切。相続税は、直接税である。
4）不適切。不動産取得税、固定資産税どちらも地方税に該当する。

2 ▶ 正解　**2**

1）不適切。非永住者以外の居住者は、国内源泉所得に加え、国外源泉所得に対しても所得税の納税義務がある。
2）適　切。
3）不適切。収入金額には、未収入の金額も含めた金額を計上する。
4）不適切。所得税は、納税者が所得や納税額を計算する申告納税方式である。

2 10種類の所得と課税所得

3
□
□

所得税における各種所得に関する次の記述のうち、最も不適切なものはどれか。 (2022年9月問31)

1）不動産所得の金額は、原則として、「不動産所得に係る総収入金額－必要経費」の算式により計算される。
2）賃貸の用に供している土地の所有者が、当該土地を取得した際に支出した仲介手数料は、当該土地の取得価額に算入されるため、その支払った年分の不動産所得の金額の計算上、必要経費に算入することはできない。
3）個人による不動産の貸付けが事業的規模である場合、その賃貸収入による所得は、事業所得に該当する。
4）借家人が賃貸借の目的とされている居宅の立退きに際して受け取る立退き料（借家権の消滅の対価の額に相当する部分の金額を除く）は、原則として一時所得に該当する。

4
□
□

所得税の課税所得に関する次の記述のうち、最も適切なものはどれか。 (2021年5月問31)

1）給与所得者が受け取った健康保険の傷病手当金は、給与所得として所得税の課税対象となる。
2）給与所得者が受け取った雇用保険の高年齢雇用継続基本給付金は、給与所得として所得税の課税対象となる。
3）年金受給者が受け取った老齢基礎年金は、雑所得として所得税の課税対象となる。
4）火災保険の契約者（＝保険料負担者かつ家屋の所有者）である個人が、火災により家屋が焼失したことで受け取った保険金は、一時所得として所得税の課税対象となる。

3 ▶ **正解　3**

1）適　切。

2）適　切。

3）不適切。不動産の貸付けの賃貸収入による所得は、その規模に関わらず不動産所得となる。

4）適　切。

4 ▶ **正解　3**

1）不適切。傷病手当金は非課税である。

2）不適切。高年齢雇用継続基本給付金は非課税である。

3）適　切。

4）不適切。個人が受け取った火災保険金は非課税である。

5

□
□

次のうち、納税者本人が所得金額調整控除の適用の対象とならないものはどれか。なお、納税者本人の給与等の収入金額は850万円を超えており、納税者本人に公的年金等に係る雑所得の金額はないものとする。

(2022年5月問32)

1）納税者本人が特別障害者である場合
2）納税者本人の同一生計配偶者が特別障害者である場合
3）納税者本人が年齢23歳未満の扶養親族を有する場合
4）納税者本人が年齢70歳以上の扶養親族を有する場合

5 ▶ **正解　4**

1）適　切。下記参照。

2）適　切。下記参照。

3）適　切。下記参照。

4）不適切。下記参照。

〈所得金額調整控除の要件〉

給与等の収入金額が850万円を超える者で次のいずれかに該当する場合に所得金額調整控除が適用される。

①　本人が特別障害者に該当する場合

②　年齢23歳未満の扶養親族を有する場合

③　特別障害者である同一生計配偶者もしくは扶養親族を有する場合

3 所得税の損益通算

頻出 **6**

□
□

所得税の損益通算に関する次の記述のうち、最も不適切なものはどれか。 (2022年1月問33)

1）全額自己資金により購入したアパートの貸付けによる不動産所得の金額の計算上生じた損失の金額は、給与所得の金額と損益通算することができる。

2）コンサルティング事業を行ったことによる事業所得の金額の計算上生じた損失の金額は、不動産所得の金額と損益通算することができる。

3）生命保険を解約して解約返戻金を受け取ったことによる一時所得の金額の計算上生じた損失の金額は、公的年金に係る雑所得の金額と損益通算することができる。

4）一般口座で保有している上場株式を譲渡したことによる譲渡所得の金額の計算上生じた損失の金額は、申告分離課税を選択した上場株式に係る配当所得の金額と損益通算することができる。

頻出 **7**

□
□

所得税の損益通算に関する次の記述のうち、最も適切なものはどれか。 (2023年9月問33)

1）終身保険の解約返戻金を受け取ったことによる一時所得の金額の計算上生じた損失の金額は、給与所得の金額と損益通算することができる。

2）先物取引に係る雑所得の金額の計算上生じた損失の金額は、上場株式等に係る譲渡所得の金額と損益通算することができる。

3）不動産所得の金額の計算上生じた損失の金額のうち、不動産所得を生ずべき業務の用に供する土地の取得に要した負債の利子の額に相当する部分の金額は、事業所得の金額と損益通算することができる。

4）業務用車両を売却したことによる譲渡所得の金額の計算上生じた損失の金額は、事業所得の金額と損益通算することができる。

6 ▶ 正解　**3**

1）適　切。不動産所得の金額の計算上生じた損失の金額は、給与所得の金額と損益通算することができる。ただし土地を取得するために要した負債の利子に相当する部分の金額は損益通算できない。

2）適　切。事業所得の金額の計算上生じた損失の金額は、不動産所得の金額と損益通算することができる。

3）不適切。損益通算の対象となる損失は、不動産所得・事業所得・山林所得・譲渡所得による損失に限定されている。

4）適　切。

7 ▶ 正解　**4**

1）不適切。損益通算できる所得は、不動産所得・事業所得・山林所得・譲渡所得による損失に限定される。

2）不適切。選択肢1）の解説参照。

3）不適切。土地の取得に要した負債の利子は損益通算の対象外である。

4）適　切。業務用車両を売却したことによる譲渡所得の金額の計算上生じた損失の金額は、事業所得の金額と損益通算することができる。

頻出

8

□
□

所得税の各種所得の金額の計算上生じた次の損失の金額のうち、他の所得の金額と損益通算できないものはどれか。 (2023年1月問33)

1）不動産所得の金額の計算上生じた損失の金額のうち、不動産所得を生ずべき建物の取得に要した負債の利子に相当する部分の金額

2）生活の用に供していた自家用車を売却したことによる譲渡所得の金額の計算上生じた損失の金額

3）コンサルティング事業を行ったことによる事業所得の金額の計算上生じた損失の金額

4）取得してから5年が経過した山林を伐採して譲渡したことによる山林所得の金額の計算上生じた損失の金額

9

□
□

Aさんの2024年分の所得の金額が下記のとおりであった場合の所得税における総所得金額として、最も適切なものはどれか。なお、▲が付された所得の金額は、その所得に損失が発生していることを意味するものとする。 (2019年5月問33改題)

給与所得の金額	600万円
不動産所得の金額	▲40万円（不動産所得を生ずべき土地の取得に要した負債の利子10万円を含む金額）
譲渡所得の金額	▲50万円（ゴルフ会員権を譲渡したことによるもの）

1）570万円

2）560万円

3）520万円

4）510万円

8 ▶ 正解 2

1）適　切。建物の取得に要した負債の利子に相当する金額は、損益通算の対象となる。

2）不適切。生活用の動産は、譲渡による所得が非課税となる一方、譲渡損失の金額を損益通算することができない。

3）適　切。事業所得の金額の計算上生じた損失の金額は、損益通算の対象となる。

4）適　切。山林所得の金額の計算上生じた損失の金額は、損益通算の対象となる。

9 ▶ 正解 1

⑴　経常所得間での通算

給与所得　　不動産所得の損失
600万円－30万円※1＝570万円

不動産所得の損失の金額　　土地負債利子
※1　40万円　－　10万円　＝30万円

不動産所得の金額の計算上生じた損失の金額のうちに、土地の取得に要した借入金の利子（土地負債利子）がある場合には、その土地負債利子は損益通算の対象とならない。

※2　不動産所得または事業所得の金額の計算上生じた損失の金額は、これをまず経常所得（利子所得、配当所得、不動産所得、事業所得、給与所得および雑所得）の金額から控除する。

⑵　譲渡所得の損失との通算

譲渡所得の金額の計算上生じた損失の金額は、まず一時所得の金額から控除することになるが、本問では一時所得がないため、⑴の通算後の経常所得（給与所得）の金額から控除する。

ただし、「生活に通常必要でない資産（別荘、競走馬、ゴルフ会員権など)」の譲渡により生じた損失の金額は、損益通算の対象とならない。

したがって、570万円が総所得金額として、適切なものとなる。

4 所得控除

頻出 **10**

□
□

所得税における医療費控除に関する次の記述のうち、最も適切なものはどれか。 (2023年1月問34)

1）医療費はその年中に実際に支払った金額が医療費控除の対象となり、未払いとなっている医療費は実際に支払われるまで医療費控除の対象とならない。

2）入院に際し必要となる寝巻きや洗面具などの身の回り品の購入費用は、医療費控除の対象となる。

3）自家用車で通院した際に支払ったガソリン代や駐車場代は、医療費控除の対象となる。

4）給与所得者は、年末調整により医療費控除の適用を受けることができる。

10 ▶ 正解 1

1）適　切。未払い医療費は、現実に支払った年の医療費控除の対象となる。

2）不適切。入院に際し必要となる寝巻きや洗面具などの身の回り品の購入費用は、医療費控除の対象とならない。

3）不適切。自家用車で通院する場合のガソリン代や駐車場の料金は、医療費控除の対象とならない。

4）不適切。医療費控除の適用を受けるためには、確定申告が必要である。

頻出 **11**

□
□

所得税における所得控除に関する次の記述のうち、最も適切なものはどれか。 (2022年1月問34)

1）納税者が医療費を支払った場合には、支払った医療費の金額の多寡にかかわらず、その年中に支払った金額の全額を、医療費控除として控除することができる。

2）納税者が自己の負担すべき社会保険料を支払った場合には、支払った社会保険料の金額の多寡にかかわらず、その年中に支払った金額の全額を、社会保険料控除として控除することができる。

3）納税者が生命保険の保険料を支払った場合には、支払った保険料の金額の多寡にかかわらず、その年中に支払った金額の全額を、生命保険料控除として控除することができる。

4）納税者が国に対して特定寄附金を支払った場合には、支払った特定寄附金の金額の多寡にかかわらず、その年中に支払った金額の全額を、寄附金控除として控除することができる。

11 ▶ 正解 **2**

1）**不適切**。医療費控除額（最高200万円）＝支払った医療費－補填された給付金－10万円※

※または課税標準×５％のいずれか小さい金額

2）**適　切**。社会保険料は、支払った金額の全額が控除される。

3）**不適切**。右頁の表参照。

4）**不適切**。寄付金控除額＝支払った特定寄付金の額※－2,000円

※特定寄付金の額は、所得金額の40％相当額が限度。

〈生命保険料控除額〉

2011年12月31日までに締結した保険契約に対して支払った保険料に適用

	年間正味払込保険料	控除額
所得税	25,000円以下	払込保険料全額
	25,000円超　50,000円以下	（払込保険料×1／2）＋12,500円
	50,000円超　100,000円以下	（払込保険料×1／4）＋25,000円
	100,000円超	一律50,000円
住民税	15,000円以下	払込保険料全額
	15,000円超　40,000円以下	（払込保険料×1／2）＋ 7,500円
	40,000円超　70,000円以下	（払込保険料×1／4）＋17,500円
	70,000円超	一律35,000円

※一般の生命保険料、個人年金保険料の各それぞれを上記にあてはめて計算し合計する。

（所得税では最高10万円）

（住民税では最高7万円）

2012年1月1日以降に締結した保険契約に対して支払った保険料に適用

	年間正味払込保険料	控除額
所得税	20,000円以下	払込保険料全額
	20,000円超　40,000円以下	（払込保険料×1／2）＋10,000円
	40,000円超　80,000円以下	（払込保険料×1／4）＋20,000円
	80,000円超	一律40,000円
住民税	12,000円以下	払込保険料全額
	12,000円超　32,000円以下	（払込保険料×1／2）＋6,000円
	32,000円超　56,000円以下	（払込保険料×1／4）＋14,000円
	56,000円超	一律28,000円

※一般の生命保険料、介護医療保険料、個人年金保険料の各それぞれを上記にあてはめて計算し合計する。

（所得税では最高12万円）

（住民税では最高7万円）

12 □□

所得税における寡婦控除に関する次の記述のうち、最も不適切なものはどれか。なお、記載されたもの以外の要件はすべて満たしているものとする。 (2024年1月問34)

1）夫と死別した後に婚姻をしていない納税者は、扶養親族を有していない場合であっても、寡婦控除の適用を受けることができる。

2）夫と離婚した後に婚姻をしていない納税者は、納税者と事実上婚姻関係と同様の事情にあると認められる一定の者がいる場合であっても、寡婦控除の適用を受けることができる。

3）納税者の合計所得金額が500万円を超えている場合、寡婦控除の適用を受けることはできない。

4）寡婦控除とひとり親控除は、重複して適用を受けることができない。

12 ▶ **正解 2**

1）**適　切**。死別した後に婚姻をしていない納税者は、扶養親族を有していなくても27万円の所得控除の適用を受けることができる。

2）**不適切**。納税者と事実上婚姻関係と同様の事情にあると認められる一定の者がいる場合は対象とならない。

3）**適　切**。寡婦控除およびひとり親控除の適用を受けるためには、合計所得金額が500万円以下でなければならない。

4）**適　切**。

頻出 **13** □□

所得税における所得控除に関する次の記述のうち、最も適切なものはどれか。 (2023年9月問34)

1）納税者が支払った生命保険の保険料は、その金額の多寡にかかわらず、支払った全額を生命保険料控除として総所得金額等から控除することができる。

2）納税者が支払った地震保険の保険料は、その金額の多寡にかかわらず、支払った全額を地震保険料控除として総所得金額等から控除することができる。

3）控除対象扶養親族のうち、その年の12月31日現在の年齢が19歳以上23歳未満の者は、特定扶養親族に該当する。

4）控除対象扶養親族のうち、その年の12月31日現在の年齢が65歳以上の者は、老人扶養親族に該当する。

13 ▶ **正解 3**

1）不適切。右表参照※。

2）不適切。地震保険の保険料は、支払った全額を地震保険料控除として控除することができるが上限5万円である。

3）適　切。なお、特定扶養親族の扶養控除額は63万円である。

4）不適切。控除対象扶養親族のうち、その年の12月31日現在の年齢が70歳以上の者は、老人扶養親族に該当する。

〈生命保険料控除額〉

2011年12月31日までに締結した保険契約に対して支払った保険料に適用

	年間正味払込保険料		控除額
所得税		25,000円以下	払込保険料全額
	25,000円超	50,000円以下	（払込保険料×１／２）＋12,500円
	50,000円超	100,000円以下	（払込保険料×１／４）＋25,000円
	100,000円超		一律50,000円
住民税	15,000円以下		払込保険料全額
	15,000円超	40,000円以下	（払込保険料×１／２）＋ 7,500円
	40,000円超	70,000円以下	（払込保険料×１／４）＋17,500円
	70,000円超		一律35,000円

※一般の生命保険料、個人年金保険料の各それぞれを上記にあてはめて計算し合計する。

（所得税では最高10万円）
（住民税では最高７万円）

2012年１月１日以降に締結した保険契約に対して支払った保険料に適用

	年間正味払込保険料		控除額
所得税		20,000円以下	払込保険料全額
	20,000円超	40,000円以下	（払込保険料×１／２）＋10,000円
	40,000円超	80,000円以下	（払込保険料×１／４）＋20,000円
	80,000円超		一律40,000円
住民税		12,000円以下	払込保険料全額
	12,000円超	32,000円以下	（払込保険料×１／２）＋ 6,000円
	32,000円超	56,000円以下	（払込保険料×１／４）＋14,000円
	56,000円超		一律28,000円

※一般の生命保険料、介護医療保険料、個人年金保険料の各それぞれを上記にあてはめて計算し合計する。

（所得税では最高12万円）
（住民税では最高７万円）

5 税額控除

頻出

14

□
□

所得税における住宅借入金等特別控除（以下「住宅ローン控除」という）に関する次の記述のうち、最も不適切なものはどれか。なお、2024年3月に住宅ローンを利用して住宅を取得し、同年中にその住宅を居住の用に供したものとする。 (2023年5月問35改題)

1）住宅ローン控除の適用を受けるためには、原則として、住宅を取得した日から6ヵ月以内に自己の居住の用に供し、適用を受ける年分の12月31日まで引き続き居住していなければならない。

2）住宅ローン控除の対象となる住宅は、床面積が40㎡以上であり、その3分の2以上に相当する部分がもっぱら自己の居住の用に供されるものでなければならない。

3）中古住宅を取得し、住宅ローン控除の適用を受ける場合、当該住宅は、1982年1月1日以降に建築された住宅、または一定の耐震基準に適合する住宅でなければならない。

4）新たに取得した住宅を居住の用に供した年に、これまで居住していた居住用財産を譲渡して「居住用財産を譲渡した場合の3,000万円の特別控除」の適用を受けた場合、住宅ローン控除の適用を受けることはできない。

14 ▸ 正解 2

1）適　切。対象となる家屋を新築または取得した日から６ヵ月以内に自己の居住の用に供し、適用を受ける年の12月31日まで引き続き居住しなければならない。

2）不適切。住宅ローン控除の対象となる家屋は、床面積の２分の１以上に相当する部分がもっぱら自己の居住の用に供されるものでなければならない。

3）適　切。

4）適　切。

頻出 **15**

□
□

住宅を新築または取得した場合の所得税における住宅借入金等特別控除(以下「住宅ローン控除」という)に関する次の記述のうち、最も適切なものはどれか。 (2021年5月問34)

1) 中古住宅を取得した者が住宅ローン控除の適用を受けるためには、その対象となる中古住宅を取得した日から1年以内に自己の居住の用に供さなければならない。

2) 住宅ローン控除は、納税者が給与所得者である場合、所定の書類を勤務先に提出することにより、住宅を取得し、居住の用に供した年分から年末調整により適用を受けることができる。

3) 住宅ローン控除の適用を受けていた者が、転勤等のやむを得ない事由により転居し、取得した住宅を居住の用に供しなくなった場合、翌年以降に再び当該住宅を居住の用に供すれば、原則として再入居した年以降の控除期間内については住宅ローン控除の適用を受けることができる。

4) 住宅ローン控除の適用を受けていた者が、住宅ローンの一部繰上げ返済を行い、住宅ローンの償還期間が当初の借入れの日から10年未満となった場合であっても、残りの控除期間について、住宅ローン控除の適用を受けることができる。

15 ▶ **正解　3**

1）**不適切**。中古住宅を取得した日から６ヵ月以内に居住し、同年の12月31日まで引き続き居住しなければならにない。

2）**不適切**。居住を開始した年は、給与所得者であっても確定申告が必要である。

２年目以降は、所定の書類を勤務先に提出すれば年末調整で適用が受けられる。

3）**適　切**。

4）**不適切**。住宅ローンの一部繰上げ返済を行って、借入当初からの償還期間が10年未満となった場合には、残りの控除期間について、住宅ローン控除の適用を受けることができなくなる。

6 所得税の申告・納付

頻出 **16** □□

所得税の申告に関する次の記述のうち、最も適切なものはどれか。

(2022年1月問36)

1）老齢基礎年金および老齢厚生年金を合計で年額350万円受給し、それ以外の所得が原稿料に係る雑所得の金額20万円のみである者は、確定申告を行う必要はない。

2）年の中途で死亡した者が、その年分の所得税について確定申告を要する場合、その相続人は、相続の開始があったことを知った日の翌日から３ヵ月以内に、死亡した者に代わって確定申告をしなければならない。

3）１月16日以後新たに業務を開始した者が、その年分から青色申告の適用を受けようとする場合、その業務を開始した日から３ヵ月以内に、「所得税の青色申告承認申請書」を納税地の所轄税務署長に提出し、その承認を受けなければならない。

4）青色申告を取りやめようとする者は、その年の翌年３月31日までに、「所得税の青色申告の取りやめ届出書」を納税地の所轄税務署長に提出しなければならない。

16 ▶ 正解　1

1）**適　切**。公的年金等の収入金額が400万円以下であり、公的年金等に係る雑所得以外の所得金額が20万円以下である場合には、確定申告の必要はない。

2）**不適切**。準確定申告は、相続の開始があったことを知った日の翌日から4ヵ月以内に行わなければならない。

3）**不適切**。青色申告承認申請書の提出期限は、原則として青色申告の承認を受けようとする年の3月15日までであるが、その年1月16日以後に新規開業する場合には開業日から2ヵ月以内に提出しなければならない。

4）**不適切**。青色申告を取りやめようとする年の翌年3月15日までに納税地の所轄税務署へ「所得税の青色申告の取りやめ届出書」を提出しなければならない。

7 法人に関する税務・消費税

頻出 **17**
□
□

法人税の仕組みに関する次の記述のうち、最も適切なものはどれか。

(2023年5月問36)

1）法人税の納税地は、原則として、その法人の代表者の住所または居所の所在地である。

2）法人は、法人税の納税地に異動があった場合、原則として、異動前の納税地の所轄税務署長にその旨を届け出なければならない。

3）法人税の確定申告書は、原則として、各事業年度終了の日の翌日から1ヵ月以内に、納税地の所轄税務署長に提出しなければならない。

4）期末資本金の額等が1億円以下の一定の中小法人に対する法人税の税率は、所得金額のうち1,000万円以下の部分について軽減税率が適用される。

頻出 **18**
□
□

法人税の損金に関する次の記述のうち、最も不適切なものはどれか。

(2022年5月問37)

1）法人が法人税および法人住民税を納付した場合、その全額を損金の額に算入することができる。

2）法人が会議に関連して、茶菓、弁当その他これらに類する飲食物を供与するために通常要する費用を支出した場合、その全額を損金の額に算入することができる。

3）法人が役員に対して定期同額給与を支給した場合、不相当に高額な部分の金額など一定のものを除き、その全額を損金の額に算入することができる。

4）法人が減価償却費として損金経理した金額のうち、償却限度額に達するまでの金額は、その全額を損金の額に算入することができる。

17 ▶ 正解 **2**

1）不適切。法人税の納税地は、その法人の本店又は主たる事務所の所在地である。

2）適　切。

3）不適切。各事業年度終了の日の翌日から2ヵ月以内に、納税地の所轄税務署長に提出しなければならない。

4）不適切。所得金額のうち800万円以下の部分について軽減税率が適用される。

18 ▶ 正解 **1**

1）不適切。法人税および法人住民税は損金不算入である。

2）適　切。会議に関連して、茶菓、弁当その他これらに類する飲食物を供与するために通常要する費用は、交際費から除かれるため全額損金算入することができる。

3）適　切。役員退職給与は、不相当に高額な部分を除き、損金に算入することができる。

4）適　切。

頻出 **19**
□
□

会社と役員間の取引に係る所得税・法人税に関する次の記述のうち、最も不適切なものはどれか。　(2021年5月問40)

1）役員が会社に無利息で金銭の貸付けを行った場合、原則として、通常収受すべき利息に相当する金額が、その役員の雑所得の収入金額に算入される。

2）会社が役員に支給した退職金は、不相当に高額な部分の金額など一定のものを除き、その会社の所得金額の計算上、損金の額に算入される。

3）会社が役員の所有する土地を適正な時価よりも低い価額で取得した場合、その適正な時価と実際に支払った対価との差額が、その会社の所得金額の計算上、益金の額に算入される。

4）役員が会社の所有する社宅に無償で居住している場合、原則として、通常の賃貸料相当額が、その役員の給与所得の収入金額に算入される。

頻出 **20**
□
□

消費税に関する次の記述のうち、最も不適切なものはどれか。
(2023年5月問38)

1）土地の譲渡は、非課税取引に該当する。

2）新たに設立した普通法人のうち、事業年度開始の日における資本金の額等が1,000万円以上である法人は、基準期間がない課税期間において消費税の課税事業者となる。

3）基準期間における課税売上高が1億円である課税事業者は、所定の手続きにより、簡易課税制度の適用を受けることができる。

4）課税事業者である個人事業者は、原則として、消費税の確定申告書をその年の翌年3月31日までに納税地の所轄税務署長に提出しなければならない。

19 正解 1

1）不適切。役員が会社に対して無利息で貸付を行った場合、役員に対しては課税されない。

2）適　切。

3）適　切。適正な時価と譲渡対価との差額が受贈益となる。

4）適　切。通常の賃貸料相当額が役員の給与所得として課税される。

20 正解 3

1）適　切。土地の譲渡は、非課税取引である。

2）適　切。基準期間がない場合には、原則として消費税の納税義務が免除されるが、資本金の額等が1,000万円以上である法人は、基準期間がない課税期間において課税事業者となる。なお、適格請求書発行事業者である場合は、基準期間の課税売上高にかかわらず、納税義務は免除されない。

3）不適切。基準期間（個人事業者の場合はその年の前々年、法人の場合はその事業年度の前々事業年度）の課税売上高が5,000万円以下の事業者は、簡易課税制度を選択することができる。

4）適　切。消費税の確定申告期限は、3月31日である。

実技問題

1 個人 次の設例に基づいて、下記の各問に答えなさい。

□□

(2022年1月・個人【第3問】問7〜9改題)

《設　例》

大学卒業後、X株式会社（以下、「X社」という）に勤務した会社員のAさんは、現在、妻Bさんおよび長女Cさんとの3人家族である。Aさんは、2024年3月に定年を迎え、X社から退職金の支給を受けた。Aさんは、X社の継続雇用制度を利用して、引き続きX社に勤務している。なお、金額の前の「▲」は赤字であることを表している。

〈Aさんとその家族に関する資料〉

Aさん　　（60歳）：会社員

妻Bさん　（54歳）：専業主婦。2024年中にパートタイマーとして給与収入80万円を得ている。

長女Cさん（21歳）：大学生。2024年中の収入はない。

〈Aさんの2024年分の収入等に関する資料〉

(1) 給与収入の金額：900万円

(2) 不動産所得の金額：▲100万円

損失の金額100万円のうち、当該不動産所得を生ずべき土地の取得に係る負債の利子10万円を含む。

(3) 一時払変額個人年金保険（10年確定年金）の解約返戻金

契約年月	：2017年5月
契約者（＝保険料負担者）・被保険者	：Aさん
死亡給付金受取人	：妻Bさん
解約返戻金額	：600万円
正味払込保険料	：500万円

(4) X社から支給を受けた退職金の額：2,700万円

・定年を迎えるまでの勤続年数は36年8ヵ月である。

・「退職所得の受給に関する申告書」を提出している。

※妻Bさんおよび長女Cさんは、Aさんと同居し、生計を一にしている。

※Aさんとその家族は、いずれも障害者および特別障害者には該当しない。

※Aさんとその家族の年齢は、いずれも2024年12月31日現在のものである。

※上記以外の条件は考慮せず、各問に従うこと。

《問１》　Ａさんが X 社から受け取った退職金に係る退職所得の金額を計算した下記の計算式の空欄①～③に入る最も適切な数値を、解答用紙に記入しなさい。なお、Ａさんは、これ以外に退職手当等の収入はなく、障害者になったことが退職の直接の原因ではないものとする。また、問題の性質上、明らかにできない部分は「□□□」で示してある。

〈退職所得控除額〉

（　①　）万円＋□□□万円×（□□□年－20年）＝（　②　）万円

〈退職所得の金額〉

（2,700万円－（　②　）万円）×□□□＝（　③　）万円

《問２》　Ａさんの2024年分の所得金額について、次の①、②を求め、解答用紙に記入しなさい（計算過程の記載は不要）。なお、総所得金額の計算上、Ａさんが所得金額調整控除の適用対象者に該当している場合、所得金額調整控除額を控除すること。また、〈答〉は万円単位とすること。

①　総所得金額に算入される一時所得の金額

②　総所得金額

〈資料〉給与所得控除額

給与収入金額			給与所得控除額
万円超		万円以下	
	～	180	収入金額×40％－　10万円（55万円に満たない場合は、55万円）
180	～	360	収入金額×30％＋　8万円
360	～	660	収入金額×20％＋　44万円
660	～	850	収入金額×10％＋110万円
850	～		195万円

《問3》 Aさんの2024年分の所得税における所得控除に関する次の記述①～③について、適切なものには○印を、不適切なものには×印を解答用紙に記入しなさい。

① 「Aさんが適用を受けることができる基礎控除の額は、38万円です」
② 「Aさんが適用を受けることができる配偶者控除の額は、48万円です」
③ 「Aさんが適用を受けることができる長女Cさんに係る扶養控除の額は、63万円です」

2 資産 下記の問について解答しなさい。 (2022年5月・資産【第5問】問15改題)

□□

《問》 飲食店を営む個人事業主の柴田さんは、2023年7月に乗用車（新車）を購入し、その日から2024年12月まで引き続き事業の用に供している。購入した乗用車に関する内容が以下のとおりである場合、柴田さんの2024年分の所得税における事業所得の金額の計算上、必要経費に算入すべき減価償却費の金額として、正しいものはどれか。なお、柴田さんは個人事業の開業年（2015年）において、車両の減価償却方法として定率法を選択している。また、償却保証額は考慮しないこととし、計算過程および計算結果において、円未満の端数が生じたときは、これを切り上げること。

〈乗用車に関する内容〉

資産名	取得年月	法定耐用年数	取得価額	事業専用割合
乗用車	2023年7月	6年	3,500,000円	100%

〈定率法による償却率等〉

法定耐用年数	定率法の償却率
6年	0.333

1） 583,334円
2） 777,389円
3） 971,445円
4）1,165,500円

3 資産 下記の問について解答しなさい。

□□　　(2023年９月・資産【第５問】問15・問16改題)

《問１》 会社員の榎田さんが2024年中に支払った医療費等が下記〈資料〉のとおりである場合、榎田さんの2024年分の所得税の確定申告における医療費控除の金額として、正しいものはどれか。なお、榎田さんの2024年分の所得は、給与所得610万円のみであるものとし、榎田さんは妻および母と生計を一にしている。また、セルフメディケーション税制（特定一般用医薬品等購入費を支払った場合の医療費控除の特例）については考慮せず、保険金等により補てんされる金額はないものとする。

〈資料〉

支払年月	医療等を受けた人	医療機関等	内容	支払金額
2024年１月	母	A病院	入院治療（注１）	63,000円
2024年４月	本人	B病院	人間ドック（注２）	47,000円
	妻			57,000円
	本人		通院治療	33,000円
2024年８月	母	C歯科医院	歯科治療（注３）	450,000円

（注１）母は、2023年12月に入院して、2024年１月に退院している。退院の際に支払った金額63,000円のうち30,000円は、2023年12月分の入院代および治療費であった。

（注２）榎田さんは夫婦で人間ドックを受診したが、榎田さんは重大な疾病が発見されたため、引き続き通院をして治療をすることとなった。妻は、人間ドックの結果、異常は発見されなかった。

（注３）虫歯が悪化したため抜歯し、医師の診断により一般的なインプラント治療を受け、現金で支払った。

１）43,000円
２）463,000円
３）493,000円
４）550,000円

《問２》　会社員の増田さんの2024年分の所得等が下記〈資料〉のとおりである場合、増田さんが2024年分の所得税の確定申告を行う際に、給与所得と損益通算できる損失はいくらになるか。なお、▲が付された所得金額は、その所得に損失が発生していることを意味するものとする。また、記載のない事項については一切考慮しないものとし、解答に当たっては、解答用紙に記載されている単位に従うこと。

〈資料〉

所得の種類	所得金額	備考
給与所得	540万円	勤務先からの給与で年末調整済み
不動産所得	▲70万円	収入金額：180万円 必要経費：250万円（※）
譲渡所得	▲40万円	上場株式の売却に係る損失
譲渡所得	▲15万円	ゴルフ会員権の売却に係る損失

（※）必要経費の中には、土地の取得に要した借入金の利子の額25万円が含まれている。

解答解説

1 **《問1》** ▶ **正解**　**①800万円　②1,990万円　③355万円**

〈退職所得控除額〉

(①　800)万円＋70万円×(37年－20年)＝(②　1,990)万円

〈退職所得の金額〉

(2,700万円－1,990万円)×$\frac{1}{2}$＝(③　355)万円

〈解説〉

①　勤続年数が20年までは1年につき40万円、21年目からは1年につき70万円として計算を行う。

②　Aさんの勤続年数は36年8ヵ月であるため、37年とする。

退職所得控除額：800万円＋70万円×（37年－20年）＝1,990万円

勤続年数	退職所得控除額
20年以下	40万円×勤続年数
20年超	800万円＋70万円×（勤続年数－20年）

③　退職所得の金額

退職金の額から退職所得控除額を差し引き、$\frac{1}{2}$を乗じる。

(2,700万円－1,990万円)×$\frac{1}{2}$＝355万円

《問2》 ▶ **正解**　**①25万円　②635万円**

〈解説〉

①　総所得金額に算入される一時所得の金額

一時払変額個人年金保険（10年確定年金）の解約返戻金　600万円

解約返戻金から正味払込保険料を差し引き、特別控除額50万円を控除して一時所得の金額を求める。

一時所得の金額　600万円－500万円－50万円＝50万円

一時所得の金額は、その2分の1を総所得金額に含める。

総所得金額に算入される一時所得の金額：25万円

50万円×$\frac{1}{2}$＝25万円

② 総所得金額

Aさんの給与収入の金額は900万円。給与収入から給与所得控除額を差し引いて給与所得の金額を求める。

・給与所得控除額 195万円

Aさんは、子ども・特別障害者等を有する者等の所得金額調整控除を適用することができる。所得金額調整控除とは、一定の給与所得者の総所得金額を計算する場合に、一定の金額を給与所得の金額から控除することをいう。

子ども・特別障害者等を有する者等の所得金額調整控除は、その年の給与等の収入金額が850万円を超える給与所得者で、⑴のイ～ハのいずれかに該当する給与所得者の総所得金額を計算する際、⑵の所得金額調整控除額を給与所得から控除することができる。

⑴ 適用対象者

イ 本人が特別障害者に該当する者

ロ 年齢23歳未満の扶養親族を有する者

ハ 特別障害者である同一生計配偶者または扶養親族を有する者

⑵ 所得金額調整控除額

{給与等の収入金額（1,000万円超の場合は1,000万円）－850万円}×10％＝控除額※

（900万円－850万円）×10％＝5万円

給与所得の金額 900万円－195万円－5万円＝700万円

・不動産所得の赤字100万円には、土地の負債利子10万円が含まれているため、損益通算できる不動産所得は▲90万円となる。

給与所得700万円－不動産所得▲90万円
＋総所得金額に算入される一時所得25万円＝635万円

《問3》▶ 正解 ①× ②× ③○

〈解説〉

① Aさんが適用を受けることができる基礎控除の額は、48万円である。

基礎控除は、納税者本人の合計所得金額に応じてそれぞれ次のとおりとなる。

納税者本人の合計所得金額	控除額
2,400万円以下	48万円
2,400万円超　2,450万円以下	32万円
2,450万円超　2,500万円以下	16万円
2,500万円超	0円

② Aさんの合計所得金額は635万円であり、妻Bさんの合計所得金額が48万円以下であるため、配偶者控除の適用を受けることができる。

妻Bさんの給与所得：給与収入80万円－給与所得控除額55万円
＝25万円

配偶者控除の額は、控除を受ける納税者本人の合計所得金額、および控除対象配偶者の年齢により異なる。Aさんの合計所得金額は900万円以下であり、妻Bさんは54歳であるため、配偶者控除の控除額は、38万円となる。

控除を受ける納税者本人の合計所得金額	控除額	
	一般の控除対象配偶者	老人控除対象配偶者
900万円以下	38万円	48万円
900万円超　950万円以下	26万円	32万円
950万円超　1,000万円以下	13万円	16万円

③ 長女Cさんは21歳の大学生でかつ2024年の収入がないため、特定扶養親族に該当し、63万円の控除を受けることができる。

---

2 ▶ **正解　3**

定率法の減価償却費＝(取得価額－償却累計額)(※1)×償却率×供用月数/12月(※2)

(※1) 取得価格から昨年までの償却累計額を除いた金額。

(※2) 事業供用月数で月割り按分する。

・2023年の減価償却費＝350万円×0.333×6/12＝582,750円

・2024年の減価償却費＝(350万円－582,750円)×0.333×12/12
＝971,444.25＝971,445円（円未満切り上げ）

3《問1》▶ 正解 **3**

医療費控除の額＝支払った医療費の額－保険金等の額－10万円(※)
（※）課税標準の合計×５％が10万円に満たない場合はその金額

※給与所得610万円×５％＝30.5万円＞10万円　∴10万円

・治療費は、支払った年分の医療費控除となる。
・人間ドックは、重大な疾病が発見され、引き続き治療をした場合のみ対象となる。
・本人だけでなく同一生計親族に対する医療費支払いも対象となるため、母の歯科治療費も対象となる。
(63,000円＋47,000円＋33,000円＋450,000円)－10万円
＝493,000円

《問2》▶ 正解 **45（万円）**

〈解説〉

不動産所得▲75万円のうち、土地取得のための借入金利子が25万円であるため、損益通算できる損失は▲45万円（▲70万円－▲25万円）となる。

譲渡所得の上場株式売却損失は、損益通算できない。

譲渡所得のゴルフ会員権売却損失も、損益通算の対象とならない。

よって損益通算できる損失は、不動産所得▲45万円のみとなる。

1 所得税の仕組み

(1) 税金の分類

・相続税は直接税に該当する。

・固定資産税は地方税に該当する。

(2) 納付方法

・所得税では申告納税制度が採用されている。

(3) 税率

・所得税額の計算では超過累進税率が採用されている。

2 10種類の所得と非課税所得

(1) 所得の分類等

・所得税は10種類の所得に分類し、それぞれの所得金額を計算する。

・事業的規模で行われているアパート経営の賃貸収入は不動産所得(総合課税)である。

・会社員が勤務先から無利息で金銭を借り入れたことにより生じた経済的利益は、給与所得となる。

(2) 計算式

① 不動産所得の金額

総収入金額－必要経費

② 一時所得の金額

総収入金額－支出した金額－特別控除額（最高50万円）

※ 総所得金額に算入するときに２分の１にする。

3　所得税の損益通算

(1) 損益通算できる所得

不動産所得、事業所得、山林所得、譲渡所得（総合課税のもの）

※　上場株式を譲渡したことによる譲渡損失の金額は、申告分離課税を選択した上場株式の配当所得の金額と損益通算することができる。

(2) 損益通算できないもの

・土地建物の譲渡損失（分離譲渡所得）

・生活に通常必要な動産の譲渡損失（損失がなかったものとされるため）

・満期保険金や解約返戻金を受け取ったことによる一時所得の損失

・不動産所得の損失の金額のうち、土地の取得に要した負債の利子に相当する金額（建物の取得に要した負債の利子に相当する金額は損益通算できる）

4　所得控除

(1) 医療費控除

控除額＝支出した医療費の額－保険金等の額－10万円※

※課税標準の合計（総所得金額等）が200万円未満の場合は、課税標準の合計（総所得金額等）の5％

・実際に支払った年分の金額が対象となり、未払いの医療費は対象とならない。

・給与所得者は、年末調整で適用を受けることはできない。

・納税者が生計を一にする配偶者の医療費を支払った場合、対象となる。

・医療費の補塡として受け取った保険金は、その対象となる医療費の金額を限度として、医療費から差し引く。

・具体例は次のとおりである。

対象となる支出	対象とならない支出
・電車、バス等の**公共交通機関**を利用した場合に支払った**交通費** ・治療のために支払った**医薬品の購入費**	・入院に際し必要となる寝巻きや洗面具などの**身の回り品の購入費用** ・自家用車で通院した際に支払った**ガソリン代**や**駐車場代**

(2) 社会保険料控除

・**国民年金基金**の掛金を支払った場合、その**全額**を社会保険料控除として総所得金額等から控除することができる。

(3) 配偶者控除・配偶者特別控除

・いずれも本人の合計所得金額が**1,000万円以下**でなければ適用を受けられない。

・配偶者が**青色事業専従者**または**事業専従者**である場合は適用を受けられない。

5 税額控除

(1) 住宅借入金等特別控除（住宅ローン控除）

・合計所得金額**2,000万円以下**の年分に適用される。

・住宅の床面積が**40㎡**以上（中古住宅は50㎡以上）で、**店舗併用住宅**も対象となるが、床面積の**2分の1**以上の部分が自分で居住するためのものでなければならない。

（注）床面積**40**㎡以上**50**㎡未満の住宅に適用を受ける場合は、合計所得金額が**1,000万円以下**でなければならない。

・中古住宅の場合は、**1982年**1月1日以降に建築されたもの、または一定の**耐震基準**に適合するものが対象である。

・給与所得者の場合、最初の年は**確定申告**、2年目以降は**年末調整**で適用される。

・新築または取得の日から**6ヵ月以内**に居住用に供し、適用を受ける各年の

12月31日まで引き続き居住していなければならない。

・転勤等のやむを得ない事由により転居したため、居住の用に供しなくなった場合、再び当該住宅を居住の用に供すれば、原則として再入居した年以降の**控除期間内**について適用を受けることができる。

6 所得税の申告・納付

(1) 青色申告

・青色申告ができる所得は、**不動産**所得、**事業**所得、**山林**所得。

・青色申告をする場合には、その年の**3月15日**まで（**1月16日**以降に新規開業する場合は開業日から**2ヵ月**以内）に、「青色申告承認申請書」を所轄税務署長に提出する。

(2) 申告・納付

・公的年金等の収入金額の合計額が**400万円以下**であり、公的年金等に係る雑所得以外の所得金額が**20万円以下**であるときは、確定申告不要。

・雑損控除、寄附金控除、**医療費控除**の適用を受けるためには、確定申告が必要。

・年の中途で死亡した者の相続人は、原則として、相続の開始があったことを知った日の翌日から**4ヵ月以内**に、死亡した者の所得税について確定申告をする必要がある。

7 法人に関する税務・消費税

(1) 法人税の仕組み

① **納税地**

・納税地は、**本店**または**主たる事務所**の所在地である。

② **所得金額**

・事業年度の**益金**の額からその事業年度の**損金**の額を控除した金額である。

③　**税率**

原則	23.2%
中小法人	所得金額800**万円**以下の部分　15% 所得金額800**万円**超の部分　23.2%

④　**申告期限**

・各事業年度終了の日の翌日から2**ヵ月以内**に、確定申告書を所轄税務署長に提出し、法人税を納付しなければならない。ただし、所定の手続きにより最大4ヵ月延長することができる。

⑤　**青色申告**

・青色申告の適用を受けるためには、原則として、設立の日から3**ヵ月**以内に「青色申告承認申請書」を提出しなければならない。

⑥　**損金算入されるもの**

・国または地方公共団体に対して支払った寄附金（確定申告書に明細を記載した書類を添付）は、全額損金算入できる。

・減価償却費として損金経理した金額のうち、償却限度額に達するまでの金額は損金に算入することができる。

・租税公課では、**法人事業税**、**固定資産税**、**都市計画税**など多数ある。

⑦　**損金算入されないもの**

・法人税の本税、法人住民税の本税、交通反則金。

⑧　**会社と役員間の取引**

・（具体例）時価1億円の土地を会社と役員間で売買

売主	買主	譲渡価額	会社の課税関係	役員の課税関係
会社	役員	4,000万円 （低額譲渡）	譲渡価額：時価 差額：役員給与（損金不算入）	差額：給与所得（所得税・住民税の課税対象）
		1億4,000万円 （高額譲渡）	譲渡価額：時価 差額：受贈益（益金算入）	差額：会社への寄附（贈与）
役員	会社	4,000万円 （低額譲渡、2分の1未満）	時価で取得したものとみなす 差額：受贈益（益金算入）	譲渡価額：時価（みなし譲渡）
		1億4,000万円 （高額譲渡）	時価で取得したものとみなす 差額：役員給与（損金不算入）	譲渡価額：時価 差額：給与所得（所得税・住民税の課税対象）

（注）差額：時価と譲渡価額との差

・会社の所有する社宅に、役員が無償で居住している場合、通常の賃貸料相当額が役員給与とされる。

・役員が会社に無利息で金銭を貸し付けた場合、原則として、課税関係は生じない。

・会社が役員に無利息で金銭を貸し付けた場合、原則として、通常収受すべき利息に相当する金額が、会社の益金の額に算入される。

・役員退職金は、不相当に高額な部分の金額などを除き、損金の額に算入することができる。

・会社が役員からの借入金について債務免除を受けた場合、その債務免除を受けた金額が、その会社の所得金額の計算上、益金の額に算入される。

⑨　決算書

・貸借対照表の資産の部は、負債の部および純資産の部の合計と一致する。

・損益計算書は、一定期間における企業の経営成績を表す書類。

〈損益計算書〉

売上高		×××
売上原価	−)	×××
売上総利益		×××
販売費及び一般管理費	−)	×××
営業利益		×××
営業外収益	+)	×××
営業外費用	−)	×××
経常利益		×××
特別利益	+)	×××
特別損失	−)	×××
税引前当期純利益		×××
法人税、住民税及び事業税	−)	×××
当期純利益		×××

・キャッシュフロー計算書は、一会計期間における企業の**資金の増減**を示したものである。

(2) 消費税の仕組み

① 非課税取引

・**土地の譲渡**は、非課税取引である。

② 基準期間

・個人の場合は**前々年**、法人の場合は**前々期**をいう。

③ 原則課税

・免税事業者が「消費税課税事業者選択届出書」を提出して消費税の課税事業者となったときは、事業を廃止した場合を除き、原則として**2年間**は消費税の免税事業者となることができない。

④ 免税事業者

・**基準期間**における課税売上高が**1,000万円**以下の場合、免税事業者となる。ただし、**特定期間**（原則として前事業年度の前半6ヵ月）の**給与**等支払額の合計額および課税**売上高**がいずれも**1,000万円**を超える法人は、消費税の免税事業者となることができない。

⑤ 簡易課税

・基準期間の課税売上高が**5,000万円以下**の事業者は適用を受けることができる。

・簡易課税制度を選択した事業者は、事業を廃止した場合等を除き、原則として、**2年間**は適用を継続しなければならない。

⑥ **申告期限**

個人	課税期間の翌年**3月31日**まで
法人	課税期間（事業年度）終了日の翌日から**2ヵ月**以内。ただし、法人税の申告期限の延長の特例を受けている場合は、所定の手続きにより1ヵ月延長することができる

第5章

不動産

頻出論点 Best 3

1位

建築基準法

用途制限、建蔽率や容積率の制限を学習しましょう。また、実技試験では、建築面積や延べ面積を問われるので計算できるようにしておきましょう。

2位

借地借家法

借地借家法における普通借地権と定期借地権の目的や存続期間、契約方法を学習しましょう。

3位

不動産と税金

不動産の取得時、保有時、譲渡時に課税される税金を整理しましょう。

四答択一式問題　次の各問について答えを1つ選び、その番号を答えなさい。

1　不動産の調査と取引

頻出 **1**
□
□

不動産の登記や調査に関する次の記述のうち、最も不適切なものはどれか。　(2023年9月問41)

1）抵当権の登記の登記事項は、権利部乙区に記録される。

2）区分建物を除く建物に係る登記記録において、床面積は、壁その他の区画の中心線で囲まれた部分の水平投影面積（壁芯面積）により記録される。

3）新築した建物の所有権を取得した者は、その所有権の取得の日から1ヵ月以内に、所有権保存登記を申請しなければならない。

4）登記情報提供サービスでは、登記所が保有する登記情報を、インターネットを使用してパソコン等で確認することができるが、取得した登記情報に係る電子データには登記官の認証文は付されない。

頻出 **2**
□
□

土地の価格に関する次の記述のうち、最も不適切なものはどれか。　(2021年1月問42)

1）地価公示法による公示価格は、毎年1月1日を標準地の価格判定の基準日としている。

2）都道府県地価調査の基準地の標準価格は、毎年7月1日を価格判定の基準日としている。

3）固定資産税評価額は、原則として、市町村長が固定資産評価基準により決定する。

4）評価替えの基準年度における宅地の固定資産税評価額は、前年の地価公示法による公示価格等の80％を目途として評定されている。

解答解説

1 ▶ 正解 **3**

1）適　切。抵当権設定登記は、権利部の乙区に記録される。

2）適　切。区分建物を除く建物に係る登記記録において、床面積は、壁芯面積により記録される。

3）不適切。所有権保存登記などの権利に関する登記は任意である。

4）適　切。登記情報に係る電子データには登記官の認証文は付されない。

2 ▶ 正解 **4**

1）適　切。なお、公示価格の標準地は都市計画区域に限定されていない。

2）適　切。都道府県地価調査の基準地標準価格は、公示価格の補完を目的とし、毎年7月1日を価格判定の基準日としている。

3）適　切。

4）不適切。固定資産税評価額は、公示価格の70％を価格水準の目安として設定される。

頻出 **3**

□
□

不動産鑑定評価基準における不動産の価格を求める鑑定評価の手法に関する次の記述のうち、最も不適切なものはどれか。 (2022年1月問42)

1）収益還元法のうちＤＣＦ法は、連続する複数の期間に発生する純収益および復帰価格を、その発生時期に応じて現在価値に割り引き、それぞれを合計して対象不動産の価格を求める手法である。

2）収益還元法のうち直接還元法は、対象不動産の一期間の総収入を還元利回りで還元して対象不動産の価格を求める手法である。

3）取引事例比較法では、取引事例の取引時点が価格時点と異なり、その間に価格水準の変動があると認められる場合、当該取引事例の価格を価格時点の価格に修正しなければならない。

4）原価法は、価格時点における対象不動産の再調達原価を求め、この再調達原価について減価修正を行って対象不動産の価格を求める手法である。

頻出 **4**

□
□

不動産の売買契約に係る民法の規定に関する次の記述のうち、最も不適切なものはどれか。なお、特約については考慮しないものとする。

(2022年9月問43)

1）売買契約締結後、買主の責めに帰すことのできない事由により、当該契約の目的物の引渡債務の全部が履行不能となった場合、買主は、履行の催告をすることなく、直ちに契約の解除をすることができる。

2）売主が種類または品質に関して契約の内容に適合しないことを過失なく知らないまま、売買契約の目的物を買主に引き渡した場合、買主は、不適合を知った時から１年以内にその旨を売主に通知しないときは、その不適合を理由として契約の解除をすることができない。

3）買主が売主に解約手付を交付した後、売買代金の一部を支払った場合、売主は、受領した代金を返還し、かつ、手付金の倍額を現実に提供しても、契約を解除することができない。

4）売買の目的物である建物が、その売買契約の締結から当該建物の引渡しまでの間に、台風によって全壊した場合、売主の責めに帰すことのできない事由であることから、買主は、売主に対して建物代金の支払いを拒むことはできない。

3 ▶ **正解 2**

1）適　切。なお、収益還元法は、実際に賃貸の用に供されていない自用の不動産の価格を求める際にも賃料を想定することにより、用いることができる。

2）不適切。直接還元法とは、対象不動産から得られる一期間の純収益を還元利回りで割り戻して直接現在価値を求める手法である。

3）適　切。なお、投機的な取引は、取引事例として採用できないが、売り急ぎなどの特殊な事例は適切に補正できれば採用できる。

4）適　切。「再調達原価－減価額＝対象不動産の価格」となる。

4 ▶ **正解 4**

1）適　切。

2）適　切。

3）適　切。買主が代金の一部を支払うなど相手方が契約の履行に着手した後では、売主は手付金の放棄や倍額の提供をしても契約の解除はできない。

4）不適切。天災等の売主の責めに帰すことのできない事由であっても、買主は建物代金の支払いを拒むことができる。

頻出

5 □□

不動産の売買契約に係る民法の規定に関する次の記述のうち、最も不適切なものはどれか。なお、特約については考慮しないものとする。

(2023年9月問43)

1）同一の不動産について二重に売買契約が締結された場合、譲受人相互間においては、売買契約の締結の先後にかかわらず、原則として、所有権移転登記を先にした者が、当該不動産の所有権の取得を他方に対抗することができる。

2）不動産の売買契約において買主が売主に手付金を交付した場合、売主が契約の履行に着手する前であれば、買主はその手付金を放棄することで契約を解除することができる。

3）不動産が共有されている場合に、各共有者が、自己の有している持分を第三者に譲渡するときは、他の共有者の同意を得る必要がある。

4）売買の目的物である建物が、その売買契約の締結から当該建物の引渡しまでの間に、地震によって全壊した場合、買主は、売主に対する建物代金の支払いを拒むことができる。

6 □□

宅地建物取引業法に関する次の記述のうち、最も適切なものはどれか。なお、買主は宅地建物取引業者ではないものとする。 (2021年5月問42)

1）宅地建物取引業者は、専任媒介契約を締結したときは、契約の相手方を探索するため、一定の期間内に当該専任媒介契約の目的物である宅地または建物に関する一定の事項を指定流通機構に登録しなければならない。

2）専任媒介契約の有効期間は、3ヵ月を超えることができず、これより長い期間を定めたときは、その契約は無効とされる。

3）宅地建物取引業者は、自ら売主となる宅地の売買契約の締結に際して、代金の額の10分の1を超える額の手付を受領することができない。

4）宅地建物取引業者が建物の貸借の媒介を行う場合、貸主と借主の双方から受け取ることができる報酬の合計額は、当該建物の借賃（消費税等相当額を除く）の2ヵ月分に相当する額に消費税等相当額を加算した額が上限となる。

5 ▶ 正解　3

1）適　切。譲受人相互間では、先に所有権移転登記を済ませた者が当該不動産の所有者となる。

2）適　切。売主が契約の履行に着手する前であれば、買主はその手付金を放棄することで契約を解除することができる。

3）不適切。不動産が共有されている場合において、自己が有している持分を第三者へ譲渡する場合、他の共有者の同意を得る必要はない。

4）適　切。契約締結後で引渡しまでの間に天災などの責に帰すことができない事由により不動産が滅失・損壊した場合、買主は代金の支払いを拒むことができる。

6 ▶ 正解　1

1）適　切。なお、専任媒介契約を締結した場合、媒介契約締結日から7日以内に指定流通機構に物件を登録しなければならない。

2）不適切。専任媒介契約の有効期間は、3ヵ月である。これより長い期間を定めた場合は3ヵ月に短縮される。契約が無効となるわけではない。

3）不適切。代金の額の10分の2を超える額の手付金を受領することはできない。

4）不適切。当該建物の借賃（消費税を除く）の1ヵ月分に相当する額に消費税を加算した額が上限となる。

頻出 **7**

□
□

借地借家法に関する次の記述のうち、最も適切なものはどれか。なお、本問においては、同法第22条の借地権を一般定期借地権といい、同法第22条から第24条の定期借地権等以外の借地権を普通借地権という。

(2023年5月問44)

1）事業の用に供する建物の所有を目的とするときは、一般定期借地権を設定することができない。

2）一般定期借地権の存続期間は、50年以上としなければならない。

3）普通借地権の存続期間は30年とされており、契約でこれより長い期間を定めることはできない。

4）普通借地権の存続期間が満了する場合において、借地権者が契約の更新を請求し、借地権設定者に更新を拒絶する正当の事由がないときは、借地上に建物があるかどうかにかかわらず、従前の契約と同一の条件で契約を更新したものとみなされる。

頻出 **8**

□
□

借地借家法に関する次の記述のうち、最も適切なものはどれか。なお、本問においては、同法第38条による定期建物賃貸借契約を定期借家契約といい、それ以外の建物賃貸借契約を普通借家契約という。また、記載された特約以外のものについては考慮しないものとする。 (2022年9月問44)

1）普通借家契約において存続期間を1年未満に定めた場合、その存続期間は1年とみなされる。

2）期間の定めがある普通借家契約において、賃借人は、正当の事由がなければ、賃貸人に対し、更新しない旨の通知をすることができない。

3）定期借家契約は、もっぱら居住の用に供する建物に限られ、事業の用に供する建物については締結することができない。

4）定期借家契約において、その賃料が、近傍同種の建物の賃料に比較して不相当となっても、賃貸借期間中は増減額させないこととする特約をした場合、その特約は有効である。

7 ▸ 正解　2

1）不適切。事業の用に供する場合であっても、一般定期借地権を設定することはできる。

2）適　切。一般定期借地権の設定当初の存続期間は、50年以上で定める

3）不適切。普通借地権の存続期間は、30年以上とされているため、30年以上の期間を定めることはできる。

4）不適切。更新請求による更新は、借地上に建物が残っていることが条件である。

8 ▸ 正解　4

1）不適切。期間の定めのない契約となる。

2）不適切。賃借人からの更新拒絶は、正当事由が必要ない。

3）不適切。定期借家契約は利用目的による制限がない。

4）適　切。

2 不動産に関する法律

頻出 **9**

□
□

都市計画法に関する次の記述のうち、最も適切なものはどれか。

(2022年9月問45)

1）すべての都市計画区域において、都市計画に市街化区域と市街化調整区域との区分（区域区分）を定めるものとされている。

2）土地の分筆は、その行為が建築物の建築または特定工作物の建設を目的としていなくても、都市計画法上の開発行為に該当する。

3）土地区画整理事業の施行として行う開発行為は、都道府県知事等による開発許可を受ける必要はない。

4）農業を営む者の居住の用に供する建築物の建築を目的として市街化調整区域内で行う開発行為は、都道府県知事等による開発許可を受ける必要がある。

頻出 **10**

□
□

都市計画区域および準都市計画区域内における建築基準法の規定に関する次の記述のうち、最も不適切なものはどれか。 (2022年1月問46)

1）敷地の前面道路の幅員が12m未満である建築物の容積率は、原則として、「都市計画で定められた容積率」と「前面道路の幅員に一定の数値を乗じて得たもの」とのいずれか低い方が上限となる。

2）防火地域内に耐火建築物を建築することにより、建蔽率の制限については緩和措置の適用を受けることができるが、容積率の制限については緩和措置の適用を受けることができない。

3）建築物の高さに係る隣地斜線制限は、第一種低層住居専用地域、第二種低層住居専用地域および田園住居地域には適用されない。

4）日影規制（日影による中高層の建築物の高さの制限）は、原則として、工業地域および工業専用地域を除く用途地域における建築物に適用される。

9 ▶ 正解 **3**

1）**不適切**。市街化区域や市街化調整区域に区分されていない非線引都市計画区域もある。

2）**不適切**。単なる分筆または合筆による権利区画の変更の場合は、開発行為に該当しない。

3）**適　切**。土地区画整理事業とは、道路または公園などの公共施設を整備・改善し、土地の区画を整えることにより宅地の利用を増進する事業のことである。

4）**不適切**。市街化調整区域において、農林漁業者の居住の用に供する建築物の建築を目的とする開発行為を行う場合、許可は不要である。

10 ▶ 正解 **4**

1）**適　切**。

2）**適　切**。

3）**適　切**。下表参照。

4）**不適切**。日影規制は、商業地域・工業地域・工業専用地域を除く区域にある一定の建築物に適用される。

〈斜線制限と適用区域〉

斜線制限	適用区域
道路斜線制限	全用途地域および用途地域の指定のない区域
隣地斜線制限	第一種低層住居専用地域、第二種低層住居専用地域および田園住居地域を除く地域
北側斜線制限	第一種低層住居専用地域、第二種低層住居専用地域、田園住居地域 第一種中高層住居専用地域、第二種中高層住居専用地域

頻出 **11**

□
□

都市計画区域および準都市計画区域内における建築基準法の規定に関する次の記述のうち、最も不適切なものはどれか。 (2023年9月問46)

1）商業地域、工業地域および工業専用地域においては、地方公共団体の条例で日影規制（日影による中高層の建築物の高さの制限）の対象区域として指定することができない。

2）建築物の高さに係る隣地斜線制限は、第一種低層住居専用地域、第二種低層住居専用地域および田園住居地域には適用されない。

3）第一種低層住居専用地域内には、原則として、老人ホームを建築することはできるが、病院を建築することはできない。

4）道路斜線制限（前面道路との関係についての建築物の各部分の高さの制限）は、原則として、第一種低層住居専用地域、第二種低層住居専用地域における建築物にのみ適用され、商業地域における建築物には適用されない。

11 ▶ **正解　4**

1）適　切。日影規制は、商業地域・工業地域・工業専用地域を除く区域にある一定の建築物に適用される。

2）適　切。下記参照。

3）適　切。第一種低層住居専用地域では、老人ホームや住宅を建築することはできるが、病院や大学、カラオケボックス等を建築することはできない。

4）不適切。下記参照。

〈斜線制限と適用区域〉

斜線制限	適用区域
道路斜線制限	全用途地域および用途地域の指定のない区域
隣地斜線制限	第一種低層住居専用地域、第二種低層住居専用地域および田園住居地域を除く地域
北側斜線制限	第一種低層住居専用地域、第二種低層住居専用地域、田園住居地域 第一種中高層住居専用地域、第二種中高層住居専用地域

12 □□

建築基準法に基づいて下記の土地に住宅を建築する場合、建物の延べ面積の限度として、正しいものはどれか。なお、前面道路は、同法第42条第2項により特定行政庁の指定を受けた道路であるものとし、記載のない条件については考慮しないものとする。 (2019年1月問46)

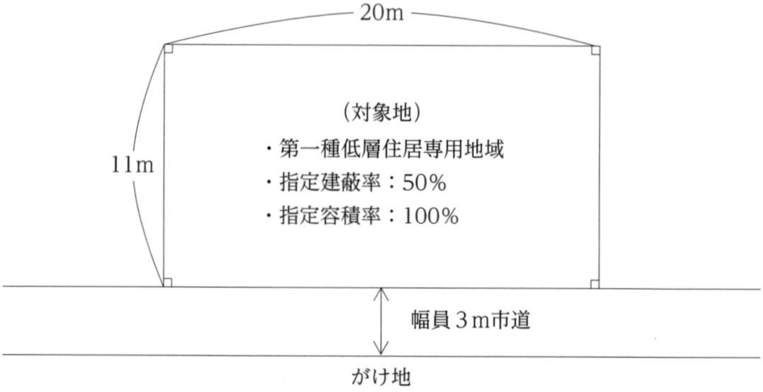

＊特定行政庁が都道府県都市計画審議会の議を経て指定する区域内ではない。
＊前面道路の対象地の反対側はがけ地であり、その方向には後退できない。

1）220㎡
2）210㎡
3）200㎡
4）100㎡

12 ▶ **正解　3**

最大延べ面積を求める場合、容積率を用いて計算する。
対象地の面積×容積率＝最大延べ面積

容積率は次の計算によって求める。
①　指定容積率　　100%
②　前面道路幅×法定乗数　　$4\,\text{m}^{※} \times \frac{4}{10} = \frac{16}{10} \rightarrow 160\%$
※　前面道路が４m未満のためセットバックする。

上記①②のいずれか小さい方が容積率となる。
①100%　<　②160%
∴　100%

対象地の面積　　(11m－1m)※×20m＝200㎡
※　前面道路幅が３mのためセットバックする。また、対象地から見て道路の反対側ががけになっているため、対象地の面積は、道路から１m下がって計算する必要がある。

最大延べ面積
200㎡×100%＝**200㎡**

頻出 **13**

□
□

建物の区分所有等に関する法律に関する次の記述のうち、最も不適切なものはどれか。 (2020年1月問46)

1）規約を変更するためには、区分所有者および議決権の各4分の3以上の多数による集会の決議が必要となる。

2）区分所有建物のうち、構造上の独立性と利用上の独立性を備えた部分は、区分所有権の目的となる専有部分の対象となり、規約によって共用部分とすることはできない。

3）区分所有者以外の専有部分の占有者は、建物またはその敷地もしくは附属施設の使用方法について、区分所有者が規約または集会の決議に基づいて負う義務と同一の義務を負う。

4）共用部分に対する区分所有者の共有持分は、規約に別段の定めがない限り、各共有者の専有部分の床面積の割合による。

13 ▶ **正解　2**

1）**適　切**。下記参照。

大規模滅失の復旧 規約の設定・変更・廃止	区分所有者および議決権の各4分の3以上
建物の建替え	区分所有者および議決権の各5分の4以上

2）**不適切**。集会所等、専有部分の要件を満たす部分であっても規約によって共用部分とすることができる。

3）**適　切**。建物またはその敷地もしくは附属施設の管理・使用方法に関しては、区分所有者以外の専有部分の占有者（分譲マンションの賃借人など）も区分所有者と同一の義務を負う。

4）**適　切**。規約で別段の定めがない限り、原則として共有部分の持分は、各共有者の専有部分の床面積の割合による。

3 不動産の取得・保有・売却にかかる税金

頻出 **14** □□

不動産の取得等に係る税金に関する次の記述のうち、最も適切なものはどれか。 (2021年1月問48)

1）所定の要件を満たす戸建て住宅を新築した場合、不動産取得税の課税標準の算定に当たっては、1戸につき最高1,500万円を価格から控除することができる。

2）土地の所有権を等価交換方式による全部譲渡により取得した場合は、原則として、取得者に対して不動産取得税は課されない。

3）不動産に抵当権設定登記をする際の登録免許税の課税標準は、債権金額（根抵当権の場合は極度金額）である。

4）不動産の所有権移転登記をする際の登録免許税の税率は、登記原因が相続による場合の方が贈与による場合に比べて高くなる。

頻出 **15** □□

不動産の取得に係る税金に関する次の記述のうち、最も適切なものはどれか。 (2021年9月問48)

1）不動産取得税は、相続により不動産を取得した場合であっても課される。

2）所定の要件を満たす住宅を新築した場合、不動産取得税の課税標準の算定に当たっては、一戸につき最高1,500万円が価格から控除される。

3）登録免許税は、相続により不動産を取得した場合の所有権移転登記であっても課される。

4）登録免許税は、建物を新築した場合の建物表題登記であっても課される。

14 ▶ **正解　3**

1）不適切。新築住宅を取得した場合、その住宅1戸ごとに課税標準となるべき評価額から1,200万円を控除することができる。なお、認定長期優良住宅の場合は、1,300万円を控除することができる。

2）不適切。等価交換方式により不動産を取得した場合でも、不動産取得税の課税対象となる。

3）適　切。抵当権設定登記では、「債権金額」が課税標準となる。

4）不適切。所有権移転登記の登録免許税の税率において、「売買・贈与その他の原因による移転」の場合は2％（本則）、「相続（相続人への遺贈を含む）または法人の合併による移転」の場合は0.4%である。したがって、登記原因が相続による場合の方が贈与による場合に比べて低くなる。

15 ▶ **正解　3**

1）不適切。不動産取得税は、相続により不動産を取得した場合は課税されない。

2）不適切。住宅一戸につき最高1,200万円を控除することができる。
　また、認定長期優良住宅の場合は、1,300万円を控除することができる。

3）適　切。

4）不適切。表題登記については登録免許税が課されない。

頻出 **16**

□
□

不動産に係る固定資産税および都市計画税に関する次の記述のうち、最も不適切なものはどれか。 (2023年5月問47)

1）固定資産税の納税義務者が、年の中途にその課税対象となっている家屋を取り壊した場合であっても、当該家屋に係るその年度分の固定資産税の全額を納付する義務がある。

2）住宅用地に係る固定資産税の課税標準については、住宅1戸当たり200㎡以下の部分について課税標準となるべき価格の3分の1相当額とする特例がある。

3）都市計画税は、都市計画区域のうち、原則として市街化区域内に所在する土地または家屋の所有者に対して課される。

4）都市計画税の税率は各地方自治体の条例で定められるが、制限税率である0.3%を超えることはできない。

頻出 **17**

□
□

居住用財産を譲渡した場合の3,000万円の特別控除（以下「3,000万円特別控除」という）および居住用財産を譲渡した場合の長期譲渡所得の課税の特例（以下「軽減税率の特例」という）に関する次の記述のうち、最も不適切なものはどれか。なお、記載されたもの以外の要件はすべて満たしているものとする。 (2023年1月問49)

1）3,000万円特別控除は、居住用財産を配偶者に譲渡した場合には適用を受けることができない。

2）3,000万円特別控除は、譲渡した居住用財産の所有期間が、譲渡した日の属する年の1月1日において10年を超えていなければ、適用を受けることができない。

3）軽減税率の特例では、課税長期譲渡所得金額のうち6,000万円以下の部分の金額について、所得税（復興特別所得税を含む）10.21%、住民税4%の軽減税率が適用される。

4）3,000万円特別控除と軽減税率の特例は、重複して適用を受けることができる。

16 ▶ **正解　2**

1）適　切。固定資産税の納税義務者は1月1日時点における所有者である。

2）不適切。下記参照。

3）適　切。都市計画税は、市街化区域内に所在する土地または家屋の所有者に対して課税される。

4）適　切。都市計画税の制限税率は、0.3％である。

固定資産税における課税標準の特例

小規模住宅用地（200㎡以下の部分）	固定資産税評価額×6分の1
一般住宅用地（200㎡超の部分）	固定資産税評価額×3分の1

17 ▶ **正解　2**

1）適　切。売主と買主が、親子や夫婦など特別な関係の場合は、3,000万円特別控除の適用を受けることができない。

2）不適切。3,000万円特別控除には、所有期間の要件はない。したがって、所有期間が10年以下であっても、適用を受けることができる。

3）適　切。なお、軽減税率の特例には所有期間の要件があり、譲渡した年の1月1日において、譲渡した居住用財産の所有期間が10年を超えているものに限られる。

4）適　切。

頻出 **18**
□
□

個人が土地を譲渡した場合の譲渡所得に関する次の記述のうち、最も不適切なものはどれか。 (2022年9月問49)

1）譲渡所得の金額の計算上、譲渡した土地の取得費が不明な場合には、譲渡収入金額の10%相当額を取得費とすることができる。

2）譲渡所得のうち、土地を譲渡した日の属する年の1月1日における所有期間が5年以下のものについては、短期譲渡所得に区分される。

3）土地売却時に生じた譲渡所得が長期譲渡所得に区分される場合、課税長期譲渡所得金額に対し、原則として、所得税（復興特別所得税を含む）15.315%、住民税5％の税率により課税される。

4）土地を譲渡する際に支出した仲介手数料は、譲渡所得の金額の計算上、譲渡費用に含まれる。

18 ▶ **正解　1**

1）**不適切**。譲渡した土地の取得費が不明な場合には譲渡収入金額の5％相当額を取得費とすることができる。

2）**適　切**。

3）**適　切**。長期譲渡所得の場合、所得税（復興特別所得税を含む）15.315％、住民税5％の税率により課税される。

4）**適　切**。仲介手数料、立退料、土地を更地で売るための建物の取壊し費用なども譲渡費用となる。

4 不動産の有効活用

頻出 **19**

□
□

不動産の有効活用の手法の一般的な特徴に関する次の記述のうち、最も不適切なものはどれか。 (2021年1月問50)

1）定期借地権方式では、土地所有者は土地を一定期間貸し付けることにより地代収入を得ることができ、当該土地上に建設される建物の建設資金を負担する必要がない。

2）等価交換方式では、土地所有者は、建設資金を負担することなく、出資割合に応じて、建設された建物の一部を取得することができる。

3）建設協力金方式では、建設する建物を借り受ける予定のテナント等から、建設資金の全部または一部を借り受けてビルや店舗等を建設することとなる。

4）事業受託方式では、土地所有者が建設資金を負担することなく、土地有効活用の企画、建設会社の選定、土地上に建設した建物の管理・運営等をデベロッパーに任せることができる。

20

□
□

不動産の投資判断の手法等に関する次の記述のうち、最も不適切なものはどれか。 (2023年5月問50)

1）レバレッジ効果とは、投資に対する収益率が借入金の金利を上回っている場合に、借入金の利用により自己資金に対する利回りが上昇する効果をいう。

2）ＤＣＦ法は、連続する複数の期間に発生する純収益および復帰価格を、その発生時期に応じて現在価値に割り引いて、それぞれを合計して対象不動産の収益価格を求める手法である。

3）ＮＰＶ法（正味現在価値法）による投資判断においては、対象不動産から得られる収益の現在価値の合計額が投資額を上回っている場合、その投資は有利であると判定することができる。

4）ＩＲＲ法（内部収益率法）による投資判断においては、対象不動産に対する投資家の期待収益率が対象不動産の内部収益率を上回っている場合、その投資は有利であると判定することができる。

19 ▶ 正解　4

1）適　切。建物の所有名義は借地人であり、資金調達も借地人が行う。

2）適　切。等価交換方式とは、土地の所有権の一部または全部を譲渡し、その対価として建設された建物の一部を取得する方式。そのうち、部分譲渡方式とは、土地の一部をデベロッパーに譲渡し、その等価の建物の一部を取得する。

3）適　切。建設金協力方式とは、賃借人が賃貸人に対し建物の建設費用の一部、又は全額を預託し、貸主はその預託金を建設費用に充当する方式。

4）不適切。事業受託方式とは、土地所有者がデベロッパー等に建物の企画や設計・施工などを委託して、土地所有者の資金負担で、対象となる土地にオフィスビル等の建物を建てる方式。

20 ▶ 正解　4

1）適　切。

2）適　切。

3）適　切。

4）不適切。内部収益率が期待収益率を上回っている場合、その投資は有利な投資といえる。

実技問題

1 **個人** 次の設例に基づいて、下記の各問に答えなさい。

□□

(2021年9月・個人【第4問】問10～12)

《設　例》

会社員のAさん（57歳）は、8年前に父親の相続によりM市内（三大都市圏）にある甲土地（440㎡）を取得している。甲土地は、父親の代から月極駐車場（青空駐車場）として賃貸しているが、数台の空きがあり、収益性は高くない。

Aさんは、先日、ハウスメーカーのX社から「2年後、甲土地から徒歩10分の最寄駅近くに有名私立大学のキャンパスが移転してきます。需要が見込めますので、賃貸アパートを建築しませんか。弊社に一括賃貸（普通借家契約・マスターリース契約（特定賃貸借契約））していただければ、弊社が入居者の募集・建物管理等を行ったうえで、賃料を保証させていただきます」と提案を受けた。

Aさんは、X社の提案を積極的に検討したいと思っているが、賃貸アパートを経営した経験はなく、判断できないでいる。

〈甲土地の概要〉

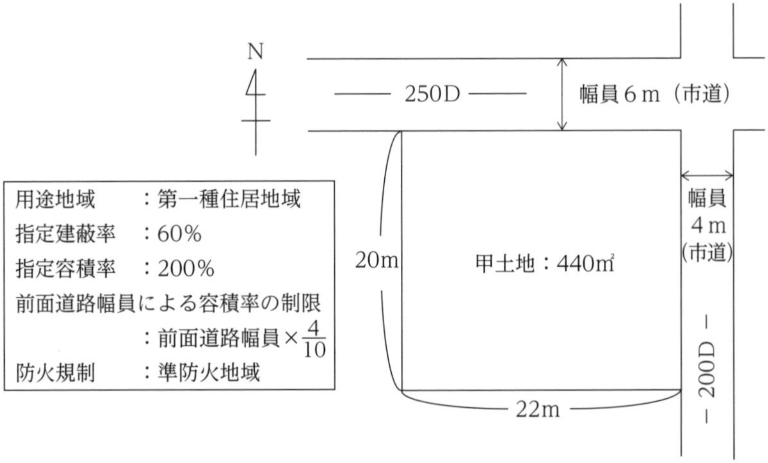

・甲土地は、建蔽率の緩和について特定行政庁が指定する角地である。
・指定建蔽率および指定容積率とは、それぞれ都市計画において定められた数値である。
・特定行政庁が都道府県都市計画審議会の議を経て指定する区域ではない。

※上記以外の条件は考慮せず、各問に従うこと。

《問１》 甲土地上に耐火建築物を建築する場合における次の①、②を求めなさい（計算過程の記載は不要）。

① 建蔽率の上限となる建築面積
② 容積率の上限となる延べ面積

《問２》 X社が提案する賃貸アパートの自己建設方式に関する次の記述①～③について、適切なものには○印を、不適切なものには×印を解答用紙に記入しなさい。

① 「Aさん自身が不動産賃貸事業の業務のすべてを行うのであれば、賃貸経営から得られる収益をすべて享受することができますが、専門的な知識や経験の有無、相応の手間と時間を要することを考えると、業務の全部または一部を外部の専門業者に委託することが現実的な選択であると思います」
② 「X社に一括賃貸（普通借家契約・マスターリース契約（特定賃貸借契約））することで、賃料収入が保証されることはメリットだと思います。普通借家契約の場合、借地借家法の規定により、X社から賃料の減額請求をされることはありません」
③ 「Aさんが金融機関から融資を受けて賃貸アパートを建築する場合、借入金による事業リスクを考慮する必要があります。ＤＳＣＲ（借入金償還余裕率）の値が1.0未満のときは、賃料収入だけでは借入金の返済が困難であることを示しています」

《問３》 Aさんが甲土地に賃貸アパートを建築した場合における賃貸事業開始後の甲土地の相続税評価額に関する次の記述①～③について、適切なものには○印を、不適切なものには×印を解答用紙に記入しなさい。

① 「甲土地は、地積規模の大きな宅地の評価の規定の適用を受けることができます」
② 「甲土地は、貸家建付地として、『自用地価額×（１－借地権割合×借家権

割合×賃貸割合)』の算式により評価されます」

③ 「対象地の面する道路に付された『250Ｄ』『200Ｄ』の数値は、１㎡当たりの価額を千円単位で表示した相続税路線価です。数値の後に表示されている『D』の記号（アルファベット）は、借地権割合が70%であることを示しています」

2 資産 下記の各問について解答しなさい。（2020年1月・資産【第3問】問9・10）

□□

《問１》 下記〈資料〉は増田一郎さんが所有する土地の登記事項証明書の一部である。この登記事項証明書に関する次の記述のうち、最も不適切なものはどれか。

〈資料〉

(A)			
順位番号	登記の目的	受付年月日・受付番号	権利者その他の事項
1	抵当権設定	平成30年4月16日 第51804号	原因　平成30年4月16日金銭消費貸借同日 　設定 債権額　金3,000万円 利息　年1.30%（年365日日割計算） 損害金　年14%（年365日日割計算） 債務者 　埼玉県○○市○－○－○ 　増田一郎 抵当権者 　東京都千代田区□－□－□ 　株式会社ＴＫ銀行

1）株式会社ＴＫ銀行からの借入れに係る抵当権の登記が記載されている欄（A）は、権利部の乙区である。

2）増田一郎さんが債務の弁済を怠った場合、株式会社ＴＫ銀行は、債権を回収するためにこの土地の競売を裁判所に申し立てることができる。

3）この土地には株式会社ＴＫ銀行の抵当権が設定されているが、別途、ほかの金融機関が抵当権を設定することも可能である。

4）増田一郎さんが株式会社ＴＫ銀行への債務を完済した場合、当該抵当権の登記は自動的に抹消される。

《問２》 建築基準法に従い、下記〈資料〉の甲土地に建物を建てる場合の建築面積の最高限度として、正しいものはどれか。なお、〈資料〉に記載のない条件については一切考慮しないこととする。

〈資料〉

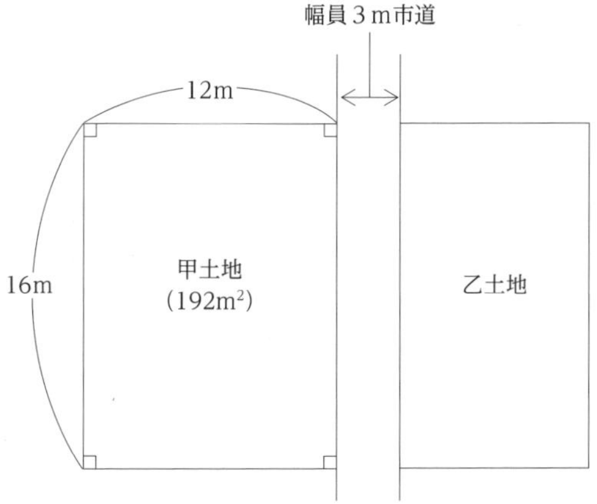

・第一種住居地域
・建蔽率　６／１０
・容積率　１５／１０
・前面道路の幅員に対する法定乗数　４／１０
※甲土地・乙土地が面する道路は建築基準法第４２条第２項に該当する道路で、甲土地・乙土地はともにセットバックを要する。また、道路中心線は現況道路の中心に位置するものとする。なお、特定行政庁が指定する幅員６m指定区域ではない。

1）　73.6㎡
2）105.6㎡
3）110.4㎡
4）115.2㎡

3 **資産** 下記の各問について解答しなさい。（2023年5月・資産【第3問】問9・10）

□□

《問1》 山岸さんは、7年前に相続により取得し、その後継続して居住している自宅の土地および建物の売却を検討している。売却に係る状況が下記〈資料〉のとおりである場合、所得税における課税長期譲渡所得の金額として、正しいものはどれか。なお、〈資料〉に記載のない事項は一切考慮しないこととする。

〈資料〉

・取得費：土地および建物とも不明であるため概算取得費とする。 ・譲渡価額（合計）：5,000万円 ・譲渡費用（合計）：200万円 ※居住用財産を譲渡した場合の3,000万円特別控除の特例の適用を受けるものとする。 ※所得控除は考慮しないものとする。

1）1,740万円
2）1,550万円
3）1,480万円
4）1,300万円

《問２》　下記〈資料〉は、近藤さんが購入を検討している中古マンションのインターネット上の広告（抜粋）である。この広告の内容等に関する次の記述のうち、最も適切なものはどれか。

〈資料〉

○○タワーレジデンス2403号室

販売価格	7,980万円	所在地	◎◎県□□市○○町 １－５
交通	△△線◇◇駅から 徒歩２分	間取り	２ＬＤＫ
専有面積	54.28㎡（壁芯）	バルコニー面積	8.40㎡
階／階建て	24階／32階	築年月	2016年10月
総戸数	288戸	構造	鉄筋コンクリート造
管理費	15,800円／月	修繕積立金	9,600円／月
土地権利	所有権	取引形態	媒介

1）この広告の物件は専有部分と共用部分により構成されるが、バルコニーは専有部分に当たる。

2）この広告の物件の専有面積として記載されている壁芯面積は、登記簿上の内法面積より大きい。

3）この広告の物件を購入した場合、近藤さんは管理組合の構成員になるかどうかを選択できる。

4）この広告の物件を購入した場合、購入前になされた集会の決議については、近藤さんにその効力は及ばない。

解答解説

1 《問1》 **正解** ①352（㎡） ②880（㎡）

〈解説〉

① 建蔽率の上限となる建築面積

準防火地域に耐火建築物または準耐火建築物等を建築する際、建蔽率が10%緩和される。

さらに甲土地特定行政庁が指定する角地であるため、建蔽率が10%緩和される。

20m × 22m ×（60% ＋ 10% ＋ 10%）＝ 352㎡

② 容積率の上限となる延べ面積

全面道路の幅員は6mであり、12m未満であるため前面道路幅員による容積率の制限が適用される。

指定容積率　200%

前面道路幅員による容積率の制限　6m× 4 /10 ＝ 240%　∴ 200%

20m × 22m × 200% ＝ 880㎡

《問2》 **正解** ①○ ②× ③○

① **適　切**。自己建設方式は、土地の所有者が自ら不動産経営の計画、資金調達、運営管理等のすべてを行う手法をいう。外部の専門業者を頼らない分、経営が上手くいった場合の収益は高くなるが、専門的な知識や経験がないことや、相応の手間と時間を要することを考えると、業務の全部または一部を外部の専門業者に委託する方が現実的な選択である。

② **不適切**。賃料は、当事者の合意によって契約を行うが、契約後における公租公課の増減や、土地・建物の価額の変動その他の経済情勢の変動に伴って、近傍同種の建物の借賃に比較して不相当となったときに、借地借家法の規定には、賃料額の増減を請求できるとされている。

③ **適　切**。ＤＳＣＲ（借入金償還余裕率）は、元利金返済前の年間キャッシュフロー（純収益）を借入金の年間元利返済額で除した比率をいい、借入金返済の安全度を測る尺度である。ＤＳＣＲの値が1.0未満のときは、賃料収入だけでは借入金の返済が困難であることを示している。

《問3》▶ 正解　①×　②○　③×

① 不適切。地積規模の大きな宅地とは、三大都市圏においては500平方メートル以上の地積の宅地、三大都市圏以外の地域においては1,000平方メートル以上の地積の宅地をいう。甲土地は三大都市圏にあるが、440㎡のため、地積規模の大きな宅地に該当しない。

② 適　切。Aさんが賃貸アパートを経営した場合、「甲土地は、貸家建付地として、『自用地価額×(1－借地権割合×借家権割合×賃貸割合)』の算式により評価される。

③ 不適切。『D』の記号は、借地権割合が60％であることを示している。

記号	A	B	C	D	E	F	G
借地権割合	90%	80%	70%	60%	50%	40%	30%

2《問1》▶ 正解　4

1）適　切。抵当権が記載されるのは権利部の乙区である。

2）適　切。抵当権が設定されているため債権を回収するために競売を裁判所へ申し立てることができる。

3）適　切。他の金融機関も、二番抵当、三番抵当というように設定することができる。

4）不適切。抵当権の登記は、債務を完済しても自動的には抹消されない。あらためて抵当権抹消登記が必要である。

《問2》▶ 正解　3

建築面積の最高限度は建蔽率を用いて計算する。設例のように、セットバックを要する場合は、道路の中心線から水平距離２ｍまでが道路とされ、敷地面積に算入されない。

現況道路が幅員３ｍのため、片側1.5ｍである。２ｍ－1.5ｍ＝0.5ｍ（＝セットバック）

よって建築面積の最高限度＝$\{(12\,\mathrm{m}-0.5\,\mathrm{m})\times 16\,\mathrm{m}\}\times\frac{6}{10}=\underline{110.4\,\mathrm{m}^2}$

3 《問1》▶ 正解 2

〈課税長期譲渡所得の金額の計算〉

譲渡価額－(取得費＋譲渡費用)－特別控除

〈資料〉より

・譲渡価額　5,000万円
・譲渡費用　　200万円
・特別控除　3,000万円を適用する。
・取得費に関しては不明のため概算取得費で計算する。
概算取得費＝譲渡価額×５％＝5,000万円×５％＝250万円
課税長期譲渡所得＝5,000万円－(250万円＋200万円)－3,000万円
＝1,550万円

《問2》▶ 正解 2

1）不適切。バルコニーは専有部分ではなく、共用部分に当たる。
2）適　切。壁芯面積は、登記簿上の内法面積より大きい。
3）不適切。マンションの区分所有者は全員管理組合の構成員となる。任意に選択はできない。
4）不適切。マンションの区分所有者には、購入前になされた集会の決議についても効力が及ぶ。

第5章 頻出ポイント

1　不動産の調査と取引

(1) 土地の価格

	公示価格	基準地標準価格	相続税評価額（路線価）	固定資産税評価額
決定機関	国土交通省	都道府県	国税庁	市町村
基準日	**1月1日**	**7月1日**	1月1日	3年ごとの1月1日
実施目的	一般の土地取引価格の指標、公共事業用地の取得価格算出の基準		相続税、贈与税の算定基準	固定資産税、不動産取得税などの算出基準
価格水準	100%	100%	公示価格の**80%**	公示価格の70%

※　都道府県地価調査の基準地は、地価公示の標準地と**同じ**地点に設定されることもある。

(2) 不動産鑑定評価基準

・**原価法**は、価格時点における対象不動産の**再調達原価**に**減価修正**を行って価格を求める手法である。

・**取引事例比較法**では、取引事例の取引時点が価格時点と異なり、その間に価格水準の**変動がある**と認められる場合、当該取引事例の価格を価格時点の価格に修正する必要が**ある**。

・**収益還元法**は、一般的に**市場性を有しない**不動産以外のものには基本的にすべて適用**すべき**ものとされている。

・**収益還元法**は、対象不動産が将来生み出すであろうと期待される**純収益**の現在価値の総和を求めることにより価格を求める手法である。

直接還元法…対象不動産の一期間の**純収益**を**還元利回り**で還元して価格を求める手法

ＤＣＦ法…連続する複数の期間に発生する**純収益**および**復帰価格**を、その発生時期に応じて**現在価値に割り引き**、それぞれを合計して価格を求める手法

(3) 不動産登記

・抵当権設定登記をした場合、権利部乙区に、債権額・抵当権者の氏名または名称などが記載される。

・公図（旧土地台帳附属地図）は、登記所に備え付けられており、対象土地の位置関係等を確認する資料として利用されている。

・登記事項証明書の交付請求は、不動産の利害関係にかかわらず、誰でも行うことができる。

・区分所有建物の登記上の専有面積は、壁その他の区画の内側線で囲まれた部分の水平投影面積（内法面積）である。区分所有建物以外は壁芯面積である。

(4) 不動産の売買契約

・買主が解約手付を交付した場合、相手方が契約の履行に着手するまでは、売主は手付金の倍額を現実に提供することで、買主は手付金を放棄することで、それぞれ契約解除できる。

・売買契約締結後、買主の責めに帰すことのできない事由により履行不能となった場合、買主は履行の催告をせずに、直ちに契約解除ができる。

・建物の売買契約後、引渡しまでの間に売主の責めに帰すことのできない事由により、その建物が滅失した場合には、買主は、売主から売買代金請求を拒絶することができる。

・種類または品質に関する契約不適合責任に基づいて損害賠償請求をする場合は、買主がその不適合を知ったときから**1年**以内に売主にその旨を通知しなければならない。

・売主が種類または品質に関して契約の内容に適合しないことを知りながら、売買契約の目的物を買主に引き渡した場合、買主は、その不適合を知ったときから1年以内にその旨を売主に通知しなくても、契約の解除をすることができる。

・共有物において自己が有している持分を第三者に譲渡する場合、各共有者は、他の共有者の同意を得る必要はない。

・同一不動産の二重売買の場合、譲受人相互間では、売買契約の先後にかかわらず、原則として、先に登記をした者が優先する。

2 不動産に関する法律

(1) 借地借家法

① 普通借地権

存続期間	30年以上 期間の定めがない場合 → 30年 30年に満たない期間を定めた場合 → 30年
契約方法	制限なし (書面でなくてもよい)
利用目的	自由
更新	借地上に建物が残っている場合に限り、地主の承諾などがなくても、借地権者からの更新請求により更新される。期間は初回が20年、2回目以降が10年となる
借地関係の終了等	期間満了後、契約の更新がないときは建物買取を請求できる。ただし、債務不履行により契約が終了した場合は、請求できない。

②　定期借地権

	一般定期借地権（第22条）	事業用定期借地権等（第23条）		建物譲渡特約付借地権（第24条）
		事業用定期借地権（第1項）	事業用借地権（第2項）	
存続期間	50年以上	30年以上 50年未満	10年以上 30年未満	30年以上
契約方法	公正証書等の書面または電磁的記録	必ず公正証書 ※事業用定期借地権（第１項）は、普通借地権として設定し、特約で更新等の規定を排除する		制限なし（書面でなくてもよい）
利用目的	自由	事業用（居住用は不可）		自由
借地関係の終了等	期間満了後は原則として更地で返還	期間満了後は原則として更地で返還		契約満了後は借地上の建物を相当の価格で譲渡

※　表中の条項数は借地借家法のもの。

③ 普通借家契約と定期借家契約

	普通借家契約	定期借家契約
事前説明	—	貸主は契約前に更新がなく、期間満了により契約が終了する旨を記載した書面によって説明する必要がある（説明がないと普通借家契約となる）。賃借人の承諾がある場合、書面の交付に代えて電磁的方法により提供することができる。
契約方法	制限なし	公正証書等の書面または電磁的記録による契約のみ有効。
契約期間	・１年未満の期間の定めは期間の定めのないものとされる。 ・最長期間の定めはない。	・１年未満の期間も有効。 ・最長期間の定めはない。
借主の 中途解約権	・期間の定めのある契約は、期間内は解約不可。ただし解約特約がある場合は特約に基づき解約可能。 ・期間の定めのない契約は、いつでも解約可能。解約申入れ後、３ヵ月経過すると終了。	中途解約特約が必要。ただし、居住用の建物の賃貸借で当該部分の床面積が200㎡未満であるときは、転勤、療養、介護等やむを得ない事情により、賃借人が自己の生活の本拠として使用することが困難な場合は、特約がなくても中途解約が可能。
契約の更新	貸主からの更新拒絶には正当事由が必要。	契約の更新不可。ただし、再契約は可能。
契約期間 満了通知	—	１年以上の契約の場合、期間満了の１年前から６ヵ月前までに貸主は借主へ契約が終了する旨の通知が必要。

・定期借家契約において、経済事情の変動にかかわらず、賃料を増減額しな

いこととする特約は有効である。

・期間の定めがある普通借家契約において、賃借人は、正当事由の有無にかかわらず、賃貸人に対して更新しない旨の通知をすることができる。

・借家契約において、原則として、賃借人は建物の賃借権の登記がなくても、引渡しを受けていれば、建物について物権を取得した者に賃借権を対抗することができる。

(2) 区分所有法

・共有部分の持分は、規約で別段の定めをしない限り、専有部分の床面積の割合による。

・敷地利用権が共有である場合、原則として、専有部分と敷地利用権を分離して処分することはできない。ただし、規約で別段の定めをすることができる。

・専有部分となる要件を備えている建物部分（管理室、集会室等）や附属建物は、規約により共用部分とすることができる。

・通常の集会の招集通知は、原則として、開催日の少なくとも１週間前に、会議の目的事項を示して、各区分所有者に発する必要がある。

・規約の設定・変更・廃止は、集会において、区分所有者および議決権の各４分の３以上の多数により、その旨の決議をすることができる。

・集会において、区分所有者および議決権の各５分の４以上の多数により、建替え決議をすることができる。

・区分所有者は、その意思にかかわらず、全員、管理組合に属する（強制加入）。

(3) 都市計画法

・都市計画区域内において、市街化区域と市街化調整区域の区分（区域区分）を定めないこともできる。

・市街化調整区域内において、農林漁業者の居住の用に供する建築物の建築用の開発行為は、都道府県知事等の許可が不要である。

・土地区画整理事業の施行として行う開発行為は、開発許可を受ける必要がない。

(4) 建築基準法

① セットバック

原則として幅員**4m以上**が建築基準法上の道路。４m未満の道路に面する建築物の敷地はセットバックが必要。セットバック部分は、**容積率・建蔽率**の計算上、敷地面積に**算入しない**。

〈両側が宅地等の場合〉

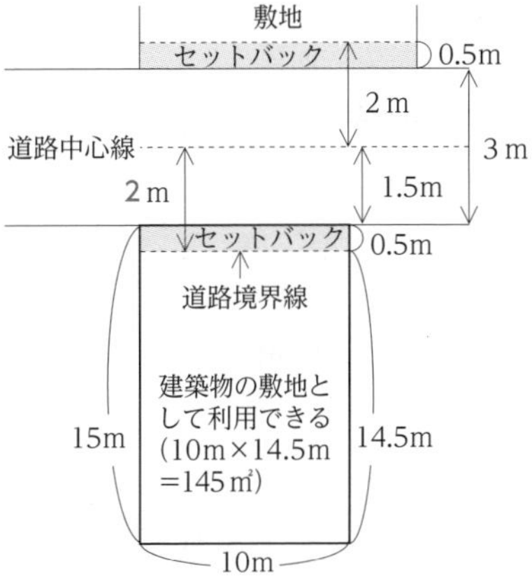

〈反対側ががけ地や河川等の場合〉

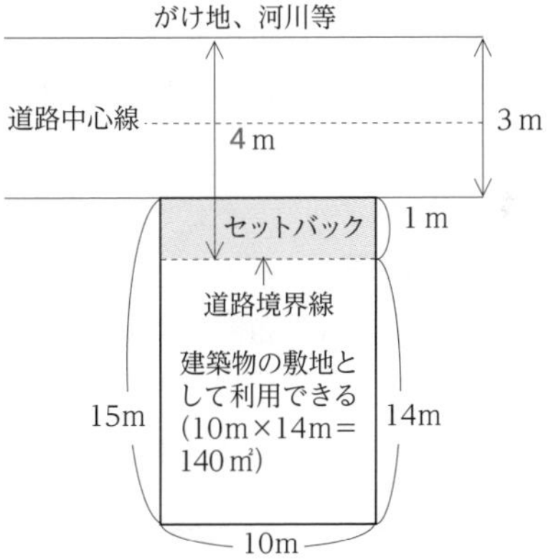

② 接道義務

・都市計画区域、準都市計画区域の建築物の敷地は**4m以上**の道路（自動車専用道路を除く）に、原則として**2m以上**接していなければならない。

③ 容積率

前面道路幅員が**12m未満**の場合、**指定容積率**と前面道路幅に一定の乗数（住居系$\frac{4}{10}$、住居系以外$\frac{6}{10}$）を乗じたものを比較して、**小さいほう**が容積率となる。

④ 高さ制限

・**第一種低層**住居専用地域、**第二種低層**住居専用地域および**田園**住居地域においては、建築物の高さは**10m**または**12m**のうち当該地域に関する都市計画において定められた建築物の高さの限度を超えてはならない（絶対高さの制限)。

・**隣地**斜線制限の対象となるのは、**第一種低層**住居専用地域、**第二種低層**住居専用地域および田園住居地域を除く地域である。
・日影規制の対象となるのは、商業地域、工業地域および工業専用地域を除く地域である。

3　不動産の取得・保有・売却にかかる税金

(1) 不動産取得税

・相続・法人の合併は非課税だが贈与は課税対象である。
・新築住宅（認定長期優良住宅ではない）を取得した場合、課税標準から一戸当たり1,200万円を控除することができる。

(2) 登録免許税

・表示の登記（表題部の登記）は非課税。ただし、分筆・合筆の表示変更登記は課税。
・所有権移転登記における税率。

登記内容	本則	特例	住宅用家屋の軽減税率
売買	2％	1.5％（土地）※1	0.3％※2
相続	0.4%	—	—
贈与	2％	—	—

※1　2026年3月31日まで
※2　2026年3月31日までの間に、一定の住宅用家屋を取得した場合。自己の居住用のみ適用

(3) 固定資産税

・納税義務者は、毎年1月1日において、固定資産課税台帳に登録されている所有者である。
・課税標準の特例

小規模住宅用地（200㎡以下の部分）	固定資産税評価額×6分の1
一般住宅用地（200㎡超の部分）	固定資産税評価額×3分の1

(4) 都市計画税

・納税義務者は、毎年1月1日において、固定資産課税台帳に登録されている、市街化区域の土地、家屋の所有者である。

・都市計画税の税率は各地方自治体の条例で定められるが、制限税率である0.3%を超えることはできない。

(5) 譲渡所得と課税の特例

① 土地建物の譲渡所得

・譲渡した日の属する年の1月1日における所有期間が5年以下のものについては短期譲渡所得に区分される。

・取得費が不明な場合には、譲渡収入金額の5%相当額を取得費とすることができる。

・譲渡のために直接要した仲介手数料は、譲渡所得の金額の計算上、譲渡費用に含まれる。

・相続（限定承認を除く）によって取得した場合、被相続人の取得日を引き継ぐ。

・長期譲渡所得の場合、原則として、15.315%の税率により所得税（復興特別所得税を含む）が課される。住民税の税率は5％。

② 3,000万円特別控除

・売却した相手が配偶者・直系血族（父母や子）または生計同一親族の場合、適用できない。

③ 軽減税率

・課税長期譲渡所得のうち、6,000万円以下の部分について適用される。

・3,000万円特別控除との重複適用を受けることができる。

4　不動産の有効活用

(1) 有効活用

		事業受託方式	建設協力金方式	等価交換方式	定期借地権方式
内容		デベロッパーが、調査、事業計画・決定・運営などを一括して行い、所有者は賃料を受け取る方式	所有者が建物を建設する際、事業パートナーが建設協力金を事業資金に充当し、建物を借上げる際、保証金に転換する方式。保証金と賃料を相殺する	所有者の土地代とデベロッパーの建築代金との割合で建物完成後の土地と建物に関する権利をそれぞれが取得する方式	所有者が土地を第三者に賃貸し、その借地人が事業を行う
資金調達		所有者が調達	事業パートナーが調達（原則として、所有者は借入れの必要なし）	交換するので、所有者は借入れの必要なし	借地人が調達（所有者は借入れの必要なし）
所有権	土地	所有者	所有者	共有	所有者
	建物	所有者	所有者	区分所有権を共有	借地人
税金	譲渡所得	―	―	交換するので譲渡所得が発生するが、一定の要件により課税の繰延べ制度あり	保証金が土地の時価の２分の１を超える場合、譲渡所得となる
	相続税	相続財産は土地建物相続時の債務（借入金、敷金、保証金）を控除できる。小規模宅地等の評価減の特例あり	保証金（未償却残額）が債務控除の対象	土地・建物の持分が相続財産になる	土地は貸宅地となる。保証金は債務控除できる

(2) 投資判断の手法等

・ＮＰＶ法（正味現在価値法）による投資判断においては、対象不動産から得られる**収益の現在価値**の合計額が投資額を**上回っている**場合、その投資は有利であると判定することができる。

・ＮＯＩ利回り（純利回り）は、対象不動産から得られる年間の**純収益**を総投資額で除して算出される利回りである。

・**レバレッジ効果**は、投資に対する収益率が借入金の金利を**上回っている**場合に得られる。

第6章

相続／事業承継

頻出論点 Best 3

1位

贈与

民法上の贈与（定期贈与・負担付贈与・死因贈与）の内容を学習しましょう。なお、学科の問題51で出題されることが多いです。

2位

相続税

相続税の課税財産、相続税の非課税財産の種類を整理しましょう。

3位

財産評価

相続税が課税される場合の財産評価（宅地、株式等）を学びましょう。

四答択一式問題　次の各問について答えを1つ選び、その番号を答えなさい。

1 贈与の基本と贈与税

頻出 **1** □□

民法上の贈与に関する次の記述のうち、最も適切なものはどれか。

(2023年9月問51)

1）書面によらない贈与は、その履行の終わった部分についても、各当事者が解除をすることができる。

2）負担付贈与とは、贈与者が受贈者に対して一定の債務を負担させることを条件とする贈与をいい、その受贈者の負担により利益を受ける者は贈与者に限られる。

3）死因贈与とは、贈与者の死亡によって効力が生じる贈与をいい、贈与者のみの意思表示により成立する。

4）定期贈与とは、贈与者が受贈者に対して定期的に財産を給付することを目的とする贈与をいい、贈与者または受贈者の死亡によって、その効力を失う。

解答解説

1 ▶ 正解　**4**

1）**不適切**。書面によらない贈与の場合、まだ履行していない部分は撤回することができるが、すでに履行した部分については取り消すことができない。

2）**不適切**。受贈者の負担により利益を受ける者は贈与者に限られない。

3）**不適切**。死因贈与であっても贈与者のみの意思表示で効力が生じるわけではない。

4）**適　切**。贈与者または受贈者の死亡によって、その効力を失う。

2 □□

みなし贈与財産に関する次の記述のうち、最も適切なものはどれか。

(2022年9月問52)

1）契約者（＝保険料負担者）および被保険者が父、死亡保険金受取人が子である生命保険契約において、父の死亡により子が受け取った死亡保険金は、子が父から贈与により取得したものとみなされ、贈与税の課税対象となる。

2）委託者が父、受益者が子である信託契約を締結し、その効力が生じた場合において、子がその適正な対価を負担しなかったときには、その信託に関する権利は、原則として子が父から贈与により取得したものとみなされ、贈与税の課税対象となる。

3）子が父から著しく低い価額の対価で土地を譲り受けた場合には、原則として、その相続税評価額と支払った対価の額との差額を限度に、子が父から贈与により取得したものとみなされ、贈与税の課税対象となる。

4）離婚による財産分与により財産を取得した場合には、その価額が婚姻中の夫婦の協力によって得た財産の額等の事情を考慮して社会通念上相当な範囲内であったとしても、その取得した財産は、原則として贈与により取得したものとみなされ、贈与税の課税対象となる。

頻出 **3** □□

贈与税の課税財産に関する次の記述のうち、最も不適切なものはどれか。

(2022年5月問53)

1）死因贈与により取得した財産は、贈与税の課税対象とならない。

2）離婚による財産分与として取得した財産は、その価額が婚姻中の夫婦の協力によって得た財産の額等を考慮して、社会通念上相当な範囲内である場合、原則として、贈与税の課税対象とならない。

3）保険契約者（＝保険料負担者）が母、被保険者が父、保険金受取人が子である生命保険契約に基づき、父の死亡により子が受け取った死亡保険金は、子が母から贈与により取得したものとして贈与税の課税対象となる。

4）個人が法人からの贈与により取得した金品は、業務に関して受けるものおよび継続的に受けるものを除き、贈与税の課税対象となる。

2 ▶ 正解 2

1）不適切。下記参照。相続税の対象となる。

2）適　切。

3）不適切。低額譲受の場合は、時価と対価との差額が贈与税の課税対象となる。

4）不適切。離婚による財産分与については社会通念上相当な範囲については贈与税の対象とならない。

〈死亡保険金と税金〉

契約者	被保険者	受取人	対象となる税金
A	A	B	相続税
A	B	A	所得税
A	B	C	贈与税

3 ▶ 正解 4

1）適　切。死因贈与により取得した財産は、相続税の対象となる。

2）適　切。離婚による財産分与については、原則としては、贈与税の対象とはならない。

3）適　切。下表参照。

4）不適切。個人が法人から受け取る金品は、所得税の対象となる。

〈死亡保険金と税金〉

契約者	被保険者	受取人	対象となる税金
A	A	B	相続税
A	B	A	所得税
A	B	C	贈与税

頻出 **4**

□
□

贈与税の計算に関する次の記述のうち、最も不適切なものはどれか。

(2023年1月問53)

1）子が、同一年中に父と母のそれぞれから200万円ずつ贈与を受けた場合、その年分の暦年課税に係る贈与税額の計算上、課税価格から控除する基礎控除額は110万円である。

2）相続時精算課税制度の適用を受けた贈与財産に係る贈与税額の計算上、特別控除額は特定贈与者ごとに累計3,000万円である。

3）配偶者からの贈与について贈与税の配偶者控除の適用を受けた者は、その年分の贈与税額の計算上、課税価格から、基礎控除額のほかに最高2,000万円を控除することができる。

4）2022年4月1日以後、その年1月1日において18歳以上の者が、直系尊属から贈与により財産を取得した場合、その財産に係る暦年課税による贈与税額は、課税価格から基礎控除額を控除した残額に、特例税率による超過累進税率を乗じて計算する。

5

□
□

贈与税の配偶者控除（以下「本控除」という）に関する次の記述のうち、最も適切なものはどれか。なお、各選択肢において、本控除の適用を受けるためのほかに必要とされる要件はすべて満たしているものとする。

(2019年1月問54改題)

1）受贈者が本控除の適用を受けるためには、贈与時点において、贈与者との婚姻期間が20年以上であることが必要とされている。

2）配偶者が所有する居住用家屋およびその敷地の用に供されている土地のうち、土地のみについて贈与を受けた者は、本控除の適用を受けることができない。

3）2024年中に本控除の適用を受け、その贈与後3年以内に贈与者が死亡して相続が開始し、受贈者がその相続により財産を取得した場合、本控除に係る控除額相当額は、受贈者の相続税の課税価格に加算される。

4）本控除の適用を受けた場合、贈与税額の計算上、贈与により取得した財産の合計額から、基礎控除額も含めて最高2,000万円の配偶者控除額を控除することができる。

4 ▶ **正解　2**

1）適　切。贈与税の基礎控除額は、受贈者１人につき110万円である。

2）不適切。相続時精算課税制度は、特定贈与者ごとに累計で特別控除額として2,500万円まで控除することができる。なお、2024年１月１日以後の贈与より、特別控除額とは別に、年間110万円を控除することができることとなった。

3）適　切。なお、贈与税の配偶者控除は同じ配偶者からの贈与につき再び贈与税の配偶者控除の適用を受けることはできない。

4）適　切。

5 ▶ **正解　1**

1）適　切。婚姻期間が20年以上であることが、本控除を受けるための要件の一つとなっている。

2）不適切。土地のみの贈与でも、本控除の適用を受けることができる。

3）不適切。2024年中に贈与税の配偶者控除の適用を受けて控除された部分（最高2,000万円）は、その贈与の後３年以内に贈与者が死亡しても、生前贈与加算の適用はない。

4）不適切。配偶者控除額は、基礎控除の110万円とは別に、最高2,000万円まで控除することができる。

2 相続の基本

6

□
□

相続人が次の（ア）～（ウ）である場合、民法上、それぞれの場合における被相続人の配偶者の法定相続分の組み合わせとして、最も適切なものはどれか。 (2023年5月問52)

（ア）被相続人の配偶者および子の合計２人
（イ）被相続人の配偶者および母の合計２人
（ウ）被相続人の配偶者および兄の合計２人

1）（ア）１／２　（イ）１／３　（ウ）１／４
2）（ア）１／２　（イ）２／３　（ウ）３／４
3）（ア）３／４　（イ）２／３　（ウ）１／２
4）（ア）１／３　（イ）２／３　（ウ）３／４

頻出

7

□
□

民法に規定する相続分に関する次の記述のうち、最も不適切なものはどれか。なお、記載のない事項については考慮しないものとする。

(2023年1月問54)

1）養子の法定相続分は、実子の法定相続分の２分の１である。
2）父母の一方のみを同じくする兄弟姉妹の法定相続分は、父母の双方を同じくする兄弟姉妹の法定相続分の２分の１である。
3）代襲相続人が１人である場合の当該代襲相続人の法定相続分は、被代襲者が受けるべきであった法定相続分と同じである。
4）嫡出でない子の法定相続分は、嫡出である子の法定相続分と同じである。

6 ▸ 正解 2

〈法定相続分〉

配偶者	第一順位　子	第二順位　直系尊属	第三順位　兄弟姉妹
1／2	1／2	－	－
2／3	－	1／3	－
3／4	－	－	1／4

※同順位者が複数いる場合は、その人数で等分する。

7 ▸ 正解 1

1）**不適切**。養子の法定相続分は、実子と同等である。

2）**適　切**。半血兄弟姉妹の相続分は、全血兄弟姉妹の2分の1である。

3）**適　切**。代襲相続分は、被代襲者が相続するはずであった相続分に一致する。

4）**適　切**。非嫡出子の相続分は、嫡出子の相続分と同等である。

8 □□

親族等に係る民法の規定に関する次の記述のうち、最も不適切なものはどれか。 (2022年5月問52)

1）25歳以上の者は、配偶者を有していなくても、特別養子縁組により養親となることができる。

2）特別養子縁組の成立には、原則として、養子となる者の父母の同意がなければならない。

3）本人からみて、配偶者の妹は、2親等の姻族であり、親族に該当する。

4）協議離婚後の財産分与について、当事者間に協議が調わない場合、当事者は、原則として、家庭裁判所に対して協議に代わる処分を請求することができる。

頻出 **9** □□

遺産の分割に関する次の記述のうち、最も適切なものはどれか。 (2022年9月問53)

1）遺産の分割は、民法上、遺産に属する物または権利の種類および性質、各相続人の年齢、職業、心身の状態および生活の状況その他一切の事情を考慮して行うものとされている。

2）遺産の分割について、共同相続人間で協議が調わないとき、または協議をすることができないときは、各共同相続人はその分割を公証人に請求することができる。

3）被相続人は、遺言で、相続開始の時から1年間に限り、遺産の分割を禁ずることができる。

4）相続財産である不動産を、共同相続人間で遺産分割するために譲渡して換価した場合、その譲渡による所得は、所得税法上、非課税所得とされている。

8 ▶ **正解　1**

1）**不適切**。養親となるには配偶者を有していなければならない。夫婦共同で縁組をすることになる。

2）**適　切**。

3）**適　切**。本人の配偶者の兄弟姉妹は２親等の姻族であり、親族である。

4）**適　切**。

9 ▶ **正解　1**

1）**適　切**。

2）**不適切**。遺産分割協議が調わない場合は、家庭裁判所にて調停を行い、調停分割が不成立の場合は、家庭裁判所の審判により遺産が分割される。

3）**不適切**。相続開始の時から５年間は、遺産の分割を禁じることができる。

4）**不適切**。譲渡所得の対象となる。

〈死亡保険金と税金〉

契約者	被保険者	受取人	対象となる税金
A	A	B	相続税
A	B	A	所得税
A	B	C	贈与税

10 □□

民法および法務局における遺言書の保管等に関する法律に関する次の記述のうち、最も適切なものはどれか。 (2021年5月問60)

1）被相続人の配偶者が配偶者居住権を取得するためには、あらかじめ被相続人が遺言で配偶者居住権を配偶者に対する遺贈の目的としておく必要があり、配偶者が、相続開始後の共同相続人による遺産分割協議で配偶者居住権を取得することはできない。

2）各共同相続人は、遺産の分割前において、遺産に属する預貯金債権のうち、相続開始時の債権額の3分の1に法定相続分を乗じた額（1金融機関当たり150万円を上限）の払戻しを受ける権利を単独で行使することができる。

3）遺言者が自筆証書遺言を作成する場合において、自筆証書遺言に財産目録を添付するときは、その目録も自書しなければ無効となる。

4）遺言者が自筆証書遺言を作成して自筆証書遺言書保管制度を利用した場合、その相続人は、相続開始後、遅滞なく家庭裁判所にその検認を請求しなければならない。

頻出 **11** □□

民法上の遺言に関する次の記述のうち、最も適切なものはどれか。

(2023年9月問56)

1）相続人が自筆証書遺言を発見し、家庭裁判所の検認を受ける前に開封した場合、その遺言は無効となる。

2）遺言者が自筆証書遺言に添付する財産目録をパソコンで作成する場合、当該目録への署名および押印は不要である。

3）公正証書遺言の作成において、遺言者の推定相続人とその配偶者は証人として立ち会うことができない。

4）公正証書遺言は、自筆証書遺言によって撤回することはできず、公正証書遺言によってのみ撤回することができる。

10 ▶ **正解　2**

1）不適切。配偶者が相続開始後に遺産分割協議により取得することもできる。

2）適　切。

3）不適切。財産目録は、パソコンなどで作成することも可能である。

4）不適切。自筆証書遺言書保管制度により保管されている遺言書については、検認は不要である。

11 ▶ **正解　3**

1）不適切。家庭裁判所の検認を受ける前に開封した場合でも、その遺言は無効とはならない。

2）不適切。財産目録等においても署名および押印が必要となる。

3）適　切。証人になることができない者は次のとおりである。

未成年者、推定相続人・受遺者ならびにその配偶者および直系血族、公証人の４親等以内の親族など

4）不適切。遺言者は、新たに遺言書を作成し、前の遺言を撤回することができる。前の遺言と後の遺言の種類は同じである必要はない。

3 相続税の仕組み

頻出 **12** □□

相続税の計算に関する次の記述のうち、最も不適切なものはどれか。

(2022年5月問57)

1）法定相続人が相続の放棄をした場合、その放棄をした者の人数を「法定相続人の数」に含めずに、相続税の計算における遺産に係る基礎控除額を計算する。

2）すでに死亡している被相続人の子を代襲して相続人となった被相続人の孫は、相続税額の2割加算の対象とならない。

3）相続開始時の法定相続人が被相続人の配偶者のみで、その配偶者がすべての遺産を取得した場合、「配偶者に対する相続税額の軽減」の適用を受ければ、相続により取得した財産額の多寡にかかわらず、配偶者が納付すべき相続税額は生じない。

4）「配偶者に対する相続税額の軽減」の適用を受けることができる配偶者は、被相続人と法律上の婚姻の届出をした者に限られ、いわゆる内縁関係にある者は該当しない。

12 ▶ **正解　1**

1）**不適切**。法定相続人が放棄をした場合、その放棄はなかったものとし、放棄した者を法定相続人の数に含める。

2）**適　切**。2割加算の対象とならない者は次のとおりである。

　1親等の血族・1親等の血族の代襲相続人・被相続人の配偶者

3）**適　切**。配偶者が取得した遺産が1億6,000万円以下または法定相続分までであれば相続税はかからない。配偶者のみが相続人であれば法定相続分は1となるため、配偶者に相続税はかからない。

4）**適　切**。

13

□
□

相続税の課税財産等に関する次の記述のうち、最も不適切なものはどれか。 (2023年9月問57)

1）契約者（＝保険料負担者）および被保険者が夫、死亡保険金受取人が妻である生命保険契約において、夫の死亡により妻が受け取った死亡保険金は、原則として、遺産分割の対象とならない。

2）契約者（＝保険料負担者）および被保険者が父、死亡保険金受取人が子である生命保険契約において、子が相続の放棄をした場合は、当該死亡保険金について、死亡保険金の非課税金額の規定の適用を受けることができない。

3）老齢基礎年金の受給権者である被相続人が死亡し、その者に支給されるべき年金給付で死亡後に支給期の到来するものを相続人が受け取った場合、当該未支給の年金は、相続税の課税対象となる。

4）被相続人の死亡により、当該被相続人に支給されるべきであった退職手当金で被相続人の死亡後3年以内に支給が確定したものについて、相続人がその支給を受けた場合、当該退職手当金は、相続税の課税対象となる。

頻出

14

□
□

相続人が負担した次の費用等のうち、相続税の課税価格の計算上、相続財産の価額から債務控除をすることができるものはどれか。なお、相続人は債務控除の適用要件を満たしているものとする。 (2023年5月問55)

1）被相続人が生前に購入した墓碑の購入代金で、相続開始時点で未払いのもの

2）被相続人が所有していた不動産に係る固定資産税のうち、相続開始時点で納税義務は生じているが、納付期限が到来していない未払いのもの

3）被相続人に係る初七日および四十九日の法要に要した費用のうち、社会通念上相当と認められるもの

4）被相続人の相続に係る相続税の申告書を作成するために、相続人が支払った税理士報酬

13 ▸ 正解 3

1）適　切。原則として、死亡保険金は、受取人の固有の財産となるため、遺産分割の対象とならない。

2）適　切。放棄した者が受け取った死亡保険金については、死亡保険金の非課税金額の規定の適用を受けることができない。

3）不適切。遺族が支給を受けた当該未支給の年金は、遺族の一時所得に該当する。

4）適　切。被相続人の死亡後3年以内に支給が確定したものについては、相続税の課税対象となる。

14 ▸ 正解 2

1）不適切。墓碑・墓石の購入代金で未払いのものは、債務控除の対象とならない。

2）適　切。被相続人に対して納税義務が生じている未払いの税金は、債務控除の対象となる。

3）不適切。初七日および四十九日の法要に要した費用は、債務控除の対象とならない。

4）不適切。税理士に対して支払った申告書の作成費用は、債務控除の対象とならない。

4 様々な相続財産の評価方法

15
□
□

相続税・贈与税の税額を計算する場合の財産の評価に関する次の記述の空欄（ア）～（ウ）にあてはまる語句の組み合わせとして、最も適切なものはどれか。
(2022年9月問55)

・相続税法では、財産評価の原則として、特別の定めのあるものを除き、相続、遺贈または贈与により取得した財産の価額は、当該財産の取得の時における時価によるとされている。また、「特別の定めのあるもの」として、地上権および永小作権、（　ア　）、給付事由が発生している（　イ　）に関する権利、給付事由が発生していない（　イ　）に関する権利、立木の評価方法を規定している。
・財産評価基本通達では、「時価」とは、課税時期において、それぞれの財産の現況に応じ、（　ウ　）取引が行われる場合に通常成立すると認められる価額をいい、その価額は、この通達の定めによって評価した価額によるとされている。

1）（ア）配偶者居住権等　（イ）定期金
（ウ）不特定多数の当事者間で自由な
2）（ア）賃借権　（イ）生命保険契約
（ウ）不特定多数の当事者間で自由な
3）（ア）配偶者居住権等　（イ）生命保険契約
（ウ）当事者同士の相対
4）（ア）賃借権　（イ）定期金
（ウ）当事者同士の相対

15 ▶ 正解　**1**

・相続税法では、財産評価の原則として、特別の定めのあるものを除き、相続、遺贈または贈与により取得した財産の価額は、当該財産の取得の時における時価によるとされている。また、「特別の定めのあるもの」として、地上権および永小作権、(ア　**配偶者居住権等**)、給付事由が発生している（イ　**定期金**）に関する権利、給付事由が発生していない（イ　**定期金**）に関する権利、立木の評価方法を規定している。

・財産評価基本通達では、「時価」とは、課税時期において、それぞれの財産の現況に応じ、(ウ　**不特定多数の当事者間で自由な**) 取引が行われる場合に通常成立すると認められる価額をいい、その価額は、この通達の定めによって評価した価額によるとされている。

頻出 **16**

□
□

宅地および宅地の上に存する権利の相続税における評価に関する次の記述のうち、最も不適切なものはどれか。なお、評価の対象となる宅地は、借地権（建物等の所有を目的とする地上権または土地の賃借権）の設定に際し、その設定の対価として通常権利金その他の一時金を支払う「借地権の取引慣行のある地域」にあるものとする。また、宅地の上に存する権利は、定期借地権および一時使用目的の借地権等を除くものとする。

(2023年5月問58)

1）Aさんが、従前宅地であった土地を車庫などの施設がない青空駐車場（月極駐車場）の用に供していた場合において、Aさんの相続が開始したときは、相続税額の計算上、その土地の価額は貸宅地として評価する。

2）Bさんが、所有する宅地の上にアパートを建築して賃貸の用に供していた場合において、Bさんの相続が開始したときは、相続税額の計算上、その宅地の価額は貸家建付地として評価する。

3）Cさんが、借地権の設定に際して通常の権利金を支払って賃借した宅地の上にCさん名義の自宅を建築して居住の用に供していた場合において、Cさんの相続が開始したときは、相続税額の計算上、その宅地の上に存するCさんの権利の価額は、借地権として評価する。

4）Dさんが、借地権の設定に際して通常の権利金を支払って賃借した宅地の上にDさん名義のアパートを建築して賃貸の用に供していた場合において、Dさんの相続が開始したときは、相続税額の計算上、その宅地の上に存するDさんの権利の価額は、貸家建付借地権として評価する。

16 ▶ 正解 **1**

1）**不適切**。青空駐車場の評価は、自用地としての評価となる。

2）**適　切**。貸家建付地の評価額は、自用地評価額×（1－借地権割合×借家権割合×賃貸割合）で算出する。

3）**適　切**。借地権の評価額は、自用地評価額×借地権割合で算出する。

4）**適　切**。貸家建付借地権の評価額は、自用地評価額×借地権割合×（1－借家権割合×賃貸割合）で算出する。

17 □□ 普通住宅地区に所在している下記〈資料〉の宅地の相続税評価額（自用地評価額）として、最も適切なものはどれか。なお、記載のない事項については考慮しないものとする。 (2022年5月問59)

〈資料〉

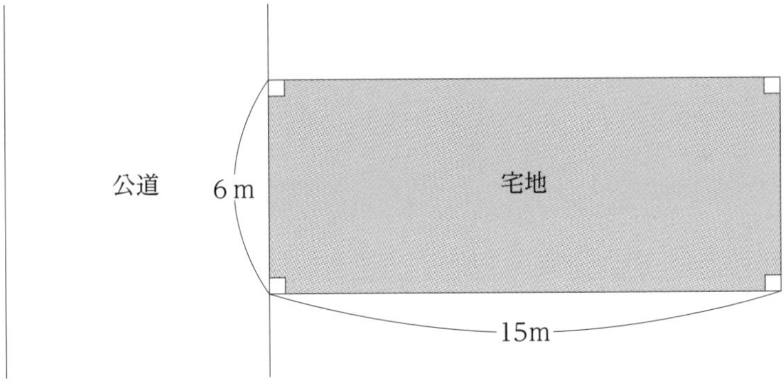

宅地の面積　　　：90㎡
公道の路線価　　：1,000千円
奥行価格補正率：奥行距離 14m以上16m未満 1.00
間口狭小補正率：間口距離 6ｍ以上8ｍ未満 0.97
奥行長大補正率：奥行距離／間口距離＝2以上3未満 0.98

1）85,554千円
2）87,300千円
3）88,200千円
4）90,000千円

17 ▶ **正解　1**

路線価×奥行価格補正率×間口狭小補正率×奥行長大補正率×地積

1,000千円×1.00×0.97×0.98×90㎡＝85,554千円

18

□
□

小規模宅地等についての相続税の課税価格の計算の特例（以下「本特例」という）に関する次の記述のうち、最も不適切なものはどれか。なお、記載のない事項については、本特例の適用要件を満たしているものとする。(2023年1月問59)

1）被相続人の配偶者が、被相続人が居住の用に供していた宅地を相続により取得した場合、相続税の申告期限までにその宅地を売却したとしても、本特例の適用を受けることができる。

2）相続開始の直前において被相続人と同居していなかった被相続人の配偶者が、被相続人が居住の用に供していた宅地を相続により取得した場合、本特例の適用を受けることはできない。

3）被相続人の子が相続により取得した宅地が、本特例における特定事業用宅地等に該当する場合、その宅地のうち400㎡までを限度面積として、評価額の80％相当額を減額した金額を、相続税の課税価格に算入すべき価額とすることができる。

4）相続人以外の親族が、被相続人が居住の用に供していた宅地を遺贈により取得した場合であっても、本特例の適用を受けることができる。

18 ▶ 正解 **2**

1）**適　切**。配偶者が取得した場合、所有や居住に関する要件がないため、申告期限までにその宅地を売却したとしても、本特例の適用を受けることができる。

2）**不適切**。配偶者が取得した場合、所有や居住に関する要件がないため、同居していなかったとしても本特例の適用を受けることができる。

3）**適　切**。下記参照。

4）**適　切**。小規模宅地の特例は法定相続人以外の親族（配偶者および3親等内の姻族、6親等内の血族）でも適用できる。

〈小規模宅地等についての相続税の課税価格の評価減の特例〉

特例対象宅地等の区分	減額の対象となる限度面積	減額割合
特定事業用宅地等	400㎡	80%
特定居住用宅地等	330㎡	80%
特定同族会社事業用宅地等	400㎡	80%
貸付事業用宅地等	200㎡	50%

19

□
□

相続税における上場株式および取引相場のない株式の評価に関する次の記述のうち、最も適切なものはどれか。　(2022年5月問58)

1）上場株式の価額は、その株式が上場されている金融商品取引所の公表する課税時期の最終価格と、その課税時期の属する月以前3ヵ月間の毎日の最終価格の各月ごとの平均額のうちいずれか高い価額によって評価する。

2）会社規模が小会社である会社の株式の価額は、純資産価額方式、または類似業種比準方式と純資産価額方式の併用方式のいずれかによって評価する。

3）類似業種比準価額を計算する場合の類似業種の株価は、課税時期の属する月以前3ヵ月間の各月の類似業種の株価のうち最も低いもの、または課税時期の属する月以前3年間の類似業種の平均株価のいずれかを選択する。

4）配当還元方式による株式の価額は、その株式の1株当たりの年配当金額を5％の割合で還元した元本の金額によって評価する。

19 ▶ **正解　2**

1）不適切。下記(1)参照

2）適　切。

3）不適切。下記(2)参照

4）不適切。過去２年間の１株当たりの平均配当額を10%の割合で還元して元本の株式の価額を求める。

(1)〈上場株式の相続税評価額〉

次の金額のうち最も小さい金額で評価する。

①　課税時期の最終価格※

②　課税時期の属する月の毎日の最終価格の月平均額

③　課税時期の属する前月の毎日の最終価格の月平均額

④　課税時期の属する前々月の毎日の最終価格の月平均額

※課税時期に最終価格がない場合は、最も近い日の最終価格

(2)〈類似業種比準価額を計算する場合の株価〉

次の金額のうち最も小さい金額で計算する。

①　課税時期の属する月の類似業種の株価

②　課税時期の属する前月の類似業種の株価

③　課税時期の属する前々月の類似業種の株価

④　類似業種の前年平均株価

⑤　類似業種の課税時期の属する月以前２年間の平均株価

5 相続・贈与総合問題

20
□
□

相続税の納税に関する次の記述のうち、最も不適切なものはどれか。

(2023年1月問60)

1）相続により土地を取得した者がその相続に係る相続税について延納を申請する場合、一定の要件を満たせば、その相続により取得した土地以外の土地を延納の担保として提供することができる。

2）相続税は金銭による一括納付が原則であるが、一括納付や延納による金銭の納付が困難な場合、納税義務者は、その納付を困難とする金額を限度に物納を申請することができる。

3）物納に充てることができる財産の種類には順位があり、不動産と上場株式はいずれも第1順位に分類されている。

4）「小規模宅地等についての相続税の課税価格の計算の特例」の適用を受けた宅地等を物納する場合の収納価額は、特例適用前の価額である。

20 ▶ **正解 4**

1）**適　切**。相続により取得した土地以外の土地であっても延納の担保として提供することができる。

2）**適　切**。

3）**適　切**。下記参照。

4）**不適切**。小規模宅地等についての相続税の課税価格の計算の特例の適用を受けた相続財産を物納する場合の収納価額は、特例適用後の価額である。

〈物納財産の順位（一部抜粋）〉

第1順位	国債および地方債
	不動産および船舶
	上場されている株式および社債
第2順位	上場されていない株式および社債
第3順位	動産

実技問題

1 個人 次の設例に基づいて、下記の各問に答えなさい。

□□

(2023年9月・個人【第5問】問13～15改題)

《設　例》

Aさん（71歳）は、父親から相続した先祖代々の土地を活用し、不動産賃貸業（個人事業）を営んでいる。Aさんの不動産収入は年間4,000万円程度であり、所得税の負担が大きいと感じている。そのため、X社を設立したうえで、賃貸不動産をX社に売却するなど、不動産賃貸業の法人化を検討している。Aさんは、現在、妻Bさん（67歳）および長男Cさん（38歳）と自宅で同居している。長男Cさんは、地元の中小企業に勤務する傍ら、Aさんの不動産賃貸業を手伝っている。二男Dさん（36歳）は、県外の企業に勤務しており、実家に戻る予定はない。Aさんは、不動産賃貸業を長男Cさんに引き継がせたいと思っているが、大半の財産を長男Cさんに相続させた場合、長男Cさんと二男Dさんとの間で争いが生じるのではないかと不安を感じている。

〈Aさんの推定相続人〉

妻Bさん　：専業主婦。Aさんと自宅で同居している。
長男Cさん：会社員。Aさん夫妻と同居している。
二男Dさん：会社員。妻と子と一緒にマンション（持家）に住んでいる。

〈Aさんの主な所有財産（相続税評価額）〉

1．現預金	：	1億6,000万円
2．自宅		
①敷地（200㎡）	：	6,000万円
②建物	：	1,000万円
3．賃貸マンション甲		
①敷地（300㎡）	：	9,000万円
②建物（築30年）	：	2,800万円
4．賃貸マンション乙		
①敷地（400㎡）	：	1億2,000万円
②建物（築25年）	：	3,200万円
	合計	：5億円

※自宅および賃貸マンション甲、乙の土地は「小規模宅地等についての相続税の課税価格の計算の特例」適用前の金額である。

※上記以外の条件は考慮せず、各問に従うこと。

《問１》 不動産賃貸業の法人化に関する次の記述①～③について、適切なものには○印を、不適切なものには×印を解答用紙に記入しなさい。

① 「Ａさんから Ｘ社に移転される不動産賃貸業に係る所得には、法人税が課されることになります。Ｘ社の資本金の額が１億円以下であって一定の中小法人に該当する場合は、所得金額のうち年1,000万円以下の部分に軽減税率が適用されるなど、法人化によって不動産賃貸業に係る所得に対する税負担が軽減される可能性があります」

② 「法人化に際して賃貸マンションの土地や建物をＡさんから Ｘ社に譲渡する場合は、Ａさんの譲渡所得に課される所得税や住民税の金額だけでなく、Ｘ社が支払うことになる土地や建物に係る不動産取得税、登録免許税等の金額についても事前に把握し、検討しておくことをお勧めします」

③ 「法人化により、Ａさんだけでなく、長男ＣさんがＸ社の役員となって役員報酬を得ることで、所得の分散を図ることができます」

《問２》 現時点（2024年９月１日）において、Ａさんの相続が開始した場合における相続税の総額を試算した下記の表の空欄①～③に入る最も適切な数値を求めなさい。なお、課税遺産総額（相続税の課税価格の合計額－遺産に係る基礎控除額）は４億円とし、問題の性質上、明らかにできない部分は「□□□」で示してある。

（ａ）相続税の課税価格の合計額	□□□万円
（ｂ）遺産に係る基礎控除額	（ ① ）万円
課税遺産総額（(ａ) －（ｂ)）	４億万円
相続税の総額の基となる税額	
妻Ｂさん	□□□万円
長男Ｃさん	（ ② ）万円
二男Ｄさん	□□□万円
（ｃ）相続税の総額	（ ③ ）万円

〈資料〉相続税の速算表（一部抜粋）

法定相続人に応ずる取得金額			税率	控除額
万円超		万円以下		
	～	1,000	10%	—
1,000	～	3,000	15%	50万円
3,000	～	5,000	20%	200万円
5,000	～	10,000	30%	700万円
10,000	～	20,000	40%	1,700万円
20,000	～	30,000	45%	2,700万円
30,000	～	60,000	50%	4,200万円

《問３》 Ａさんの相続等に関する以下の文章の空欄①～④に入る最も適切な数値を、下記の〈数値群〉のなかから選び、その記号を解答用紙に記入しなさい。

Ⅰ「遺言により賃貸マンション等の相続財産の大半を長男Ｃさんに相続させた場合、二男Ｄさんの遺留分を侵害する可能性があります。仮に、遺留分を算定するための財産の価額が５億円である場合、二男Ｄさんの遺留分の金額は（　①　）万円となります」

Ⅱ「妻Ｂさんが自宅の敷地および建物を相続により取得し、自宅の敷地の全部について、『小規模宅地等についての相続税の課税価格の計算の特例』の適用を受けた場合、当該敷地（相続税評価額：6,000万円）について、相続税の課税価格に算入すべき価額を（　②　）万円とすることができます。なお、自宅の敷地について優先して本特例の適用を受けた場合、賃貸マンションの敷地のうち、貸付事業用宅地等として適用を受けることができる面積は所定の算式により調整しなければなりません」

Ⅲ「相続税の申告書は、原則として、相続の開始があったことを知った日の翌日から（　③　）カ月以内に、Ａさんの死亡時の住所地を所轄する税務署長に提出しなければなりません。相続税の申告期限までに遺産分割協議が調わなかった場合、相続税の申告時において、未分割の財産に対して『配偶者に対する相続税額の軽減』や『小規模宅地等についての相続税の課税価格の計算の特例』の適用を受けることができないというデメリットが生じます。その場合、相続税の申告の際に『申告期限後（　④　）年以内の分割見込書』を税務署に提出し、申告期限後（　④　）年以内に遺産分割協議が成立すれば、それらの特例の適用を受けるため、分割後４カ月以内に更正の請求を行うことができます」

〈数値群〉

イ．2　　ロ．3　　ハ．4　　ニ．6　　ホ．10　　ヘ．12
ト．1,200　　チ．3,000　　リ．4,800　　ヌ．6,000　　ル．6,250
ヲ．12,500

2 資産 下記の各問に答えなさい。　(2021年1月・資産【第6問】問19～21改題)

□□

《問1》 下記の〈親族関係図〉の場合において、民法の規定に基づく法定相続分に関する次の記述の空欄（ア）～（ウ）に入る適切な語句または数値を語群の中から選び、解答欄に記入しなさい。なお、同じ語句または数値を何度選んでもよいこととする。

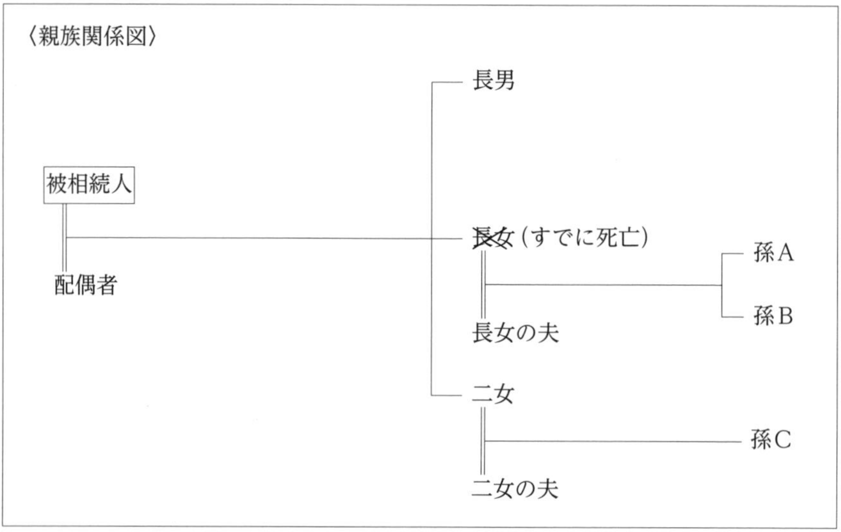

[相続人の法定相続分]

・被相続人の配偶者の法定相続分は（　ア　）。

・被相続人の長男の法定相続分は（　イ　）。

・被相続人の孫Aおよび孫Bの各法定相続分は（　ウ　）。

〈語群〉

ゼロ　1／2　1／3　1／4　1／6　1／8　2／3
3／4　1／12

《問２》　五十嵐智子さん（50歳）は、2024年６月に夫から居住用不動産（財産評価額3,500万円）の贈与を受けた。智子さんが贈与税の配偶者控除の適用を受けた場合の2024年分の贈与税額として、正しいものはどれか。なお、2024年においては、このほかに智子さんが受けた贈与はないものとする。また、納付すべき贈与税額が最も少なくなるように計算すること。

〈贈与税の速算表〉

（イ）18歳以上の者が直系尊属から贈与を受けた財産の場合

基礎控除後の課税価格		税率	控除額
	200万円以下	10%	−
200万円超	400万円以下	15%	10万円
400万円超	600万円以下	20%	30万円
600万円超	1,000万円以下	30%	90万円
1,000万円超	1,500万円以下	40%	190万円
1,500万円超	3,000万円以下	45%	265万円
3,000万円超	4,500万円以下	50%	415万円
4,500万円超		55%	640万円

（ロ）上記（イ）以外の場合

基礎控除後の課税価格		税率	控除額
	200万円以下	10%	−
200万円超	300万円以下	15%	10万円
300万円超	400万円以下	20%	25万円
400万円超	600万円以下	30%	65万円
600万円超	1,000万円以下	40%	125万円
1,000万円超	1,500万円以下	45%	175万円
1,500万円超	3,000万円以下	50%	250万円
3,000万円超		55%	400万円

1）3,660,000円
2）4,100,000円
3）4,505,000円
4）5,000,000円

《問3》 相続税における「小規模宅地等の評価減の特例」に関する下表の空欄（ア）～（ウ）に入る正しい数値を語群の中から選び、その数値を解答欄に記入しなさい。なお、同じ数値を何度選んでもよいこととする。

宅地等の区分	適用限度面積	減額割合
特定事業用宅地等	（　ア　）㎡	80%
特定居住用宅地等	（　イ　）㎡	80%
特定同族会社事業用宅地等	400㎡	80%
貸付事業用宅地等	200㎡	（　ウ　）%

〈語群〉

50　80　100　200　240　300　330　400

解答解説

1 《問1》 正解　①×　②○　③○

〈解説〉

① 中小法人における法人税率の軽減措置は、所得800万円以下の部分に適用される。

③ 法人化した場合には、長男Cさんを X 社の役員とし、役員報酬を支払うことで、所得の分散を図ることができる。

《問2》 正解　①4,800（万円）　②2,300（万円）　③10,900（万円）

（a）相続税の課税価格の合計額		4億4,800　万円
	（b）遺産に係る基礎控除額	（①　4,800）万円
課税遺産総額（（a）－（b））		4　億円
	相続税の総額の基となる税額	
	妻Bさん	6,300　万円
	長男Cさん	（②　2,300）万円
	二男Dさん	2,300　万円
（c）相続税の総額		（③　10,900）万円

〈解説〉

① 遺産に係る基礎控除額は、「3,000万円＋600万円×法定相続人の数」の算式にて求める。法定相続人は妻Bさん、長男Cさん、二男Dさんの3人。

3,000万円＋600万円×3人＝4,800万円

② 相続税の総額を求めるためには、課税価格の合計額から遺産に係る基礎控除額を差し引き、課税遺産総額を求める。次に課税遺産総額を法定相続分で仮分割を行い、相続税の速算表に当てはめて相続税の総額の基となる税額を算出する。

妻Bさん　：4億円×$\frac{1}{2}$＝2億円

2億円×40％－1,700万円＝6,300万円　(1)

長男Cさん：2億円×$\frac{1}{2}$×$\frac{1}{2}$＝1億円

1億円×30％－700万円＝2,300万円　(2)

二男Dさん：2億円×$\frac{1}{2}$×$\frac{1}{2}$＝1億円

1億円×30％－700万円＝2,300万円　(3)

③　相続税の総額　(1)＋(2)＋(3)＝10,900万円

《問3》 正解　①ル　②ト　③ホ　④ロ

Ⅰ「遺言により賃貸マンション等の相続財産の大半を長男Cさんに相続させた場合、二男Dさんの遺留分を侵害する可能性があります。仮に、遺留分を算定するための財産の価額が5億円である場合、二男Dさんの遺留分の金額は（①　6,250）万円となります」

Ⅱ「妻Bさんが自宅の敷地および建物を相続により取得し、自宅の敷地の全部について、『小規模宅地等についての相続税の課税価格の計算の特例』の適用を受けた場合、当該敷地（相続税評価額：6,000万円）について、相続税の課税価格に算入すべき価額を（②　1,200）万円とすることができます。なお、自宅の敷地について優先して本特例の適用を受けた場合、賃貸マンションの敷地のうち、貸付事業用宅地等として適用を受けることができる面積は所定の算式により調整しなければなりません」

Ⅲ「相続税の申告書は、原則として、相続の開始があったことを知った日の翌日から（③　10）カ月以内に、Aさんの死亡時の住所地を所轄する税務署長に提出しなければなりません。相続税の申告期限までに遺産分割協議が調わなかった場合、相続税の申告時において、未分割の財産に対して『配偶者に対する相続税額の軽減』や『小規模宅地等についての相続税の課税価格の計算の特例』の適用を受けることができないというデメリットが生じます。その場合、相続税の申告の際に『申告期限後（④　3）年以内の分割見込書』を税務署に提出し、申告期限後（④　3）年以内に遺産分割協議が成立すれば、それらの特例の適用を受けるため、分割後4カ月以内に更正の請求を行うことができます」

〈解説〉

①　二男Dさんの遺留分の金額は6,250万円となる。二男Dさんの民法上の

相続分は$\frac{1}{4}$、遺留分の$\frac{1}{2}$を加味すると、$\frac{1}{8}$が二男Dさんの遺留分である。

5億円×$\frac{1}{8}$＝6,250万円

② 自宅の敷地は、200㎡であり、その全部に『小規模宅地等についての相続税の課税価格の計算の特例』が適用される。『小規模宅地等についての相続税の課税価格の計算の特例』の適用を受けた後の金額は、1,200万円となる。

6,000万円×（1－80％）＝1,200万円

③ 相続税の申告書は、原則として、相続の開始があったことを知った日の翌日から10カ月以内に、被相続人の死亡時の住所地を所轄する税務署長に提出しなければならない。

④ 『申告期限後3年以内の分割見込書』は、相続税の申告書の提出期限までに相続、遺贈により取得した財産の全部または一部が分割されていない場合に提出する。これは、その分割されていない財産を申告書の提出期限から3年以内に分割し、相続税の申告書の提出期限後に、配偶者の相続税の軽減、小規模宅地等についての相続税の課税価格の計算の特例など、相続税の課税価格の計算の特例の適用を受けるために、その旨を届け出る手続きとなる。

2《問1》▶ 正解 （ア）1/2 （イ）1/6 （ウ）1/12

［各人の法定相続分］

・被相続人の配偶者の法定相続分は（ア　1/2）。

・被相続人の長男の法定相続分は（イ　1/6）。

・被相続人の孫Aおよび孫Bの各法定相続分は（ウ　1/12）。

〈解説〉

民法上の法定相続人は、配偶者と子となる。長女はすでに死亡しているため、孫A、Bが代襲相続する。代襲相続分＝1/2×1/3×1/2＝1/12

《問2》▶ **正解 3**

税額＝(贈与を受けた額－配偶者控除2,000万円－基礎控除額110万円)×税率※

税額＝(3,500万円－2,000万円－110万円)×45%－175万円※
　＝4,505,000円

※　配偶者は直系尊属ではないため、〈速算表〉(ロ) 上記 (イ) 以外の場合、を用いる。

《問3》▶ **正解 (ア) 400 (㎡)　(イ) 330 (㎡)　(ウ) 50 (%)**

宅地等の区分	適用限度面積	減額割合
特定事業用宅地等	(ア　400) ㎡	80%
特定居住用宅地等	(イ　330) ㎡	80%
特定同族会社事業用宅地等	400㎡	80%
貸付事業用宅地等	200㎡	(ウ　50) %

第6章 頻出ポイント

1 贈与の基本と贈与税

(1) 民法上の贈与

・当事者の一方が無償で財産を相手方に与える意思を表示し、相手方が受諾をすることにより効力が生じる。

・死因贈与は贈与者の死亡によって効力が生じる贈与であり、贈与契約の一種であるため、贈与者と受贈者の意思の合致が必要である。

・書面による贈与は、履行の有無にかかわらず、各当事者が解除することはできない。書面によらない贈与は、すでに履行した部分について、各当事者が解除することはできない。

・負担付贈与契約の受贈者がその負担を履行しない場合、贈与者は、相当期間を定めて履行の催告をしても履行がないときは、当該贈与契約を解除することができる。

・負担付贈与において、受贈者の負担により利益を受ける者は、贈与者に限らない。

・定期給付を目的とする贈与は、贈与者または受贈者の死亡によって、その効力を失う。

(2) 贈与税の課税・非課税

・離婚による財産分与として取得した財産には、原則として、贈与税は課されない。

・法人からの贈与により取得した財産は贈与税非課税。所得税の課税対象となる。

・債務免除により受けた利益はみなし贈与財産として課税対象となるが、財産を取得した者が弁済することが困難である債務の金額については、非課税となる。

・扶養義務者相互間において、生活費または教育費に充てるための財産のうち、通常必要と認められるものは、贈与税の課税対象とならない。

・個人から受ける社交上必要と認められる香典や見舞金等の金品で、贈与者と受贈者との関係等に照らして社会通念上相当と認められるものは、贈与税の課税対象とならない。

・子が父から著しく低い価額の対価で土地を譲り受けた場合、原則として、その贈与時の通常の取引価額と支払った対価の額との差額を限度に、子が父から贈与により取得したものとみなされ、贈与税の課税対象となる。

(3) 贈与税の基礎控除

・暦年課税における基礎控除額は、受贈者ごとに最高110万円である。例えば、同一年中に父および母から贈与を受けたとしても、基礎控除額は最高110万円である。

(4) 贈与税の配偶者控除

・基礎控除とは別に2,000万円までの控除が認められる。

(5) 相続時精算課税制度

適用対象者	(特定)贈与者	贈与をした年の1月1日において60歳以上の親または祖父母
	受贈者	贈与を受けた年の1月1日において18歳以上の子または孫
非課税枠	贈与者単位で累計2,500万円まで (超えた部分については一律20%の税率で課税)	
適用手続き	受贈者は、その適用に係る最初の贈与を受けた年の翌年2月1日～3月15日までに、所定の書類を添付の上「相続時精算課税選択届出書」を所轄税務署長に提出しなければならない	

(注) 2024年1月1日以後に贈与により取得した財産については、暦年課税における基礎控除とは別に、毎年、110万円まで非課税となる。

(6) 贈与税の申告

① 提出期限

・贈与を受けた年の翌年2月1日から3月15日まで

② 提出先

・受贈者の住所地（納税地）の所轄税務署長

③ 納付の特例

・金銭で一括納付することを困難とする事情がある場合、一定の要件のもとに延納が認められる。延納期間は最長５年間である。

・物納は認められない。

2 相続の基本

(1) 法定相続分

	相続人	法定相続分
第１順位	配偶者と子	配偶者＝１／２、子＝１／２
第２順位	配偶者と直系尊属	配偶者＝２／３、直系尊属＝１／３
第３順位	配偶者と兄弟姉妹	配偶者＝３／４、兄弟姉妹＝１／４

※　同順位の者が複数いる場合、それぞれの相続分は等しい割合となる（均分相続の原則）。

※　嫡出子の相続分と非嫡出子の相続分は等しい。

※　被相続人と父母の一方のみを同じくする兄弟姉妹（半血兄弟姉妹）の相続分は、父母の双方を同じくする兄弟姉妹（全血兄弟姉妹）の相続分の**２分の１**である。

※　代襲相続分は、被代襲者（相続開始前に死亡している者または民法の定める欠格事由もしくは廃除規定により相続権を失った者）が相続するはずであった相続分と等しい。

(2) 遺言

・未成年者であっても、**満15歳**以上であり、かつ、遺言をする時に能力があれば、法定代理人の同意を得ることなく単独で遺言をすることができる。

・自筆証書遺言に添付する財産目録は、所定の要件を満たせば、自書することを要しない。

・自筆証書遺言書保管制度により法務局（遺言書保管所）に保管されている自筆証書遺言は、相続開始後に家庭裁判所の検認を受ける必要はない。

・遺言の方式に従って、自由に撤回することができる。例えば、公正証書遺言を自筆証書遺言で撤回することができる。

・公正証書遺言の作成において、２人以上の証人の立会いが必要。推定相続人、遺言者の配偶者は、証人となれない。

(3) 遺産分割

・被相続人は、遺言によって、相続開始の時から5年間、遺産分割を禁止することができる。

・相続財産である不動産を遺産分割のために譲渡して換価（換価分割）した場合、その譲渡による所得は所得税の課税対象となる。

・代償分割は、共同相続人の１人または数人が相続により財産の現物を取得し、その現物を取得した者が他の共同相続人に対し債務を負担する分割方法である。

・共同相続人は、一定の場合を除き、遺産の一部の分割内容のみを定めた遺産分割協議書を作成することができる。

(4) 配偶者居住権

・存続期間は、原則として、被相続人の配偶者の終身の間である。

3 相続税の仕組み

(1) 相続税の計算

① 相続税の課税・非課税

・相続または遺贈により財産を取得しなかった者が、相続開始前に被相続人から相続時精算課税制度の適用を受けて贈与により取得した財産は、相続税の課税対象となる。

② 債務控除

・被相続人にかかる未払いの税金などは対象となる。

・墓地や墓碑の買入代金で未払いのものは対象とならない。

・法要に要した費用は対象とならない。

③ 生前贈与加算

・相続または遺贈により財産を取得した者が、相続開始前３年以内に被相続人から受けた贈与財産は、相続税の課税対象となる。したがって、相続開始前３年以内に贈与を受けていても、相続または遺贈により財産を取得しなければ、贈与財産に相続税は課されない。

（注）2027年以後、生前贈与加算の年数が段階的に延長され、2031年１月１日以後に

開始する相続から、相続開始前７年以内の贈与財産が生前贈与加算の対象となる。なお、相続開始前４年～７年以内の贈与財産については、総額100万円まで加算されない。

④　**相続税額の２割加算**

・死亡した子を**代襲**して相続人となった被相続人の**孫**は、相続税額の２割加算の対象者と**ならない**。

⑤　**配偶者の税額軽減**

・適用を受けることができる配偶者は、被相続人と法律上の**婚姻の届出**をした者に**限られる**。

・相続人が被相続人の**配偶者のみ**である場合、相続により取得した遺産額の**多寡にかかわらず**、納付すべき相続税額は**生じない**。

(2) 延納・物納

・納期限までに金銭一括納付ができない場合、まず延納を選択する。延納によっても金銭で納付することが困難な事由がある場合、物納が認められる。延納と物納は任意に選択することができない。

・小規模宅地等の特例の適用を受けた宅地等を物納する場合、原則として、特例適用**後**の価額が収納価額となる。

・相続により取得した土地は、**延納の担保**として提供することができる。

4　様々な相続財産の評価方法

(1) 宅地の評価

・**使用貸借**により借り受けている宅地は、**自用地**として評価する。

・自己が所有する宅地の上に建物を建築し、その建物を**第三者に賃貸**した場合、この宅地は**貸家建付地**として評価する。

・自己が所有する宅地に建物所有を目的として**賃借権**を設定し、借地人がこの宅地の上に建物を建築した場合、この宅地は**貸宅地**として評価する。

・自己が所有する宅地を車庫などの施設がない**青空駐車場**（月極駐車場）の用に供していた場合、この土地は**自用地**として評価する。

・他人が所有する宅地を賃借し、その上に自己の建物を建築した場合、その建物を自己の居住の用に供したときは、この宅地の上に存する権利を**借地権**として評価する。

・他人が所有する宅地を賃借し、その上に自己の建物を建築した場合、その建物を第三者に賃貸したときは、この宅地の上に存する権利を**貸家建付借地権**として評価する。

(2) 小規模宅地等の特例

<table>
<tr><th></th><th>減額割合</th><th>限度面積</th></tr>
<tr><td>特定事業用宅地等</td><td rowspan="3">80%</td><td rowspan="2">400㎡</td></tr>
<tr><td>特定同族会社事業用宅地等</td></tr>
<tr><td>特定居住用宅地等</td><td>330㎡</td></tr>
<tr><td>貸付事業用宅地等</td><td>50%</td><td>200㎡</td></tr>
</table>

(3) 金融資産

・**上場株式**の価額は、課税時期の最終価格と、その課税時期の属する月以前3ヵ月間の毎日の最終価格の各月ごとの平均額のうちいずれか**低い**価額によって評価する。

・会社規模が**小会社**である会社の株式の価額は、**純資産価額方式**、または類似業種比準方式と純資産価額方式の**併用方式**のいずれかで評価する。

・同族株主のいる会社において、**同族株主以外**の株主が取得した株式は、その会社規模にかかわらず、原則として、**配当還元方式**で評価する。

スッキリとける

予想問題編

〈解答〉

問題は巻末の別冊に入っていますので、取り外してご利用ください。

試験前の総仕上げに予想問題にチャレンジし、過去問題編で確立した基礎力を得点力に変えて本試験にのぞみましょう！

解答解説

(1) ▶ 正解　4

1）適　切。社会保険労務士の登録を受けていないＦＰであっても、老齢基礎年金や老齢厚生年金の受給要件や請求方法を顧客に説明することはできる。

2）適　切。弁護士の登録を受けていないＦＰであっても、任意後見受任者になることはできる。

3）適　切。生命保険募集人の登録を受けていないＦＰであっても一般的な生命保険の商品性や活用方法を説明することはできる。

4）不適切。金融商品取引業の登録を受けていないＦＰは、個別具体的な投資助言などを行うことはできない。

(2) ▶ 正解　3

1）不適切。下記参照。

〈任意継続被保険者になるための要件〉

・資格喪失後20日以内に申請をすること

・被保険者期間が継続して２ヵ月以上あること

※上記を満たせば最長２年間は、任意継続被保険者となれる。

2）不適切。国民健康保険の被保険者（一定の障害認定を受けている者を除く）は、75歳に達したときに後期高齢者医療制度の被保険者となる。

3）適　切。協会けんぽの保険料率は都道府県によって保険料率が異なり、労使折半して負担する。

4）不適切。国民健康保険は、市区町村が保険者として運営している。

(3) ▶ 正解　4

1）適　切。

2）適　切。賃金の支給を受けられない日が４日以上に及ぶ場合、４日目から支給される。

3）適　切。災害発生率に応じて事業の種類ごと保険料率が決められている。なお、労災保険料は、事業主が全額負担する。

4）不適切。障害等級第１級から第７級までに該当した場合は障害補償年金が支給され、障害等級第８級から第14級までに該当した場合は障害補償一時金が支給される。選択できるわけではない。

(4)▶ 正解　3

1）**不適切**。国籍を問わず、すべての労働者が雇用保険の被保険者となる。

2）**不適切**。雇用保険の一般被保険者が失業した場合（解雇・倒産、雇止め等を除く）、基本手当の支給を受けるためには、原則として、離職の日以前２年間に被保険者期間が通算12ヵ月以上あることが要件となる。

3）**適　切**。育児休業給付金は、休業開始から180日目までは、「休業開始時賃金日額×支給日数×67％」で計算され、181日目以降は、「休業開始時賃金日額×支給日数×50％」で計算される。

4）**不適切**。高年齢雇用継続基本給付金の支給を受けるためには、60歳到達時に雇用保険の一般被保険者期間が通算して５年以上あることが要件となる。

(5)▶ 正解　4

1）**不適切**。被保険者負担分と事業主負担分いずれも免除される。なお、免除された期間は、保険料納付済期間として扱われる。

2）**不適切**。70歳未満の者は、厚生年金の被保険者となる。

3）**不適切**。免除期間に係る保険料を追納することができるのは10年である。ただし、保険料を滞納していた期間に係る保険料を追納することができるのは２年間である。

4）**適　切**。下記参照。

国民年金の任意加入被保険者

・日本国内に住所を有する60歳以上65歳未満の者

・日本国籍を有し、海外に居住する20歳以上65歳未満の者

・老齢年金の受給資格期間を満たしていない65歳以上70歳未満の者

(6)▶ 正解　4

1）**不適切**。障害給付や遺族給付は非課税である。

2）**不適切**。国民年金保険料について追納を行った場合、一定の書類を提出することで年末調整によって適用を受けることができる。

3）不適切。国民年金基金の掛金は、社会保険料控除の対象となる。

4）適　切。小規模企業共済の共済金は、一括受取りを選択した場合、退職所得として所得税の課税対象となる。

(7) ▶ 正解　1

1）適　切。65歳以上の遺族配偶者が、遺族厚生年金と老齢厚生年金の受給権を有する場合、自身の老齢厚生年金の額が少額であっても、まず**老齢厚生年金**が全額支給される。

2）不適切。遺族基礎年金を受給できる遺族は「**子のある配偶者**」と「子」である。なお、「子」とは、未婚であって18歳到達年度末日までにある子（障害等級1級または2級に該当する場合は20歳未満）をいう。

3）不適切。死亡一時金は、第1号被保険者として**36月**（3年）以上保険料を納付したが、老齢基礎年金・障害基礎年金を受給せずに死亡した場合、その者の一定の遺族に支給される。

4）不適切。遺族厚生年金の受給権を取得した**30歳未満**の子のない妻は、5年間の有期給付となる。

(8) ▶ 正解　3

1）不適切。国民年金基金の給付には、老齢年金と遺族一時金がある。

2）不適切。海外に住所を有する国民年金の任意加入被保険者は、国民年金基金へ加入することができる。

3）適　切。

4）不適切。卸売業や小売業を営む場合、従業員数が5人以下でなければならない。

(9) ▶ 正解　2

1）適　切。災害、傷病、経済困難、失業などの返還困難な事情が生じた場合は、返還期限の猶予を願い出ることができる。

2）不適切。日本学生支援機構の奨学金は、給付型と貸与型を併せて利用することができる。

3）適　切。教育一般貸付の資金使途は、入学金や授業料だけでなく、受験費用や下宿代など幅広く認められている。

4）適　切。教育一般貸付は、主に学生の保護者が融資の申込を行う。なお、本人が成人しており安定した収入があれば、本人が申込をすることもできる。

(10) ▶ 正解　4

1）適　切。
2）適　切。
3）適　切。
4）不適切。資金の使途については制限されていない。

(11) ▶ 正解　1

1）適　切。少額短期保険業者で取り扱う保険契約は、生命保険契約者保護機構または損害保険契約者保護機構の保護の対象とならない。
2）不適切。少額短期保険に払い込む保険料は掛け捨てなので、満期保険金を受け取ることはできない。
3）不適切。生命保険、傷害疾病保険の保険期間は上限1年であるが、損害保険の保険期間は上限2年である。
4）不適切。少額短期保険業者が1人の被保険者から引き受けることができる保険金額の総額は1,000万円までである。

(12) ▶ 正解　4

1）不適切。変額保険であっても死亡保険金は、最低保証（基本保険金額）がある。
2）不適切。一時金で死亡保険金を受け取る場合、年金形式で受け取るよりも受け取り総額は少なくなる。
3）不適切。逓増定期保険は、保険期間の経過に伴い保険金額が逓増する。なお、保険料は一定である。
4）適　切。定期保険特約を同額の保険金額で更新する場合、告知や医師の診査は不要である。

(13) ▶ 正解　2

1）適　切。年金受取開始日前に被保険者が死亡した場合、それまでに払い込んだ払込保険料相当額が死亡給付金として支払われる。
2）不適切。終身年金は、生存している限り年金が受け取れるため、被保険者（＝年金受取人）の年齢や基本年金額等、他の条件が同一である場合、統計上で男性より長寿の傾向にある女性の方が保険料は高くなる。

3）適　切。なお、遺族が取得した残りの年金受給権は、相続税の対象となる。

4）適　切。

⒁ ▶ 正解　4

1）不適切。リビング・ニーズ特約に基づいて受け取った特約保険金は、非課税となる。

2）不適切。契約者と被保険者が同一人である養老保険において、死亡保険金を受取った場合、死亡保険金を受け取った者が相続人でない場合でも、相続税の対象となる。

3）不適切。医療保険から受け取る手術給付金は、非課税となる。

4）適　切。一時払終身保険を解約したことにより受け取る解約返戻金は、一時所得となる。

⒂ ▶ 正解　4

1）不適切。変額個人年金には、税制適格特約が付加されていないため、一般の生命保険料控除の対象となる。

2）不適切。2012年1月1日以後に更新した医療保険は、介護医療保険料控除の対象となる。

3）不適切。2012年1月1日以後に締結した災害割増特約は、生命保険料控除の対象とならない。

4）適　切。自動振替貸付により立て替えられた保険料は、生命保険料控除の対象となる。

⒃ ▶ 正解　3

1）適　切。

2）適　切。下記参照。

3）不適切。法人が解約返戻金や死亡保険金を受け取った場合、受け取った保険金と資産計上している保険料積立金との差額を雑収入または雑損失として計上する。

4）適　切。法人が支払った保険料の全額を保険料積立金として資産計上する。

〈2019年7月8日以後（一定の契約については10月8日以後）に締結した保険契約の経理処理〉

最高解約返戻率	取扱い		
	資産計上期間	資産計上額	資産取り崩し方法
50%以下	資産計上不要（全額損金算入）		
50%超 70%以下	保険期間の当初40%相当の期間	年間の支払保険料×40%	保険期間の75/100相当期間経過後から、保険期間の終了の日まで。
70%超 85%以下		年間の支払保険料×60%	
85%超	保険期間開始日から解約返戻率が最高となる期間の終了	年間の支払保険料×最高解約返戻率×70%（保険期間開始日から10年経過日までの期間は90%）	解約返戻金が最高となった期間経過後から、保険期間終了の日まで

⒄ ▶ 正解 3

1）適　切。契約の締結には、被保険者になることについての加入予定者の同意が必要である。

2）適　切。総合福祉団体定期保険の保険期間は、1年ごとの更新である。

3）不適切。ヒューマン・ヴァリュー特約※から受取る保険金の受取人は法人である。

※ヒューマン・ヴァリュー特約…死亡した従業員の代替者の採用や育成にかかる費用を補填する目的で付加する特約のことである。

4）適　切。法人が支払った保険料の全額を損金の額に算入する。

⒅ ▶ 正解 3

1）適　切。車両保険は、地震・噴火・津波による損害については、特約がなければ保険金は支払われない。

2）適　切。対人賠償保険は、自動車事故によって他人を死傷させ、法律上の損害賠償責任を負った場合に、自動車損害賠償責任保険から支払われるべき部分の金額を除いて保険金が支払われる。

3）不適切。人身傷害補償保険は、被保険者自身の過失割合にかかわらず、保険金額の範囲内で損害額の全額が保険金として支払われる。

4）適　切。対物賠償保険は、自動車事故によって他人の財物（車両や家屋など）に与えた損害に対して、法律上の損害賠償責任を負った場合に、その損害に対して保険金が支払われる。

⑲ ▶ 正解　2

1）不適切。特定（三大）疾病保障定期保険では、特定疾病保険金が支払われた場合、契約は消滅するため、その後死亡しても死亡保険金は支払われない。なお、特定疾病保険金が支払われずに死亡した場合は、死亡原因を問わずに死亡保険金が支払われる。

2）適　切。所得補償保険は、就業不能期間の収入を補うことを目的としている。就業不能状態に入院の要件はない。

3）不適切。ガン保険では、一般に**入院給付金支払日数に限度はなく**、初日から支払われる。なお、入院給付金支払日数に限度があるのは、医療保険である。

4）不適切。先進医療特約とは、厚生労働大臣が承認する高度先進医療の治療を受けたときに、治療の種類に応じて給付金が支払われる。支払い対象となる先進医療は、**療養を受けた時点**において厚生労働大臣が承認しているものである。

⑳ ▶ 正解　2

1）不適切。**機械保険**は、偶然の事故で機械・装置に損害を受けた場合に修理費等が支払われる保険で、火災は対象外である。

2）適　切。**労働災害総合保険**は、労働基準法上の労働者災害補償保険（政府労災保険）の上乗せ補償を目的とした保険である。

3）不適切。**施設所有（管理）者賠償責任保険**は、施設の所有者や管理者がその施設の構造上の欠陥等に起因して損害を与えた場合に、その損害額を賠償する保険である。したがって、ビルの看板が落ちて通行人にケガをさせた場合は対象となるが、従業員が落とした工具で通行人にケガをさせたとしても保険対象とはならない。

4）不適切。**受託者賠償責任保険**は、他人から預った物（受託物）を保管中に、紛失・盗難・毀損などにより、預けた者に元の状態で返還できなくなった場合に、その損害額を賠償する保険である。クリーニング店などが加入している。

㉑ ▶ 正解 4

1）適　切。日本の物価が相対的に上昇すると、米国で物を購入する動きが強まり円をドルに換える量が多くなり、円安要因となる。

2）適　切。米国金利と日本の金利差が大きくなると米国の金融商品へ投資する動きが強まり円をドルに換える量が多くなり、円安要因となる。

3）適　切。日本の貿易赤字が拡大する、つまり輸入額が増えると、円をドルに換える量が多くなり、円安要因となる。

4）不適切。日本銀行が買いオペレーションを行うと、資金を供給することになり、市場は資金余剰となるため、一般に、市中金利の低下要因となる。

㉒ ▶ 正解 2

1）適　切。ＥＴＦ（上場投資信託）は、上場株式と同様に、取引所における市場価格で売買され、成行注文や指値注文が可能であり、また信用取引もできる。

2）不適切。ＥＴＦ（上場投資信託）は、非上場の投資信託と同様に、運用管理費用（信託報酬）が徴収される。

3）適　切。

4）適　切。国内の証券取引所には、国内の株価指数に連動するタイプだけでなく、海外の株価指数やＲＥＩＴ指数に連動するタイプや、金価格や原油価格などの商品指数に連動するタイプも上場している。

㉓ ▶ 正解 3

1）不適切。次の表参照。

2）不適切。次の表参照。

3）適　切。次の表参照。

4）不適切。ベンチマークを上回る運用成果を目指す運用手法をアクティブ運用という。

トップダウン・アプローチ	金利・為替・景気などのマクロ経済の動向を分析し、業種別や国別の組入比率を決定してから銘柄を決める方法。
ボトムアップ・アプローチ	個別銘柄の選択を重視し、企業訪問などのリサーチによって投資魅力の高い銘柄を集めてポートフォリオを構築していく方法。

グロース運用	将来的に成長性が高いと見込まれる銘柄を選択して投資対象とする方法。ＰＥＲが高くなる傾向がある。
バリュー運用	利益水準や資産価値から判断して、株価が相対的に割安な銘柄に先回りして投資する方法。

(24) ▶ 正解　1

表面利率が1.2%、償還期限が５年（満期一括償還）の固定利付国債を発行時に額面100円当たり100円で購入し、３年後に売却した。売却時の市場金利が購入時よりも低下していた場合、通常、当該国債の額面100円当たりの売却価格は100円を（ア：**上回り**）、当該国債の購入時から売却時までの所有期間利回りは1.2%（イ：**よりも高くなる**）。

〈所有期間利回りの計算式〉

$$\text{所有期間利回り}=\frac{\text{表面利率}+\dfrac{\text{売却価格}-\text{買付価格}}{\text{所有期間}}}{\text{買付価格}}\times100$$

市場金利が低下すると債券価格は上昇するため、売却価格は100円を上回る。

この場合、上の計算式の$\left[\dfrac{\text{売却価格}-\text{買付価格}}{\text{所有期間}}\right]$は＞０となるので、所有期間利回りは表面利率の1.2%よりも高くなる。

(25) ▶ 正解　1

デュレーションは、債券への投資資金の平均回収期間を表すとともに、債券投資における金利変動リスクの度合い（金利変動に対する債券価格の感応度）を表す指標としても用いられる。他の条件が同一であれば、債券の表面利率が（ア　**低い**）ほど、また残存期間が長いほど、デュレーションは長くなる。なお、割引債券のデュレーションは、残存期間（イ　**と等しくなる**）。

(26) 正解 1

$$\text{PER}=\frac{\text{株価}}{\text{1株当たり(当期)純利益}}$$

$$\text{PBR}=\frac{\text{株価}}{\text{1株当たり純資産}}$$

PER、PBRはいずれも数値が**低い**ほど株価は割安と判断される。

X社のPER $=\frac{500\text{円}}{40\text{円}}=12.5$倍

Y社のPER $=\frac{800\text{円}}{50\text{円}}=16.0$倍　∴PERでは**X**社が割安

X社のPBR $=\frac{500\text{円}}{500\text{円}}=1.0$倍

Y社のPBR $=\frac{800\text{円}}{1{,}250\text{円}}=0.64$倍　∴PBRでは**Y**社が割安

(27) 正解 3

1）**不適切**。信用取引では、「買い」から取引を開始することも、「売り」から取引を開始することもできる。

2）**不適切**。信用取引で買い付けた株価の下落などにより発生した計算上の損失を委託保証金から差し引いた実質の保証金残高が維持率（約定価額の20％）を下回った場合、追加保証金（追証）を差し入れる必要がある。そのため信用取引における損失は、当初の委託保証金の範囲に**限定されない**。

3）**適　切**。委託保証金を差し入れる際に、現金ではなく有価証券で代用することができる。この代用のための有価証券を「代用有価証券」という。

4）**不適切**。

委託保証金＝約定金額×委託保証金率

前記の式より、約定金額×30％＝60万円

約定金額＝60万円÷0.3＝200万円

委託保証金率が30％である場合に、60万円の委託保証金を金銭で差し入れたときは、約定金額は**200万円**まで新規建てすることができる。

(28) ▶ 正解　4

1）不適切。外貨建て金融商品の取引における売買代金の決済は、国内の有価証券と同じように、売買の約定日から起算して**3営業日目**となる。

2）不適切。外貨預金の預入時に満期時の為替予約をした場合、満期時に生じた為替差益は外貨預金の利息とともに**源泉分離課税**の対象となる。

3）不適切。外国債券、外国株式、外国投資信託といった外国証券取引を始める場合には、あらかじめ外国証券取引口座を開設する必要がある。

4）適　切。保有する外貨建債券について、外貨と円の為替レートが円安方向に変動すると、円に換算したときの受取金額が増加するため、円換算の投資利回りは**上昇**する。

(29) ▶ 正解　3

1）不適切。現物と反対のポジションの先物を保有することにより価格変動リスク等を回避または軽減することを狙う取引を、ヘッジ取引という。

2）不適切。割安な方を買い割高な方を売るポジションを組み、その価格差を利益として得ることを狙う取引を、裁定取引という。

3）適　切。

4）不適切。先物取引は証拠金取引のため、現物取引より少額の資金を投入することになる。

(30) ▶ 正解　3

1）不適切。追認をすることができる時から1年間を経過したとき、あるいは契約締結時から5年間を経過したときは時効によって取消権が消滅する。

2）不適切。消費者契約法では、事業者の不当な勧誘により消費者が損害を被った場合、その契約を取り消すことができる。

3）適　切。

4）不適切。取引に関する記録を作成し、7年間保存しなければならない。

(31) ▶ 正解　3

1）不適切。課税対象となる所得を10種類に区分し、所得の金額を計算する。

2）不適切。相続税は、申告納税方式である。

3）適　切。

4）不適切。不動産取得税は地方税に該当し、登録免許税は国税に該当する。

(32) ▶ 正解　3

1）不適切。不動産を取得する際に支払う仲介手数料は、資産の取得価額に計上することになる。

2）不適切。返還を要するものについては、預り金として収入には計上しない。

3）適　切。

4）不適切。譲渡所得として総合課税の対象となる。

(33) ▶ 正解　1

1）損益通算できる。不動産所得の損失の金額があるときは、他の所得の金額と損益通算できる。

2）損益通算できない。ゴルフ会員権の譲渡により生じた損失は、原則として、給与所得など他の所得と損益通算することはできない。

3）損益通算できない。上場株式等の譲渡損失は、給与所得など他の所得の金額と損益通算できない。ただし、申告分離課税を選択した上場株式等の配当等に係る配当所得の金額と損益通算することはできる。

4）損益通算できない。一時所得は損益通算することができない。

(34) ▶ 正解　3

1）適　切。健康診断等の費用は、疾病が発見され、かつ、治療した場合のみ医療費控除の対象となる。

2）適　切。なお、実家で出産するために実家に帰省する交通費は、医療費控除の対象にはならない。

3）不適切。医療費控除の控除額は、その年中に支払った医療費控除の金額の合計額から総所得金額等の５％相当額または10万円のいずれか少ない金額を控除して計算される。

※　医療費控除の金額は、次の式で計算した金額（最高で200万円）

となる。

(実際に支払った医療費の合計額－①の金額)－②の金額

① 保険金などで補てんされる金額

(例) 生命保険契約などで支給される入院費給付金

健康保険などで支給される高額療養費、家族療養費、出産一時金など

② 10万円（その年の総所得金額等が200万円未満の者は、総所得金額等の5％の金額)

4）**適　切**。病気の予防や健康増進のための医薬品の購入費用は、医療費控除の対象とならない。

(35) ▶ 正解　1

1）**適　切**。

2）**不適切**。納税者の合計所得金額が900万円以下であり、配偶者の合計所得金額が48万円以下の場合、納税者が適用を受けることができる配偶者控除の額は38万円である。

3）**不適切**。老人扶養親族とは、年齢が70歳以上の扶養親族をいう。

4）**不適切**。収入金額が850万円超である場合、給与所得控除額は、195万円である。

(36) ▶ 正解　2

1）**適　切**。青色申告では、青色事業専従者に支払った適正な給料（青色事業専従者給与に関する届出書に記載されている金額の範囲内）は全額必要経費に算入することができる。

2）**不適切**。青色申告の適用を受けようとする者は、その年の1月16日以降新たに業務を開始した場合には、開業から**2ヵ月以内**に「青色申告承認申請書」を納税地の所轄税務署長に提出し、承認を受ける必要がある。

3）**適　切**。青色申告者で、55万円の青色申告特別控除の適用を受けようとする者は、正規の簿記の原則に従って記帳し、これに基づいて作成した貸借対照表・損益計算書などを添付し、期限内申告をすることが要件となる。なお、55万円の青色申告特別控除の適用要件に加えて、e-Taxによる申告（電子申告）または電子帳簿保存を行うと、65万円

の青色申告特別控除が受けられる。

4）適　切。青色申告書を提出できる者は、不動産所得、事業所得、山林所得を生ずべき業務を行う者で、所轄税務署長の承認を受けた者である。

(37) ▶ 正解　4

1）不適切。800万円以下の部分について軽減税率が適用される。

2）不適切。原則として、各事業年度終了日の翌日から2ヵ月以内に、納税地の所轄税務署長に提出しなければならない。

3）不適切。その法人の本店または主たる事務所の所在地である。

4）適　切。

(38) ▶ 正解　4

1）不適切。役員退職給与は、不相当に高額な部分を除き、損金に算入される。あらかじめ税務署長へ支給額等の届け出をする必要はない。

2）不適切。2016年4月1日以降に取得した建物、建物附属設備および構築物の減価償却方法は定額法である。

3）不適切。1人あたり10,000円以下の一定の飲食費（2024年4月1日以後）は、交際費とする必要はない。

4）適　切。法人事業税の本税は損金算入することができる。

(39) ▶ 正解　3

1）不適切。不相当に高額な部分の金額は、損金の額に算入されない。

2）不適切。役員が会社に対して無利息で貸付を行った場合、役員に対しては、原則として課税されない。

3）適　切。適正な時価と譲渡対価との差額が役員の給与所得となる。

4）不適切。会社は適正な時価を受贈益として益金の額に算入する。なお、役員は時価で譲渡したものとして譲渡所得を計算する。

(40) ▶ 正解　4

1）不適切。下記参照

2）不適切。下記参照

3）不適切。流動比率（%）は、「流動資産÷流動負債×100」の算式で計算される。

4）適　切。自己資本比率（%）は、「自己資本÷総資産×100」の算式で計算される。

〈報告式の損益計算書〉

売上高 －売上原価 売上総利益
－販売費及び一般管理費 営業利益
＋営業外収益 －営業外費用 経常利益
＋特別利益 －特別損失 －法人税住民税等 当期純利益

(41) ▶ 正解　4

1）適　切。不動産の対抗要件は、登記であるため、先に所有権移転登記を済ませた者が所有権の取得を対抗することができる。

2）適　切。誰でも登記事項証明書の交付を請求することができる。

3）適　切。区分所有建物以外の建物に係る登記記録における床面積は、壁の中心線で測られた壁芯面積により算出される。

4）不適切。権利に関する登記の申請にあたっては、登記原因を証する情報を提供する必要があるが、表示に関する登記には登記原因を証する情報を提供する必要がない。

(42) ▶ 正解　4

1）適　切。当該建物の借賃（消費税を除く）の1ヵ月分に相当する額に消費税を加算した額が上限となる。

2）適　切。代金の額の10分の2を超える額の手付金を受領することはできない。

3）適　切。買主が契約の履行に着手するまでは、売主は手付金の倍額を現実に提供することにより契約の解除ができる。

4）不適切。専任媒介契約の有効期間は、3ヵ月である。これより長い期間を定めた場合は3ヵ月に短縮される。

(43) 正解 3

1）不適切。セットバック部分は、建蔽率・容積率を算定する際の敷地面積に算入しない。

2）不適切。用途制限は、敷地の過半が属する地域の適用を受け、工業地域には住宅の建築は認められている。

3）適　切。日影規制は、商業地域・工業地域・工業専用地域を除く用途地域における建築物に適用される。

4）不適切。道路斜線制限は、用途地域の指定のない区域内の建築物にも適用される。

(44) 正解 2

1）適　切。普通借地権の設定期間は、**30年**以上で定めなければならない。なお、当事者間で期間の定めがない場合には、その存続期間は一律**30年**となる。

2）不適切。更新後の存続期間は、最初の更新に限っては更新日から**20年**、その後の更新は更新日から**10年**とされている。なお、当事者間でこれよりも長い期間を定めた場合にはその定めた期間による。

3）適　切。借地契約は、存続期間の満了後であっても、**その借地上に建物がある限り**、地主からの正当な理由がなければ自動的に更新される。

4）適　切。借地人から建物買取請求権の行使があれば、借地人と地主の間における建物の売買契約は成立する。なお、地主から売買代金の支払いが行われるまでの間、借地権者は建物の明け渡しを拒否することができる。

(45) 正解 1

1）適　切。期間の定めのない普通借家契約において、賃貸人から解約の申入れが認められた場合、建物の賃貸借は、解約の申入れの日から6ヵ月を経過することによって終了する。

2）不適切。普通借家契約において存続期間を1年未満と定めた場合、期間の定めがない建物の賃貸借とみなされる。

3）不適切。公正証書等による等書面（電磁的記録による場合を含む）で行う必要があるが、公正証書に限定されていない。
4）不適切。契約当事者間の合意があった場合は、存続期間を１ヵ月未満とすることができる。

(46) ▶ 正解 2

1）不適切。市街化区域とは、すでに市街化を形成している区域およびおおむね10年以内に優先的かつ計画的に市街化を図るべき区域とされている。市街化調整区域とは、市街化を抑制すべき区域とされている。
2）適　切。都市計画事業、土地区画整理事業、市街地再開発事業などの施行として行う開発行為は、都道府県知事等の許可を受ける必要はない。
3）不適切。市街化区域における開発行為において、原則として、開発区域面積が**1,000㎡以上**の場合は、都道府県知事等の許可が必要である。
4）不適切。用途地域が定められている区域であっても、防火地域または準防火地域に指定されない場合もある。

(47) ▶ 正解 3

1）不適切。共用部分の持分の割合は、原則としてその有する専有部分の**床面積の割合**による。
2）不適切。占有者は、使用方法については区分所有者と同一の義務を負うが、すべての義務が同一になるわけではない。
3）適　切。
4）不適切。管理者は、少なくとも**毎年１回**は集会を招集しなければならない。

(48) ▶ 正解 3

1）適　切。重複適用にあたっては、居住用財産のうち土地および建物の両方の所有期間が譲渡年の１月１日において**10年**超であることを要する。
2）適　切。居住用財産の3,000万円特別控除は、その適用にあたって所有期間に係る要件がない。
3）不適切。特定の居住用財産の買換え特例においては、譲渡価額が１億円以下という金額制限はあるものの、譲渡資産に面積制限は**ない**。ただし、買換資産については、建物の床面積が50㎡以上で、かつ、土地の面積が500㎡以下という面積制限がある。

4）適　切。所有期間５年超など、一定の要件を満たす居住用財産の買換えに伴い生じた譲渡損失は、**損益通算**および翌年以後３年内の**繰越控除**の対象となる。

(49) ▶ 正解　3

1）不適切。土地・建物において、譲渡した日の属する年の１月１日における所有期間が、５年以下のものが、短期譲渡所得となる。

2）不適切。土地の譲渡が長期譲渡所得に区分される場合、原則として、15.315％（復興特別所得税を含む）の税率により所得税が課される。

3）適　切。相続により取得した土地の取得日は、被相続人の取得日を引き継ぐ。

4）不適切。仲介手数料、立退料、土地を更地で売るための建物の取壊し費用なども、譲渡費用となる。

(50) ▶ 正解　2

1）不適切。建物の所有名義は借地権者である。

2）適　切。建設金協力方式とは、テナント等が土地所有者に対し建物の建設費用の一部、または全額を預託し、土地所有者はその預託金を建設費用に充当する方式である。

3）不適切。等価交換方式における部分譲渡方式とは、土地の一部をデベロッパーに譲渡し、その等価の建物の一部を取得する方式である。

4）不適切。事業受託方式とは、土地所有者がデベロッパー等に建物の企画や設計・施工などを委託して、土地所有者の資金負担で、対象となる土地にオフィスビル等の建物を建てる方式である。

(51) ▶ 正解　2

1）不適切。書面による贈与の場合、まだ履行していない部分も撤回することはできない。

2）適　切。

3）不適切。贈与者または受贈者の死亡によって、その効力を失う。

4）不適切。家庭裁判所による検認は必要ない。

(52) ▶ 正解　4

1）適　切。下表参照。

2）適　切。なお、受贈者が生活費や教育費に使わず、投資資金などに使っていた場合は、贈与税の対象となることがある。

3）適　切。離婚による財産分与については、原則としては、贈与税の対象とはならない。

4）不適切。実際の取引価格と支払った対価の額との差額が贈与税の課税対象となる。

〈死亡保険金と税金〉

契約者	被保険者	受取人	対象となる税金
A	A	B	相続税
A	B	A	所得税
A	B	C	贈与税

(53) ▶ 正解　3

・法定後見制度は、本人の判断能力が（ア　不十分になった後）に、家庭裁判所によって選任された成年後見人等が本人を法律的に支援する制度である。

・法定後見制度において、後見開始の審判がされたときは、その内容が（イ　登記）される。

・成年後見人は、成年被後見人が行った法律行為について、原則として、（ウ　取り消すことができる）。

(54) ▶ 正解　1

1）適　切。相続開始時において、被相続人と正式な婚姻関係（婚姻の届出を提出）にある配偶者が、相続人となる。事実上婚姻関係にある者は、民法上は配偶者に該当しないため、相続人とならない。

2）不適切。被相続人に子がいない場合、被相続人の直系尊属は、**第2順位**の相続人となる。

順位	対象		相続人
第1順位	被相続人の子および その代襲相続人	→いる	被相続人の子および その代襲相続人
↓いない			
第2順位	被相続人の直系尊属	→いる	被相続人の直系尊属
↓いない			
第3順位	被相続人の兄弟姉妹および その代襲相続人	→いる	被相続人の兄弟姉妹 および その代襲相続人
↓いない			
血族相続人は存在しない			

3）**不適切**。相続開始時に胎児であった者は、すでに生まれたものとみなされ、相続権が認められる。

4）**不適切**。欠格もしくは**廃除**により相続権を失った場合は、その者の直系卑属が代襲相続人となる。

⑸ ▶ 正解　4

1）**不適切**。初七日および四十九日の法要に要した費用は、債務控除の対象とならない。

2）**不適切**。墓碑・墓石の購入代金で未払いのものは、債務控除の対象とならない。

3）**不適切**。弁護士等の遺言執行者に対して支払った遺言執行費用は、債務控除の対象とならない。

4）**適　切**。被相続人に対して納税義務が生じている未払いの税金（固定資産税、所得税等）は、債務控除の対象となる。

⑹ ▶ 正解　1

1）**適　切**。

2）**不適切**。遺産分割協議書の作成期限は、法律上の特別な決まりはない。

3）**不適切**。遺産分割協議が調わない場合、まず、家庭裁判所に調停を申し立て、分割協議をする。調停が不成立になった場合に家庭裁判所の審判により分割することになる。

4）**不適切**。遺産の分割は、特に期限は決められていない。

⑸7 ▶ **正解　4**

生命保険金等の非課税金額は「500万円×法定相続人の数」により計算される。法定相続人の数には、相続の放棄をした者も含まれるため、本問では、妻と長男の2人となる。

非課税限度額＝500万円×2人＝1,000万円

生命保険金等の非課税規定を受けられるのは、相続人に限られるため、相続の放棄をした長男は適用されない。したがって、1,000万円の非課税金額は、全額妻が適用を受けることになる。

⑸8 ▶ **正解　2**

・宅地の相続税評価額の算定方法には、路線価方式や倍率方式がある。路線価方式とは、その宅地の面する路線に付された路線価を基とし、宅地の奥行距離や道路付けの状況等に応じた画地調整率により補正した後に、その宅地の面積を乗じて計算した金額によって評価する方式である。一方、倍率方式とは、宅地の固定資産税評価額に（ア　**国税局長**）が一定の地域ごとに定めた倍率を乗じて計算した金額によって評価する方式である。

・宅地の相続対策の1つとして、生前贈与が挙げられる。宅地の贈与を受けた場合、贈与税額の計算上、その宅地の価額は、原則として（イ　**相続税評価額**）によって評価する。ただし、負担付贈与により宅地を取得した場合、贈与税額の計算上、その宅地の価額は、（ウ　**通常の取引価格**）によって評価する。

⑸9 ▶ **正解　3**

特例対象宅地等の区分	減額の対象となる限度面積	減額割合
特定事業用宅地等	400㎡	**（ア）80%**
特定居住用宅地等	**（イ）330㎡**	80%
特定同族会社事業用宅地等	**（ウ）400㎡**	80%
貸付事業用宅地等	200㎡	**（エ）50%**

(60) ▶ 正解 4

1）適　切。
2）適　切。大会社は、原則として、類似業種比準方式によって評価する。
3）適　切。中会社は、大会社と小会社の評価方法を併用して評価する。
4）不適切。原則として、配当還元方式によって評価する。

解答解説

【第1問】

《問1》▶ **正解　①ハ　②ヘ　③チ**

「Aさんが、X社を退職後、退職時の健康保険に任意継続被保険者として加入する場合は、原則として、退職日の翌日から（①　**20日**）以内に任意継続被保険者になるための申請をする必要があります。Aさんが任意継続被保険者として健康保険に加入できる期間は最長で（②　**2年間**）です。この期間の保険料は、全額自己負担となります。

また、Aさんは、妻BさんをAさんが任意継続被保険者として加入する健康保険の被扶養者とする場合、その手続きを任意継続被保険者になるための申請をする際に行う必要があります。一方、妻Bさんは、Aさんの退職に伴い、国民年金の（③　**第1号被保険者**）への種別変更手続を行い、60歳に達するまでの間、国民年金の保険料を納付することになります」

〈解説〉

① 任意継続被保険者になるためには、原則として、退職日の翌日から**20日**以内に被保険者になるための申請をする必要がある。

② 任意継続被保険者となれる期間は最長で**2年間**である。

③ Aさんが退職したあとは、国民年金の第2号被保険者ではなくなる。したがって、妻Bさんは、国民年金の第2号被保険者の被扶養配偶者である国民年金の第3号被保険者に該当しない。妻Bさんは、国民年金の**第1号被保険者**への種別変更手続を行う必要がある。

《問2》▶ **正解　①1,180,206（円）　②445（円）**
③1,180,651（円）　④1,588,751（円）

〈資料〉より

老齢厚生年金の年金額（本来水準の年金額、2024年度価額）

下記、老齢厚生年金の計算式の　ⅰ）＋ⅱ）＋ⅲ）

老齢厚生年金の計算式

ⅰ）報酬比例部分の額＝a＋b

a　2003年3月以前の期間分

平均標準報酬月額×$\frac{7.125}{1,000}$×2003年3月以前の被保険者期間の月数

b　2003年4月以後の期間分

平均標準報酬額×$\frac{5.481}{1,000}$×2003年4月以後の被保険者期間の月数

ⅱ）経過的加算額＝1,701円×被保険者期間の月数

$$-816{,}000\text{円}\times\frac{\text{1961年4月以後で20歳以上60歳未満の厚生年金保険の被保険者期間の月数}}{\text{加入可能年数}\times 12}$$

ⅲ）加給年金額＝408,100円（要件を満たしている場合のみ加算すること）

計算過程

1．報酬比例部分の額（円未満四捨五入）

320,000円×$\frac{7.125}{1,000}$×180月＋530,000円×$\frac{5.481}{1,000}$×265月≒①**1,180,206円**

2．経過的加算額（円未満四捨五入）

1,701円×445月－816,000円×$\frac{445}{480}$＝②**445円**

3．基本年金額（上記「1＋2」の額）

③**1,180,651円**

4．加給年金額

加給年金額が加算されるので、

④**1,588,751円**

〈解説〉

①　老齢厚生年金額を計算するときには、a 2003年3月31日までと、b 2003年4月1日以後との2回に分けて行う必要がある。なぜなら、2003年3月31日までは、賞与から厚生年金保険料を支払っていなかったからである。この期間は「平均標準報酬月額」を用いる。一方、2003年4月以降は、「平均標準報酬額」を用いて計算を行う仕組みとなっている。

《問3》▶ 正解　①×　②×　③○

〈解説〉

① 第２号被保険者が介護保険の保険給付を受けた場合、実際にかかった費用（食費、居住費等を除く）の１割を自己負担する。

② 介護保険の保険給付を受けるためには、市町村から、要介護認定または要支援認定を受ける必要がある。都道府県ではない。

③ 年額18万円以上の公的年金を受給している場合の介護保険の保険料の納付は、公的年金から天引きされ、これを特別徴収という。年額18万円未満の場合には、普通徴収といって市町村からの納付書で納付を行う。

【第2問】

《問4》▶ 正解　①○　②×　③×

〈解説〉

① 投機的格付と呼ばれているのは、ＢＢ（ダブルビー）格相当以下の格付をいう。投資不適格債やジャンク債、ハイ・イールド債と呼ばれている。

② 毎年受け取る利子額（税引前）は、Ｘ社債の額面金額（償還価格）に表面利率を乗じて得た金額となる。Ｘ社債は固定利付債であるため、償還時まで表面利率は変わらない。

③ 特定公社債の利子については、その支払を受ける際に、所得税および復興特別所得税と住民税の合計20.315％が源泉徴収される。確定申告する際には申告分離課税の対象となるが、確定申告不要制度を選択することができる。

《問5》▶ 正解　①○　②×　③○

〈解説〉

① 現時点において、米ドル建定期預金は円建ての預金と比べて金利が高いが、満期時の為替レートが預入時に比べて円高ドル安に変動した場合には、円換算した運用利回りがマイナスになる可能性がある。

② 為替差損は、確定申告する必要はないが、他に雑所得がある場合には確定申告を行うことで、為替差損の金額と通算することができる。しかし、雑所得の内部で通算しても損失が残った場合でも、他の所得と損益通算することはできない。

③ 円と外貨の両替を行う場合は対顧客電信売相場（ＴＴＳ）と対顧客電信買相

場（ＴＴＢ）を用いる。ＴＴＳとＴＴＢは、当該預金の取扱金融機関が独自に決定しており、金融機関によって異なる。

《問6》▶ 正解　①0.15（%）　②1.18（%）

〈解説〉

①　最終利回りは、既に発行されている債券を購入して償還期限まで保有した場合の利回りをいう。

$$\frac{0.6\text{円}+\dfrac{100-101.8\text{円}}{4\text{年}}}{101.8\text{円}}\times 100=0.147\cdots\fallingdotseq 0.15\%$$（小数点以下第３位四捨五入）

②　円ベースの元本　30,000米ドル×140.75円＝4,222,500円

満期時の元利合計　30,000米ドル×（１＋0.01）＝30,300米ドル

円ベース　30,300米ドル×141.00円＝4,272,300円

円ベースの利回り　$\dfrac{4{,}272{,}300-4{,}222{,}500}{4{,}222{,}500}\times 100=1.179\cdots\fallingdotseq 1.18\%$（小数点以下第３位四捨五入）

【第3問】

《問7》▶ 正解　①へ　②イ　③ホ

「通常の医療費控除は、その年分の総所得金額等の合計額が200万円以上である居住者の場合、その年中に支払った医療費の総額から保険金などで補填される金額を控除した金額が（①　100,000）円を超えるときは、その超える部分の金額（最高200万円）をその居住者のその年分の総所得金額等から控除します。また、通常の医療費控除との選択適用となるセルフメディケーション税制（医療費控除の特例）では、定期健康診断や予防接種などの一定の取組みを行っている者が自己または自己と生計を一にする配偶者等のために特定一般用医薬品等購入費を支払った場合、その額が（②　12,000）円を超えるときは、その超える部分の金額（最高（③　88,000）円）を総所得金額等から控除することができます」

〈解説〉

①　医療費控除の金額は、次の式で算出する（最高で200万円）。

実際に支払った医療費の合計額－保険金などで補てんされる金額－100,000

円
　ただし、その年の総所得金額等が200万円未満の人は、100,000円の代わりに総所得金額等の５％の金額を差し引く。Ａさんの給与収入は700万円であり、不動産所得のマイナスを考慮しても、総所得金額は200万円以上となるため、10万円を控除する。

② セルフメディケーション税制（医療費控除の特例）は、通常の医療費控除との選択により、適用する。その年中の特定一般用医薬品等購入費の合計額（保険金等により補てんされる部分の金額を除く）のうち、12,000円を超える場合に、セルフメディケーション税制の適用を受けることができる。

③ セルフメディケーション税制は、88,000円が上限となっている。

《問8》▶ 正解　①✕　②✕　③○

① **不適切**。純損失の繰越控除は青色申告者が対象である。純損失とは、損益通算の規定を適用してもなお控除しきれない部分の金額を指す。なお、Ａさんは給与所得のほうが多いため、不動産所得と損益通算を行うことができる。

② **不適切**。配偶者控除の額は、控除を受ける納税者本人の合計所得金額、及び控除対象配偶者の年齢により異なる。Ａさんの合計所得金額は900万円以下であり、妻Ｂさんは53歳であるため、配偶者控除の控除額は、38万円となる。

控除を受ける納税者本人の合計所得金額	控除額	
	一般の控除対象配偶者	老人控除対象配偶者
900万円以下	38万円	48万円
900万円超　950万円以下	26万円	32万円
950万円超　1,000万円以下	13万円	16万円

③ **適　切**。

《問9》▶ 正解 ①**4,200,000（円）** ②**630,000（円）** ③**480,000（円）**

（a）総所得金額		（① 4,200,000）円
	医療費控除	□□□ 円
	社会保険料控除	□□□ 円
	生命保険料控除	□□□ 円
	地震保険料控除	□□□ 円
	配偶者控除	380,000 円
	扶養控除	（② 630,000）円
	基礎控除	（③ 480,000）円
（b）所得控除の額の合計額		2,900,000 円
（c）課税総所得金額（（a）－（b））		1,300,000 円

〈解説〉

① 給与収入　7,000,000円

給与所得控除額　7,000,000円×10％＋1,100,000円＝1,800,000円

給与所得の金額　7,000,000円－1,800,000円＝5,200,000円

不動産所得の金額　▲1,200,000円

損益通算の対象となるのは、土地等の取得に係る負債の利子200,000円を控除した1,000,000円となる。

総所得金額　5,200,000円－1,000,000円＝4,200,000円

② 特定扶養親族とは、控除対象扶養親族のうち、その年の12月31日現在の年齢が19歳以上23歳未満の人をいい、控除額は630,000円となる。長女Cさんは20歳であり、特定扶養親族に該当する。

③ 基礎控除は、納税者本人の合計所得金額に応じてそれぞれ次のとおりとなる。

納税者本人の合計所得金額	控除額
2,400万円以下	48万円
2,400万円超　2,450万円以下	32万円
2,450万円超　2,500万円以下	16万円
2,500万円超	0円

【第4問】

《問10》▶ 正解　①540（㎡）　②2,025（㎡）

〈解説〉

①　建蔽率の上限となる建築面積

準防火地域に準耐火建築物または耐火建築物等を建築する際、建蔽率が10％緩和される。

また、甲土地は特定行政庁が指定する角地であるため、建蔽率が10％緩和される。

675㎡×（60％＋10％＋10％）＝**540㎡**

②　容積率の上限となる延べ面積

全面道路の幅員は８ｍであり、12ｍ未満のため前面道路幅員による容積率の制限が適用される。

２つの道路に面している場合には、幅員の広い方が前面道路となる。

指定容積率　300％

前面道路幅員による容積率の制限　８ｍ×４/10＝320％

∴300％

675㎡×300％＝**2,025㎡**

《問11》▶ 正解　①×　②×　③○

〈解説〉

①　マスターリース契約（特定賃貸借契約）は、建物賃貸借契約であり、借地借家法が適用される。借地借家法では、建物の賃料が土地や建物に対する租税その他の負担の増減や、近傍同種の建物の賃料に比較して不相当となったときは、貸主または借主が相手方に対し、賃料の増減額を請求できるとされており、ＡさんがＸ社から経済事情等により賃料の減額請求を受けることはあり得る。

②　貸家建付地は次のように評価を行う。

貸家建付地の価額＝自用地としての価額－自用地としての価額×借地権割合×借家権割合×賃貸割合

＝１億円－１億円×60％×30％×100％＝8,200万円

③　Ａさんの相続開始時における当該借入金残高は、債務控除として課税価格から控除することができる。

《問12》▶ **正解** ①× ②× ③×

〈解説〉

① 地震保険の保険金額は、火災保険の保険金額の30～50％の範囲で設定する。

② 元金均等返済の場合、毎年の元金額が同額であり、利息は毎年異なる。

③ レンタブル比は、延床面積に占める収益部分の面積比率のことを指し、賃貸部分の面積÷延床面積で計算する。マンション等の建築計画の際にはレンタブル比の大小が目安とされ、レンタブル比が高いほど投資効率が高いことを示す。

【第5問】

《問13》▶ **正解** ①ロ ②ニ ③ヘ

Ⅰ 「Aさんが2024年分の所得税および復興特別所得税について確定申告書を提出しなければならない場合に該当するとき、相続人は、原則として、相続の開始があったことを知った日の翌日から（① **4**）ヵ月以内に準確定申告書を提出しなければなりません」

Ⅱ 「配偶者に対する相続税額の軽減の適用を受けた場合、妻Bさんが相続により取得した財産の金額が、配偶者の法定相続分相当額と1億6,000万円とのいずれか（② **多い**）金額を超えない限り、妻Bさんが納付すべき相続税額は算出されません」

Ⅲ 「仮に、妻Bさんが自宅の敷地および建物を相続により取得し、相続税の申告期限までに自宅の敷地を売却した場合、当該敷地は、特定居住用宅地等として小規模宅地等についての相続税の課税価格の計算の特例の適用を受けること（③ **ができます**）」

〈解説〉

① 準確定申告書は、1月1日から死亡した日までに確定した所得金額および税額を計算して、相続の開始があったことを知った日の翌日から4ヵ月以内に申告と納税を行う。

② 配偶者に対する相続税額の軽減は、被相続人の配偶者が遺産分割や遺贈により実際に取得した正味の遺産額が、次の金額のどちらか多い金額までは配偶者に相続税はかからない。

・1億6,000万円

・配偶者の法定相続分相当額

③ 被相続人の配偶者が自宅の敷地および建物を相続により取得した場合は、居住や所有の継続要件はない。したがって、自宅の敷地を相続税の申告期限までに売却した場合でも、当該敷地は、特定居住用宅地等として小規模宅地等についての相続税の課税価格の計算の特例の適用を受けることができる。

《問14》 正解　①○　②×　③×

〈解説〉

① 被相続人から相続または遺贈により財産を取得した人で、被相続人の配偶者、父母、子ではない人は相続税額の2割加算の対象になるが、代襲相続人である孫Fさんは、相続税額の2割加算の対象にはならない。

② 類似業種比準方式は、類似業種の株価を基に、1株当たりの『配当金額』『利益金額』および『簿価純資産価額』の3つの要素から算出する。

③ 相続税の総額は、課税遺産総額を各法定相続人が民法に定める法定相続分に従って取得したものとして計算する。各相続人の実際の取得割合ではない。

《問15》 正解 ①8,000（万円） ②4,800（万円）
③1,415（万円） ④6,770（万円）

	妻Bさんに係る課税価格	（① 8,000）万円
	長男Cさんに係る課税価格	2億2,000 万円
	孫Eさんに係る課税価格	1,000 万円
	孫Fさんに係る課税価格	2,000 万円
（a）相続税の課税価格の合計額		3億3,000 万円
	（b）遺産に係る基礎控除額	（② 4,800）万円
課税遺産総額（(a) − (b)）		2億8,200 万円
	相続税の総額の基となる税額	
	妻Bさん	3,940 万円
	長男Cさん	1,415 万円
	孫Fさん	（③ 1,415）万円
相続税の総額		（④ 6,770）万円

〈解説〉

① 妻Bさんに係る課税価格

・現金および預貯金：3,000万円 （1）

・自宅（敷地330㎡）：2,500万円（「小規模宅地等についての相続税の課税価格の計算の特例」適用後の金額）（2）

・自宅（建物）：1,000万円（固定資産税評価額）（3）

・死亡保険金 ：1,500万円（契約者（＝保険料負担者）・被保険者はAさん、死亡保険金受取人は妻Bさん）

被相続人の死亡によって取得した生命保険金で、その保険料を被相続人が負担していたものは、相続税の課税対象となる。受取人が相続人であり、非課税限度額を超えるとき、その超える部分が相続税の課税対象になる。非課税限度額は下記の算式を用いる。

500万円×法定相続人の数＝非課税限度額

法定相続人は、妻Bさん、長男Cさん、孫Fさんの3人なので、非課税限度額は、

500万円×3人＝1,500万円

したがって、生命保険金には課税されない。

生命保険金1,500万円－非課税限度額1,500万円＝0

・死亡退職金：3,000万円

生命保険金と同様に、「500万円×法定相続人の数＝非課税限度額」を超える部分が相続税の課税対象になる。

死亡退職金3,000万円－非課税限度額1,500万円＝1,500万円　（４）

（１）＋（２）＋（３）＋（４）＝妻Ｂさんに係る課税価格

3,000万円＋2,500万円＋1,000万円＋1,500万円＝8,000万円

② 遺産に係る基礎控除額は、「3,000万円＋600万円×法定相続人の数」の算式にて求める。

3,000万円＋600万円×３人＝4,800万円

③ 相続税の総額を求めるためには、課税価格の合計額から遺産に係る基礎控除額を差し引き、課税遺産総額を求める。次に課税遺産総額を法定相続分で仮分割を行い、相続税の速算表に当てはめて算出する。

妻Ｂさん　：２億8,200万円×$\frac{1}{2}$＝１億4,100万円

１億4,100万円×40％－1,700万円＝3,940万円

長男Ｃさん：２億8,200万円×$\frac{1}{2}$×$\frac{1}{2}$＝7,050万円

7,050万円×30％－700万＝1,415万円

孫Ｆさん　：２億8,200万円×$\frac{1}{2}$×$\frac{1}{2}$＝7,050万円

7,050万円×30％－700万＝1,415万円

④ 相続税の総額

3,940万円＋1,415万円＋1,415万円＝6,770万円

予想問題 — 実技❷ 《金財》生保顧客資産相談業務

解答解説

【第1問】

《問1》▶ 正解　①758,200（円）　②1,124,342（円）

① 20歳から22歳までの未納期間は年金額に反映されないが、厚生年金保険の被保険者（国民年金の第2号被保険者）の期間は年金額に反映される。

$$816{,}000円\times\frac{60月+259月+127月}{480月}=\mathbf{758{,}200円}$$

② 報酬比例部分の額の計算式において、2003年3月以前の期間分の計算における平均標準報酬月額は28万円、被保険者期間の月数は60月、2003年4月以後の期間分の計算における平均標準報酬額は42万円、被保険者期間の月数は259月を〈資料〉の計算式に当てはめる。

また、経過的加算額の計算式において、Aさんの被保険者期間の月数は319月（60月＋259月）であり、1961年4月以後で20歳以上60歳未満の厚生年金保険の被保険者期間の月数も同様である。

さらに、加給年金額の支給要件は、受給権者の厚生年金保険の被保険者期間が20年（240月）以上あること、受給権者と加入年金額の対象者との間に生計維持関係があることである。したがって、Aさんは要件を満たすため加給年金額が加算される。

$$報酬比例部分の額=280{,}000円\times\frac{7.125}{1{,}000}\times60月+420{,}000円\times\frac{5.481}{1{,}000}\times259月$$

$$=715{,}923.18円\rightarrow715{,}923円$$

$$経過的加算額=1{,}701円\times319月-816{,}000円\times\frac{319月}{480月}=319円$$

基本年金額＝715,923円＋319円＝716,242円

老齢厚生年金の年金額＝716,242円＋408,100円＝**1,124,342円**

《問2》▶ 正解　①〇　②〇　③×

① 適　切。60歳未満の者が退職する場合、本人は第2号被保険者から第1号被保険者へ、その被扶養配偶者は第3号被保険者から第1号被保険者へ、それぞれ住所地の市区町村役場で種別変更の届出を14日以内に行う必要がある。

② 適　切。2024年度の国民年金の保険料は、**月額16,980円**である。なお、

国民年金の保険料は、2004年度価格水準で17,000円であるが、実際の保険料額は名目賃金の変動に応じて毎年度改定されている。

③ **不適切**。前納できる期間の上限は**2年**である。なお、前納による割引のほかに、口座振替による早収割引がある。

《問3》▶ 正解 ①○ ②× ③×

① **適 切**。付加年金の額は、「200円×付加保険料を納付した月数」で計算した額となる。なお、付加保険料は月額400円である。

Aさんの付加年金額 200円×120月＝24,000円

② **不適切**。国民年金基金の加入資格者は、日本国内に住所を有する20歳以上60歳未満の第1号被保険者および60歳以上65歳未満の国民年金の任意加入被保険者や海外に住所を有する国民年金の任意加入被保険者である。したがって、60歳から給付を受けるためには59歳11ヵ月で加入し、1ヵ月分の掛金を支払えばよい。なお、60歳から給付を受けるために、通算加入者等期間が10年以上必要となるのは確定拠出年金である。

③ **不適切**。X社退職後のAさんは、国民年金の第1号被保険者であるため、年額816,000円を限度として、確定拠出年金の個人型年金の掛金を拠出することができる。また、拠出した掛金は全額が**小規模企業共済等掛金控除**の対象となる。

【第2問】

《問4》▶ 正解 ①13,420（万円） ②2,720（万円）

死亡時の必要保障額は、具体的には「死亡後の遺族生活資金－遺族の収入」で算出する。

本問における死亡後の遺族生活資金は、次のように計算する。

25万円×70%×12ヵ月×22年(第2子が独立するまでの生活費)＋25万円×50%×12ヵ月×平均余命32年(第2子独立後の生活費)＋300万円(葬式費用等)＋3,200万円(教育資金等)＋500万円(子ども2人の結婚援助資金)＝**13,420万円**（①）

なお、住宅ローン残高は、団体信用生命保険から完済されるため、生活資金の計算には含めない。また、本問における遺族の収入は、次のように計算する。

2,000万円（死亡退職金見込額他合計）＋8,700万円（妻Bの収入合計：

6,700万円＋2,000万円）＝10,700万円

したがって、必要保障額は、次のように算出する。

13,420万円－10,700万円＝**2,720**万円（②）

《問5》▶ 正解　①○　②×　③×

① **適　切**。長期入院等により働けなくなった場合の治療費については、医療保険への加入や、生命保険の主契約に入院特約等を付加することで対応することが望ましい。また、その間の生活費の保障については、損害保険商品である所得補償保険を検討することも方法のひとつである。

② **不適切**。先進医療に係る技術料は、医療の種類や病院によって異なる。その技術料は患者が**全額**自己負担する。

③ **不適切**。民法上、保険金受取人が指定された死亡保険金は、その受取人固有の財産であり被相続人の相続財産には含まれず、原則として遺産分割協議の対象とならない。ただし、相続税の計算上は「みなし相続財産」として、非課税枠を超える部分の金額が相続税の課税対象となる。

《問6》▶ 正解　①×　②×　③×

① **不適切**。ガン保険では、一般的に、入院給付金の支払日数は、**無制限**となっている。

② **不適切**。所得補償保険（就業不能保険）では、入院しているかどうかは、保険金支払いの要件には含まれず、医師の治療を受けていれば、自宅療養でも保険金支払いの対象となる。

③ **不適切**。介護保障保険の要介護状態の認定は、公的介護保険の要介護認定に連動するものと、保険会社が独自に作成した基準によるものがある。したがって、すべての介護保障保険の商品において、公的介護保険の要介護認定を受けなければならないわけではない。

【第3問】

《問7》▶ 正解　①1,710（万円）　②1,395（万円）

〈解説〉

退職所得の金額の計算式は、次のとおりである。

退職所得の金額＝(収入金額－退職所得控除額)×$\frac{1}{2}$

退職所得控除額は、次のとおりである。

勤続年数	退職所得控除額
20年以下	40万円×勤続年数　※最低80万円
20年超	800万円＋70万円×(勤続年数－20年)

※勤続年数の１年未満の端数は、１年に切上げる。

Ａさんの役員在任期間（勤続年数）は32年２カ月であるから、退職所得控除額を計算する上で必要な勤続年数は、１年未満を切上げて「33年」となる。

・退職所得控除額

800万円＋70万円×(33年－20年)＝1,710万円

・退職所得の金額

(4,500万円－1,710万円)×$\frac{1}{2}$＝1,395万円

《問8》▶ 正解　①○　②○　③×

〈解説〉

①　保険契約を解約し解約返戻金を受領した場合、解約時の資産計上額（保険料積立金）と解約返戻金との差額を益金算入（雑収入）または損金算入（雑損失）する。

資産計上額（保険料積立金）＜解約返戻金→益金算入（雑収入）

資産計上額（保険料積立金）＞解約返戻金→損金算入（雑損失）

保険料積立金として資産計上していた2,250万円と解約時に受け取る解約返戻金2,400万円を比較すると「2,250万円＜2,400万円」となるため、差額150万円を「雑収入」として計上することになる。

借方		貸方	
現金・預金	2,400万円	保険料積立金	2,250万円
		雑収入	150万円

②　死亡保険金受取人をＡさんの相続人に名義を変更することで、当該生命保険を役員退職金の一部としてＡさんに支給することができる。なお、契約者が法人から個人になるため、相続発生後、死亡保険金を相続税の納税資金として

利用できるとともに、死亡保険金の非課税規定の適用を受けられることになる。

③　終身保険は一定の解約返戻金が得られるため、名義変更時点における解約返戻金相当額を役員退職金の一部として現物支給できる。したがって、名義変更時の解約返戻金相当額がAさんの退職所得に係る収入金額となり、他の退職手当等と合算して退職所得の金額を計算する。

《問9》▶ 正解　①○　②×　③×　④×

〈解説〉

①　定期保険の解約返戻金は、保険期間の途中でピークになり保険期間満了時にはゼロとなる。また、定期保険を解約して受け取った解約返戻金は、役員へ支払う退職金の原資や企業の設備投資等の事業資金として活用することができる。

②　2019年7月8日以後に締結した長期平準定期保険契約および逓増定期保険契約、2019年10月8日以後に締結した第三分野の短期払いのがん保険契約等の保険料は、最高解約返戻率に応じ、下表のように経理処理をする。なお、最高解約返戻率が50%以下の保険契約については、契約締結年月日にかかわらず、従来どおり全額損金算入する。

最高解約返戻率	取扱い		
	資産計上期間	資産計上額	資産取崩方法
50%以下	資産計上不要（全額損金算入）		
50%超70%以下	保険期間の当初40%相当の期間	年間の支払保険料×40%	保険期間の75/100相当期間経過後から、保険期間の終了の日まで
70%超85%以下		年間の支払保険料×60%	
85%超	保険期間開始日から解約返戻率が最高となる期間の終了日	年間の支払保険料×最高解約返戻率×70%（保険期間開始日から10年経過日までの期間は90%）	解約返戻金が最高となった期間経過後から、保険期間の終了の日まで

資料2の定期保険は、最高解約返戻率が78%であるため、保険期間の当初4割に相当する期間は、支払保険料の6割相当額を資産に計上する。

③　契約者貸付は、有効契約期間の途中で、保険会社が定める解約返戻金の一定の範囲内で契約者が希望する金額を貸し付ける制度である。既払込保険料相当額が限度となるわけではない。

④　払済終身保険に変更した場合、洗替経理処理が必要となる。洗替経理処理とは、変更時点における解約返戻金相当額とその保険契約に係る資産計上額の差額について、払済保険に変更した日の属する事業年度の益金または損金の額に算入する経理処理である。

【第4問】

《問10》 **正解**　①イ　②ホ　③ト

青色申告承認申請書の提出期限は、その年1月16日以後新たに業務を開始した場合には、その業務を開始した日から**2ヵ月**以内である。

青色申告者のみが受けられる税務上の特典には、青色申告特別控除、損益通算しきれなかった損失額を翌年以後3年間繰り越すことができる**純損失の繰越控除**や前年の税額からの**繰戻還付**がある。純損失の繰越控除とは、所得に損失が出た場合で、損益通算してもなお控除しきれない金額が生じたときに、その損失額を翌年以後**3年間**繰越して各年の所得から差し引くことができる。

《問11》 **正解**　①×　②×　③×

①　**不適切**。上場株式の譲渡損失の金額は、原則として、事業所得など他の所得の黒字の金額と損益通算することはできない。ただし、上場株式等の譲渡損失の金額は、申告分離課税を選択した上場株式等の配当所得等の金額と損益通算することができる。

②　**不適切**。事業所得の金額は、妻Bさんに支払った青色事業専従者給与を必要経費として差し引いた後の金額である。

③　**不適切**。妻Bさんは青色申告者の事業専従者であるため、Aさんは妻Bさんに係る配偶者控除や配偶者特別控除の適用を受けることはできない。

《問12》 **正解**　①**0**（円）　②**240,000**（円）　③**4,840,000**（円）　④**206,500**（円）

雑所得は、公的年金とその他の雑所得を分けて計算する。

公的年金等の雑所得＝収入金額－公的年金等控除額

本問の場合、公的年金に該当するのは老齢厚生年金の52万円であり、公的年金等の収入金額が130万円未満であるから、〈資料〉より公的年金等控除額は60

万円である。したがって、

52万円－60万円＝▲8万円→**0円**（①）

通常、雑所得間の内部通算は可能であるが、この場合は損失ではない（控除額は収入を限度とする）ため、内部通算の対象とはならない。

その他の雑所得＝収入金額－必要経費

120万円(個人年金保険の年金額)－96万円＝**240,000円**（②）

したがって、Aさんの雑所得は、

0円＋24万円＝24万円　となる。

一時所得＝収入金額－支出した金額－特別控除（最高50万円）

一時払養老保険の差損益＝510万円(解約返戻金)－500万円(一時払保険料)
＝10万円－10万円(特別控除額)＝0円

・総所得金額：460万円(事業所得)＋24万円(雑所得)＋0円(一時所得)
＝**4,840,000円**（③）

・課税総所得金額：総所得金額484万円－所得控除合計180万円＝304万円

・算出税額：課税総所得3,040,000円×10％－97,500円＝**206,500円**（④）

【第5問】

《問13》▶ 正解　①リ　②イ　③ロ　④ハ

Ⅰ「仮に、Aさんの相続に係る遺留分を算定するための財産の価額を3億2,000万円とした場合、二女Dさんの遺留分の金額は、（①リ　**4,000**）万円になります。Aさんの相続が開始し、長女Cさんが賃貸ビルなど相続財産の大部分を取得した場合、二女Dさんの遺留分を侵害する可能性があります。遺留分が侵害された場合、二女Dさんは、Aさんの相続の開始を知った時から（②イ　**1**）年以内に遺留分侵害額請求権を行使することができます」

Ⅱ「遺産分割をめぐる争いを防ぐ手段として遺言書の作成をお勧めします。公正証書遺言は、証人（③ロ　**2**）人以上の立会いのもと、遺言者が遺言の趣旨を公証人に口授し、公証人がこれを筆記して作成します」

Ⅲ「相続税の申告期限までに遺産分割協議が調わなかった場合、相続税の申告時において、未分割の財産に対して『配偶者に対する相続税額の軽減』や『小規模宅地等についての相続税の課税価格の計算の特例』の適用を受けることができないというデメリットが生じます。その場合、相続税の申告の際に『申告期限後（④ハ　3）年以内の分割見込書』を税務署に提出し、申告期限後（④ハ　3）年以内に遺産分割協議が成立すれば、それらの特例の適用を受けるため、分割後４ヵ月以内に更正の請求を行うことができます」

〈解説〉

Ⅰ　遺留分の割合は、次のとおりである。

　①　直系尊属のみが相続人である場合：１／３（総体的遺留分）

　②　①以外の場合：１／２（総体的遺留分）

　また、各人の遺留分は、総体的遺留分に各人の法定相続分を乗じて得た割合である。

　Ａさんの相続に係る総体的遺留分は１／２である。また、第１順位である子が相続人の場合、配偶者の法定相続分は１／２、残りの１／２が子の法定相続分であるため、妻Ｂさんの相続分は１／２、長女Ｃさんおよび二女Ｄさんの相続分は１／４（＝１／２×１／２）である。

　二女Ｄさんの遺留分の金額＝３億2,000万円×１／２×１／４＝4,000万円

　なお、遺留分侵害額請求権は、遺留分権利者が相続開始および遺留分を侵害する贈与または遺贈があったことを知ったときから１年間、相続開始の時から10年間に限り認められる。

Ⅱ　公正証書遺言は、証人２人以上の立会いのもと、遺言者が口述し、公証人が筆記し、公正証書で作成する。

Ⅲ　「配偶者に対する相続税額の軽減」や「小規模宅地等についての相続税の課税価格の計算の特例」は、相続税の申告期限において未分割の財産に対しては適用を受けることができない。ただし、相続税の申告の際に「申告期限後３年以内の分割見込書」を提出し、申告期限後３年以内に遺産分割協議が成立すれば、「配偶者に対する相続税額の軽減」や「小規模宅地等についての相続税の課税価格の計算の特例」の適用を受けること可能となり、分割後４ヵ月以内に更正の請求を行うことができる。

《問14》▶ 正解　①×　②○　③○

〈解説〉

①　「小規模宅地等についての相続税の課税価格の計算の特例」における減額割合および限度面積は次のとおりである。

区分	減額割合	限度面積
特定事業用宅地等	80%	400㎡
特定同族会社事業用宅地等		
特定居住用宅地等		330㎡
貸付事業用宅地等	50%	200㎡

自宅の敷地に「小規模宅地等についての相続税の課税価格の計算の特例」を適用した場合、相続税の課税価格に算入すべき価額は次のとおりである。

評価減額＝6,000万円×$\frac{330\text{m}^2}{400\text{m}^2}$×80%＝3,960万円

相続税の課税価格に算入すべき価額＝6,000万円－3,960万円＝2,040万円

② 相続財産の全部または一部が事業用の不動産や居住用不動産、自社株などである場合、それを特定の相続人（家族や会社の承継者）に相続させる必要があるときは、代償分割を利用する。代償分割により、長女Ｃさんが賃貸ビルを取得した場合、その代償として、妻Ｂさんおよび二女Ｄさんに対して代償債務（代償交付金）を負担することになる。この代償交付金を死亡保険金で準備する場合、被保険者をＡさん、死亡保険金受取人を長女Ｃさんとする保険に加入することが考えられる。

③ Ａさんの相続のおける推定相続人は妻Ｂさん、長女Ｃさんおよび二女Ｄさんの３人である。

非課税金額＝500万円×３人＝1,500万円

相続税の課税価格に算入すべき価額＝2,000万円－1,500万円＝500万円

《問15》▶ **正解** **①4,800（万円）　②1,340（万円）　③6,420（万円）**

(a)相続税の課税価格の合計額	3億2,000　万円
(b)遺産に係る基礎控除額	（①　**4,800**）万円
課税遺産総額（(a)−(b)）	2億7,200　万円
相続税の総額の基となる税額	
妻Bさん	3,740　万円
長女Cさん	（②　**1,340**）万円
二女Dさん	1,340　万円
(c)相続税の総額	（③　**6,420**）万円

〈解説〉

妻Bさんの相続分は1／2、長女Cさんおよび二女Dさんの相続分は1／4である（問13の解説参照）。

・遺産に係る基礎控除額

3,000万円＋600万円×3人＝4,800万円（空欄①）

・課税遺産総額

3億2,000万円－4,800万円＝2億7,200万円

・相続税の総額

㋐妻Bさんが法定相続分にしたがって取得したものとして計算した相続税の額

2億7,200万円×$\frac{1}{2}$＝1億3,600万円

1億3,600万円×40％－1,700万円＝3,740万円

㋑長女Cさんおよび二女Dさんが法定相続分にしたがって取得したものとして計算した相続税の額

2億7,200万円×$\frac{1}{4}$＝6,800万円

6,800万円×30％－700万円＝1,340万円（空欄②）

㋒相続税の総額

3,740万円＋1,340万円＋1,340万円＝6,420万円（空欄③）

解答解説

【第1問】

《問1》▶ 正解 （ア）○ （イ）× （ウ）× （エ）○

（ア）適　切。生命保険募集人・保険仲介人の登録のないＦＰでも、顧客の必要保障額の試算はできる。

（イ）不適切。投資助言・代理業の登録のないＦＰは、顧客に具体的な株式の投資時期等の判断や助言を行ってはならない。

（ウ）不適切。税理士資格のないＦＰは、無償であっても相談者の具体的な相続税額の計算をしてはならない。

（エ）適　切。社労士資格のないＦＰでも、顧客の公的年金の受給見込み額の計算はできる。

《問2》▶ 正解 （ア）○ （イ）× （ウ）× （エ）×

（ア）適　切。消費者を誤認させる断定的判断の提供に当たり、取り消すことができる。

（イ）不適切。消費者契約法における保護の対象は個人であり、法人は対象ではない。

（ウ）不適切。契約締結時からの時効は、5年を経過した時である。

（エ）不適切。金融サービス提供法と消費者契約法は、両方を併用して対処することができる。

【第2問】

《問3》▶ 正解 3

1）不適切。外貨定期預金は、預金保険制度の対象外である。

2）不適切。利息は、源泉分離課税が適用される。

3）適　切。預入レートＴＴＳ（仲値141円＋為替手数料1円）×1万米ドル＝1,420,000円

4）不適切。外貨定期預金は、少額投資非課税制度（新ＮＩＳＡ）の対象外である。

《問4》▶ **正解　1.904（%）**

〈資料〉より

・表面利率：年1.2%

・購入価格：98.00円

・売却価格：102.00円

・所有期間：６年

以上から所有期間利回りを求める。

$$\text{所有期間利回り(\%)}=\frac{\text{表面利率}+\dfrac{\text{売却価格}-\text{購入価格}}{\text{所有期間（年）}}}{\text{購入価格}}\times 100$$

$$\text{所有期間利回り(\%)}=\frac{1.2+\dfrac{102.00-98.00}{6}}{98.00}\times 100$$

＝1.9047…（小数点以下第４位切捨て）→ **1.904%**

《問5》▶ **正解　1**

・ＸＡ株式会社とＹＢ株式会社の配当利回りを比較すると（ア　**ＸＡ**）株式会社の方が高い。

・ＸＡ株式会社とＹＢ株式会社をＰＢＲ（株価純資産倍率）で比較する場合、（イ　**ＸＡ**）株式会社の方が割安といえる。

〈解説〉

（ア）

$$\text{配当利回り(\%)}=\frac{\text{1株当たり(年間)配当金}}{\text{株価}}\times 100$$

・ＸＡ株式会社：年間配当金120円、株価3,000円であるため

$\text{配当利回り}=\frac{120}{3{,}000}\times 100=4.0$（%）

・ＹＢ株式会社：年間配当金60円、株価2,400円であるため

$\text{配当利回り}=\frac{60}{2{,}400}\times 100=2.5$（%）

ＸＡ株式会社：4.0%＞ＹＢ株式会社：2.5%　よって**ＸＡ株式会社**の方が高い。

（イ） $$\text{ＰＢＲ（株価純資産倍率）}=\frac{\text{株価}}{\text{１株当たり純資産}}$$

・ＸＡ株式会社：株価3,000円、１株当たり純資産2,800円であるため

$$\text{ＰＢＲ}=\frac{3{,}000}{2{,}800}=1.071\cdots\rightarrow 1.07\text{（倍）}$$

・ＹＢ株式会社：株価2,400円、１株当たり純資産2,000円であるため

$$\text{ＰＢＲ}=\frac{2{,}400}{2{,}000}=1.20\text{（倍）}$$

ＸＡ株式会社：1.07（倍）＜ＹＢ株式会社：1.20（倍）

よって**ＸＡ株式会社**の方が割安※である。

※　ＰＢＲは低い値の方が割安である。

《問6》▶ 正解　（ア）2　（イ）4　（ウ）7　（エ）8

青山さん：「金投資について教えてください。地政学的リスクが高まっているとき、金価格にはどのような影響がありますか。」

鈴田さん：「一般的には、（ア　**上昇**）する傾向です。」

青山さん：「金を積立てで購入する、純金積立という方法があるそうですね。」

鈴田さん：「はい。純金積立では、毎回、（イ　**一定金額**）を積み立てるドルコスト平均法が採用されています。」

青山さん：「積み立てた金を、現物で受け取ることはできるのでしょうか。」

鈴田さん：「地金で受け取ることが（ウ　**できます**）。」

青山さん：「金を売却して利益が出た場合、所得税の区分はどうなりますか。」

鈴田さん：「個人が金地金や純金積立を売却した場合の所得は、譲渡所得に区分されます。保有期間が（エ　**5年**）以内の場合は短期譲渡所得です。（エ　**5年**）超であれば、長期譲渡所得となります。」

【第3問】

《問7》▶ 正解　2

課税長期譲渡所得の金額＝総収入金額（売却価格）－（取得費＋譲渡費用）－特別控除

〈資料〉より

・売却価格　4,100万円
・譲渡費用　　120万円
・特別控除　3,000万円を適用する。
・取得費に関しては不明のため概算取得費で計算する。
　概算取得費＝売却価格×５％＝4,100万円×５％＝205万円
　課税長期譲渡所得＝4,100万円－（205万円＋120万円）－3,000万円＝**775万円**

《問8》▶ 正解　4

価格の種類	公示価格	基準地標準価格	固定資産税評価額	相続税路線価
所　　管	国土交通省	都道府県	市町村（東京23区は東京都）	国税庁
評価時点	毎年１月１日	毎年（ア　**7月1日**）	原則として基準年度の前年の１月１日。（イ　**3年**）に１度評価替え	毎年１月１日
評価割合	－	－	公示価格の（ウ　**70%**）程度	公示価格の（エ　**80%**）程度
目　　的	・一般の土地取引の指標 ・公共事業用地の適正補償額の算定基準	・国土利用計画法による土地取引の適正かつ円滑な実施 ・一般の土地取引の指標	・固定資産税等の課税のため	・相続税や贈与税の課税のため

《問9》▶ 正解　3

　建築面積の最高限度は「敷地面積×**建蔽《ぺい》率**」で求め、**延べ面積**の最高限度は「敷地面積×**容積率**」で求める。なお、その敷地が「**防火地域**」内にあり、かつ**耐火建築物**（耐火建築物と同等以上の延焼防止性能の高い建築物を含む）を建てる場合、建蔽率が80%と定められた地域外にあっては、防火加算として建蔽率が**10%**緩和（加算）される。したがって、本問の建築面積の最高限度（ア）は、

$150㎡\times\left(\frac{6}{10}+\frac{1}{10}\right)=$ **105㎡**となる。

また、敷地が接する前面道路の幅員が12m未満の場合には、指定容積率（本問の場合$\frac{15}{10}$）と、前面道路の幅員×$\frac{4}{10}$（住居系用途地域の場合）を比較して、いずれか制限の厳しい（容積率が**小さい**）方を容積率とする。本問では「4m×$\frac{4}{10}$＝160％＞150％（指定容積率）」となるため、指定容積率である$\frac{15}{10}$が容積率となる。したがって、延べ面積の最高限度（イ）は、

$150㎡\times\frac{15}{10}=$ **225㎡**となる。

《問10》▶ 正解　（ア）○　（イ）×　（ウ）×　（エ）○

（ア）**適　切**。なお、登記事項証明書の交付請求は、オンラインによっても行うことができる。

（イ）**不適切**。土地の所有者は権利部（甲区）に記載されているため、〈資料〉権利部（乙区）だけでは確認できない。

（ウ）**不適切**。抵当権の登記は、債務を完済しても自動的には抹消されない。あらためて抵当権抹消登記が必要である。

（エ）**適　切**。債務の弁済が行われない場合、銀行は競売を裁判所に申し立てることができる。

【第4問】

《問11》▶ 正解　（ア）29（万円）　（イ）152（万円）
（ウ）261（万円）

・佐々木さんが、交通事故により事故当日から継続して9日間入院し、その間に約款に定められた所定の手術（公的医療保険制度の給付対象、給付倍率20倍）を受けたが死亡した場合、保険会社から支払われる給付金の合計は（ア　**29**）万円である。

・佐々木さんが急性心筋梗塞で継続して31日間入院し、その間に約款所定の手術（公的医療保険制度の給付対象、給付倍率10倍）と公的医療保険制度における先進医療に該当する治療（技術料5万円）を受け、検査等の

ため退院後３ヵ月間で10日間通院して治癒した場合、保険会社から支払われる給付金の合計は（イ　152）万円である。なお、「５疾病で所定の入院をしたとき」、「公的医療保険制度における所定の先進医療を受けたとき」に該当するものとする。

・佐々木さんが初めてがん（悪性新生物）と診断され、治療のため継続して21日間入院し、その間に約款に定められた所定の手術（公的医療保険制度の給付対象、給付倍率40倍）を受けた後に死亡した場合、保険会社から支払われる給付金の合計は（ウ　261）万円である。なお、「５疾病で所定の入院をしたとき」、「初めて悪性新生物と診断確定されたとき」に該当するものとし、放射線治療は受けていないものとする。

〈解説〉

（ア）交通事故で入院・手術・死亡した場合は、下記の給付金を受け取ることができる。

〈医療総合保険〉

災害入院給付金	入院１日目から	日額10,000円
手術給付金	20倍	10,000円

10,000円×９日＋10,000円×20倍＝29万円

（イ）急性心筋梗塞で入院・手術・通院した場合は、下記の給付金を受け取ることができる。

〈医療総合保険〉

疾病入院給付金	入院１日目から	日額10,000円
手術給付金	10倍	10,000円
先進医療給付金		技術料と同額
通院給付金		日額6,000円
５大疾病就業不能給付金		100万円

10,000円×31日＋10,000円×10倍＋５万円＋6,000円×10日＋100万円
＝152万円

（ウ）がんで入院・手術・死亡した場合は、下記の給付金を受け取ることができる。

〈医療総合保険〉		
がん診断給付金		100万円
疾病入院給付金	入院1日目から	日額10,000円
手術給付金	40倍	10,000円
5大疾病就業不能給付金		100万円

100万円＋10,000円×21日＋10,000円×40倍＋100万円＝261万円

《問12》▶ 正解 3

〈資料〉より

［定期保険特約付終身保険（無配当）］は、契約日が2011年3月1日であるため、旧契約（2011年12月31日以前に締結）に該当する。〈速算表〉より、控除額は

・支払金額99,840円×1／4＋25,000円＝49,960円

［がん保険（無配当）］は、契約日が2012年12月1日であるため、新契約（2012年1月1日以降に締結）に該当する。〈速算表〉より、控除額は

・支払金額68,560円×1／4＋20,000円＝37,140円

49,960円＋37,140円＝87,100円

《問13》▶ 正解 （ア）×　（イ）○　（ウ）×　（エ）○

（ア）**誤　り**。個人年金保険を契約日から7年後に解約した場合の解約返戻金は、**一時所得**（総合課税）として所得税の課税対象となる。

（イ）**正しい**。

（ウ）**誤　り**。保険料負担者と年金受取人が同一人の場合、毎年受け取る年金は、公的年金等以外の雑所得として所得税の課税対象となるので、公的年金等控除額を差し引くことはできない。

（エ）**正しい**。保険契約者（保険料負担者）がA、被保険者がA、死亡給付金受取人がBの場合における死亡給付金は、**相続税**の課税対象となる。

《問14》▶ 正解 （ア）×　（イ）○　（ウ）×　（エ）○

（ア）**不適切**。時価30万円超の財物は明記物件として記載が必要だが、時価27万円であれば、記載がなくとも補償の対象となる。

（イ）**適　切**。その他特約等で個人賠償責任特約が付加されているため補償の対

象となる。
（ウ）**不適切**。再調達原価とは、同等のものを新たに建築または購入するのに必要な金額をいう。年月経過や消耗分は考慮しない。
（エ）**適　切**。地震、噴火、津波を原因とする損害が大半損の場合、地震保険の保険金額の60％が保険金として支払われる。建物の地震保険金額425万円×60％＝255万円。

【第5問】

《問15》▶ 正解　1

> 退職所得＝{退職一時金－退職所得控除額(※)}×1／2
> （※）800万円＋70万円×（勤続年数－20年）　勤続年数1年未満の端数は切り上げ

・退職所得＝{1,500万円－1,220万円(※)}×1／2＝140万円
（※）800万円＋70万円×(26年－20年)＝1,220万円
・25年3ヵ月→26年

《問16》▶ 正解　2

医療費控除は、「その年に支払った医療費－保険金等により補てんされる金額（出産育児一時金や高額療養費、入院給付金など）－総所得金額の5％もしくは10万円のいずれか低い金額」で求める。所得者本人だけでなく、生計を一にする家族が医療費を支払った場合も対象となる。

健康維持・増進のための支出や美容整形費用は医療費控除の対象外であり、人間ドックなどの健康診断費用も原則として対象とならないが、本問のようにその人間ドック等で疾病が発見され、引き続き治療が行われる場合には医療費控除の対象となる。

したがって、医療費控除は
105,000円＋(50,000円－40,000円)－100,000円＝**15,000円**となる。

《問17》▶ 正解　4

・不動産所得の計算上生じた損失▲40万円のうち、土地取得のための借入金の利子80万円は、損益通算することができないため、不動産所得の計算上生じ

た損失は、全額損益通算できない。
・ゴルフ会員権の譲渡損失は、給与所得と損益通算できない。
・上場株式の譲渡損失は、給与所得と損益通算できない。
したがって、本問では、給与所得と損益通算できる損失はない。

《問18》▶ 正 解　3

配偶者特別控除の適用が受けられる。

妻の所得は95万円のため、配偶者特別控除額の早見表の合計所得金額90万円超95万円以下となる。納税者本人（三浦さん）の合計所得金額が910万円であるため、900万円超950万円以下となり、配偶者特別控除は、21万円となる。

【第6問】

《問19》▶ 正 解　2

貸家建付地（所有土地に建物を建設して第三者に賃貸している場合のその土地）の評価は、自用地評価額×(１－借地権割合×借家権割合×賃貸割合）で行う。自用地評価額は、路線価×奥行価格補正率×地積で算出する。なお、路線価における「400」の単位は千円（400,000円）である。したがって、本問における評価額は次のように計算する。

(400,000円×1.00)×500㎡×(１－60％×30％×100％)＝164,000,000円

↓ 60％×30％ ＝ 18％

《問20》▶ 正 解　1

死亡保険金は、「みなし相続財産」として課税対象となるが、相続人が取得した場合には、「500万円×法定相続人の人数」までの金額が**非課税**となる。本問の場合、非課税限度額は500万円×３人(法定相続人＝被相続人の妻・長男・長女の３人)＝1,500万円となる。また、課税価格を計算する際に、被相続人の債務や葬式費用については、**債務控除**として相続財産から差し引くことができる。したがって、本問における課税価格の合計額は次のように計算する。

土地（小規模宅地等の評価減特例適用後）800万円＋建物1,200万円＋現預金4,500万円＋死亡保険金［2,000万円－1,500万円（非課税限度額)］－債務控除500万円＝**6,500万円**

《問21》 正解 （ア）2 （イ）5 （ウ）7

[相続人の法定相続分]

・被相続人の配偶者の法定相続分は（ア　1／2）である。

・被相続人の長男の法定相続分は（イ　1／6）である。

・被相続人の孫Bの法定相続分は（ウ　1/12）である。

〈解説〉

民法上の法定相続人は、配偶者と子であるが、二女が死亡しているため孫A、孫Bが代襲相続する。1／2×1／3×1／2＝1／12となる。長男は、1／2×1／3＝1／6となる。

【第7問】

《問22》 正解 371（万円）

キャッシュフロー表とは、家庭における現在の収支状況や今後のライフイベントを基に、将来の収支状況や貯蓄残高を予測して表形式にしたものである。キャッシュフロー表を作成することにより、将来的な資金の収支に関する問題点を明らかにすることができる。キャッシュフロー表の作成にあたっては、次の算式が重要である。

年間収支＝年間収入－年間支出

→年間収入は、一般的に可処分所得を利用する。

可処分所得＝年収－(所得税※＋住民税＋社会保険料)

※復興特別所得税を含む。

貯蓄残高＝前年の貯蓄残高×(1＋運用利率)±その年の年間収支

将来の金額＝現在の金額×$(1＋変動率)^{経過年数}$

現在の金額＝将来の金額÷$(1＋変動率)^{経過年数}$

本問における空欄（ア）の基本生活費は、現在の金額（350万円）を基にして、将来（3年後）の金額を求めるものである。したがって、上記の算式のうち将来の金額を求める算式を利用する。

3年後の基本生活費の金額＝350万円×（1＋2％）^{3}＝3,714,228円

→**371万円**

（1＋2％）→（1＋0.02）＝1.02

したがって　1.02×1.02×1.02＝1.061208なので

350万円×1.061208＝3,714,228円

《問23》▶ 正解　665（万円）

キャッシュフロー表において金融資産残高（貯蓄残高）は、次のように求める。

貯蓄残高＝前年の貯蓄残高×（1＋運用利率）±その年の年間収支

したがって、本問における前年の貯蓄残高は623万円、運用利率（変動率）は1％、その年の年間収支は36万円なので

（イ）の金融資産残高（貯蓄残高）＝623万円×（1＋1％）＋36万円

＝6,652,300円→**665万円**

《問24》▶ 正解　4

1）**適　切**。なお、短期プライムレートとは、金融機関の取引先に対する短期貸付（1年以内の期間）の最優遇金利である。

2）**適　切**。なお、一般的に、固定金利型住宅ローンの適用金利は、新発10年長期国債利回りを指標とする金利が適用されている。

3）**適　切**。市場金利と債券価格は反対の動きをする。

金利上昇 ―債券の利率の低さが嫌気される→ 債券価格下落 ＝ 債券利回り上昇

金利低下 ―債券の利率の高さが人気となる→ 債券価格上昇 ＝ 債券利回り低下

4）**不適切**。為替相場が円安になると、原油などの原材料の輸入物価が値上がりする要因となり得る。また、輸入物価が値上がりすると、それが国内に波及して国内物価も上昇するため、金利の上昇につながる。

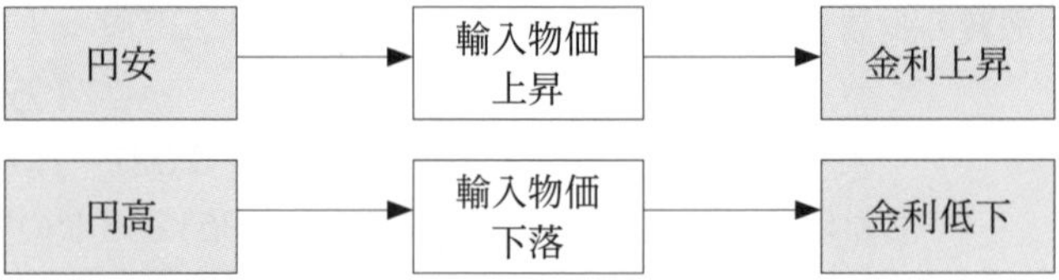

【第8問】

《問25》▶ 正解　19,890,000（円）

現在の額を複利運用した場合の将来の元利合計は「現在の額×終価係数」で計算する。

18,000,000円×1.105(年利1.0%・10年の終価係数)＝**19,890,000円**

《問26》▶ 正解　3,882,400（円）

毎年の受取額から現在の必要額を求めるには「毎年の受取額×年金現価係数」で計算する。

800,000円×4.853(年利1.0%・５年の年金現価係数)＝**3,882,400円**

《問27》▶ 正解　1,125,000（円）

借入額から、毎年の返済額を求めるには「借入額×資本回収係数」で計算する。

25,000,000円×0.045(年利1.0%・25年の資本回収係数)＝**1,125,000円**

【第9問】

《問28》▶ 正解　3

1）**不適切**。夫婦での収入合算を利用すると、借入金額を増やすことができる。

2）**不適切**。ペアローンでは、夫婦二人で住宅ローン控除の適用を受けることができる。

3）**適　切**。他のローンが完済すると、住宅ローンの借入可能額が増える可能性がある。

4）**不適切**。収入合算の場合、契約は１本であるため団体信用生命保険は、主債務者一人しか付保できない。

《問29》 正解 (ア) ○ (イ) × (ウ) ○

(ア) 適　切。医療費控除は、所得控除の一種であり、一定額を所得金額から控除できる。また、本人のほか、生計を一にする配偶者その他の親族に対する医療費を支払った場合にも適用できる。

(イ) **不適切**。住宅ローン控除は**税額控除**の一種である。一定額を算出税額から控除できる。

(ウ) 適　切。生命保険料控除は、所得控除の一種であり、一定額を所得金額から控除できる。

《問30》 正解 1,740 (万円)

マンション土地価格＝販売価格－(建物本体価格＋建物消費税額)

マンション販売価格のうち消費税がかかるのは建物のみ（土地は非課税）であるため、消費税額160万円を10%で除せば、建物本体価格が求まる。160万円÷10%＝1,600万円

よって土地価格＝3,500万円－(1,600万円＋160万円)＝1,740万円

《問31》 正解 (ア) 2 (イ) 5 (ウ) 8

「被扶養者になるには、主として被保険者により生計を維持していることおよび原則として、日本国内に住所を有していることが必要です。生計維持の基準は、被扶養者となる人が被保険者と同一世帯に属している場合、原則として、被扶養者となる人の年間収入が（ア　**130万円**）未満（60歳以上の人または一定の障害者は180万円未満）で、被保険者の収入の（イ　**2分の1**）未満であることとされています。

被扶養者となる人の年間収入については、過去の収入、現時点の収入または将来の収入の見込みなどから、今後1年間の収入を見込むものとされています。なお、雇用保険の失業給付や公的年金等は、収入に（ウ　**含まれます**）。」

《問32》▶ 正解　（ア）3　（イ）5　（ウ）8

・雅弘さんへの傷病手当金は、（ア　7月13日）より支給が開始される。
・雅弘さんへ支給される1日当たりの傷病手当金の額は、次の算式で計算される。
　［支給開始日の以前12ヵ月間の各標準報酬月額を平均した額］÷30日×（イ　2/3）
・傷病手当金が支給される期間は、支給を開始した日から通算して、最長で（ウ　1年6ヵ月）である。

〈解説〉
（ア）傷病手当金は、連続して3日以上休んだ場合、4日目より支給される。

《問33》▶ 正解　1

・基本手当を受給できる期間は、原則として離職の日の翌日から（ア　1年間）である。
・直司さんの場合、基本手当の所定給付日数は（イ　90日）である。
・直司さんの場合、基本手当は、受給資格決定日以後、7日間の待期期間および（ウ　2ヵ月）の給付制限期間を経て支給が開始される。

〈解説〉
イ、自己都合退職は、〈資料〉一般の受給資格者にあたる。雇用期間は9年間（35歳－26歳）のため、1年以上10年未満の90日となる。

《問34》▶ 正解　1

1）**適　切**。遺族厚生年金の額は、老齢厚生年金の報酬比例部分を計算した額の4分の3に相当する額である。
2）**不適切**。被保険者が死亡し、被保険者月数が**300月**（25年）に満たない場合は**300月**として計算する。
3）**不適切**。遺族基礎年金は、末子が18歳到達年度末日（障害等級1、2級の子は20歳未満）になると子の加算額のみならず、年金本体も支給されなくなる。

4）不適切。中高齢寡婦加算額は、夫死亡時40歳以上の子のない妻、もしくは子のある妻の場合、妻が40歳以上65歳未満で遺族基礎年金が受けられない期間に遺族厚生年金に加算される。したがって、末子の美里さんが18歳到達年度末日になると遺族基礎年金は支給されなくなるので、その後、里枝さんは中高齢寡婦加算額が加算される。

【第10問】

《問35》▶ 正 解　6,900（万円）

バランスシートにおいて、純資産額は「保有資産総額(時価)－負債総額」により計算する。

〈資産〉 金融資産：[2,500万円＋350万円](預貯金)＋200万円(株式)＋300万円(社債)＝3,350万円

生命保険：130万円＋270万円＝400万円(解約返戻金相当額)

不動産　：3,000万円(土地)＋600万円(建物)＝3,600万円

動産等　：200万円＋100万円＝300万円

資産合計：3,350万円＋400万円＋3,600万円＋300万円＝**7,650万円**

〈負債〉 住宅ローン：750万円

したがって、純資産額は7,650万円－750万円＝**6,900万円**となる。

《問36》▶ 正 解　4

	65歳未満	65歳以上
被保険者	一般被保険者	（ア　**高年齢**）被保険者
求職者給付	基本手当	（イ　**高年齢求職者**）給付金
給付制限期間	あり	（ウ　**あり**）
失業の認定	4週間ごとに1回	（エ　**1回限り**）

《問37》▶ 正 解　3

相続税の総額は、課税遺産総額を相続税法上の相続人が、その法定相続分に応じて取得したものと仮定し、その各取得金額に相続税の税率を乗じて算出した金額を合計して計算する。本問における相続税法上の相続人は、俊子・愛子・英男・麻美子の計4人である。なお、相続の放棄がなく、養子がいない場合には、相続税法上の相続人と民法上の相続人は一致する。また、各人の法定相続分は俊

子が$\frac{1}{2}$、愛子・英男・麻美子が各$\frac{1}{6}$である。

　したがって、
俊子の相続税の総額の基礎となる税額：

　(12,000万円×$\frac{1}{2}$)×30%－700万円＝1,100万円

愛子・英男・麻美子の相続税の総額の基礎となる税額：

　(12,000万円×$\frac{1}{6}$)×15%－50万円＝250万円

相続税の総額：1,100万円＋250万円×３人＝**1,850万円**

《問38》▶ 正解　24,000（円）

　償還差益＝400万円×(100円－97.00円)/100円＝120,000円
　税額＝120,000円×(所得税率15%＋住民税率５%)＝24,000円

《問39》▶ 正解　3

税額＝(贈与を受けた額－配偶者控除2,000万円－基礎控除額110万円)×税率（※）

＝(2,400万円＋600万円－2,000万円－110万円)×40%－125万円（※）
＝231万円
（※）配偶者は直系尊属ではないため、〈贈与税の速算表〉（ロ）上記（イ）以外の場合、を用いる。

《問40》▶ 正解　4

〈資料〉

［一郎さんの介護（住宅）サービス利用時の自己負担額：2024年８月分］

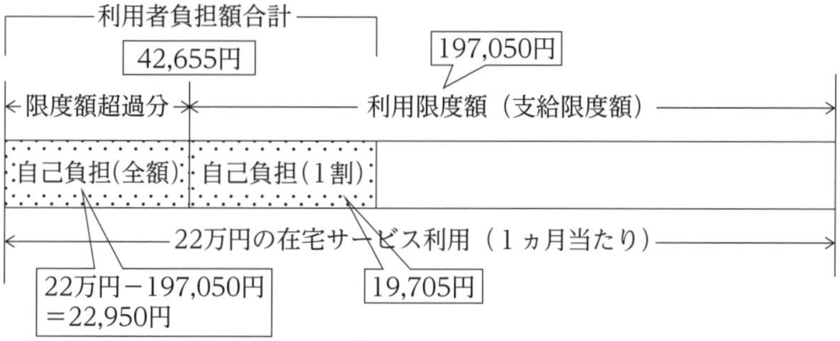

〈解説〉

・介護（在宅）サービス利用者負担額合計
＝(在宅サービス利用料－利用限度額)＋自己負担額
＝(22万円－197,050円(※1))＋19,705円(※2)＝42,655円

（※１）［在宅サービスの１ヵ月あたりの区分支給限度基準額］より、要介護２
19,705単位×10円＝197,050円

（※２）197,050円×0.1(１割)＝19,705円

装丁・本文デザイン：株式会社シンクロ

一般社団法人　金融財政事情研究会　ファイナンシャル・プランニング技能検定
２級実技試験（個人資産相談業務）　平成29年10月許諾番号1710K000002

2024－2025年版《ねんばん》
スッキリとける過去《かこ》＋予想問題《よそうもんだい》　ＦＰ技能士《ぎのうし》２級《きゅう》・ＡＦＰ

（2010-2011年版　2010年７月30日　初版　第１刷発行）
2024年５月30日　初　版　第１刷発行

編著者　ＴＡＣ株式会社（FP講座）
発行者　多田敏男
発行所　TAC株式会社　出版事業部（TAC出版）

〒101-8383
東京都千代田区神田三崎町3-2-18
電話 03(5276)9492(営業)
FAX 03(5276)9674
https://shuppan.tac-school.co.jp

組版　株式会社 グラフト
印刷　株式会社 ワコー
製本　東京美術紙工協業組合

ISBN 978-4-300-11191-8
N.D.C. 338

TACは何度も出題されるところを知り尽くしています！

OP オプション講座

2級直前対策パック（試験対策4回+公開模試１回）

「2 級直前対策パック」は、問題演習によって頻出論点の総整理ができる試験対策と、オリジナルの予想問題で試験直前の総仕上げができる公開模試を組み合わせたコースです。また、「公開模試」のみでもお申込みいただけます。

試験対策

「あてる TAC 直前予想模試」（TAC 出版）収録の模擬試験（学科３回分＋実技１回分）を使用して知識を総整理するとともに、本試験で実践できる解法テクニックを習得し、得点力を確実なものにします。

また、「過去の出題履歴とズバリ出題予想」「計算問題対策ドリル」「20 点アップ直前つめこみノート」などの付録も充実、自習用教材としてもぜひご活用ください。

模擬試験 問題

模擬試験 解答・解説

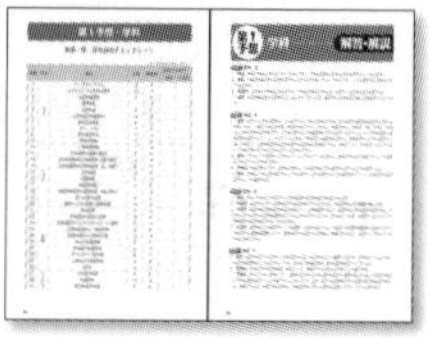

出題履歴・出題予想

計算ドリル

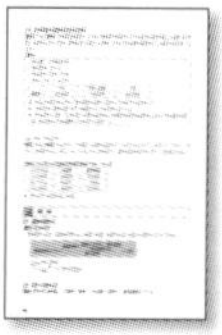

直前つめこみノート

公開模試

本試験前の実力判定！ TAC の予想問題に挑戦！

■ **本試験を想定した予想問題**
最新の試験傾向、試験に重要な法改正を徹底分析した TAC オリジナル予想問題です。

■ **本番の緊張感と臨場感を体験**
本試験と同形式の問題を同時間で解くので、本番へのシミュレーションとして最適です。

■ **詳細な解答・解説、個別成績診断書（Web 閲覧）**
自分の理解度、弱点を正確に把握することにより、直前期に効率的かつ効果的な学習が可能となり、合格への大きな自信となります。

通常受講料

2 級直前対策パック（試験対策＋公開模試）

	テキストあり	テキストなし
通学（教室・ビデオブース）講座	¥16,500	¥14,300
Web通信講座		
DVD通信講座	¥19,200	¥17,000

※使用教材「あてるTAC直前予想模試」（TAC出版）をお持ちでない方は「テキストあり」の、すでにお持ちの方は「テキストなし」の受講料にてお申込みください。
※「学科＋実技」のセット申込限定です。「学科のみ」「実技のみ」のお申込みはいただけません。

公開模試

	学科＋実技	学科のみ	実技のみ
会場受検	¥3,100	¥1,600	¥1,600
自宅受検			

※「2級直前対策パック」「公開模試」の受講料は教材費込・消費税込です。
※「2級直前対策パック」「公開模試」は入会金不要です。

コースの詳細、割引制度等は、TAC HP またはパンフレットをご覧ください。

TAC FP 2級直前対策パック

FP（ファイナンシャル・プランナー）対策書籍のご案内

TAC出版のFP（ファイナンシャル・プランニング）技能士対策書籍は金財、日本FP協会それぞれに対応したインプット用テキスト、アウトプット用テキスト、インプット＋アウトプット一体型教材、直前予想問題集の各ラインナップで、受検生の多様なニーズに応えていきます。

みんなが欲しかった! シリーズ

『みんなが欲しかった! FPの教科書』
●1級 学科基礎・応用対策　●2級・AFP　●3級
1級:滝澤ななみ 監修・TAC FP講座 編著・A5判・2色刷
2・3級:滝澤ななみ 編著・A5判・4色オールカラー
■ イメージがわきやすい図解と、シンプルでわかりやすい解説で、短期間の学習で確実に理解できる! 動画やスマホ学習に対応しているのもポイント。

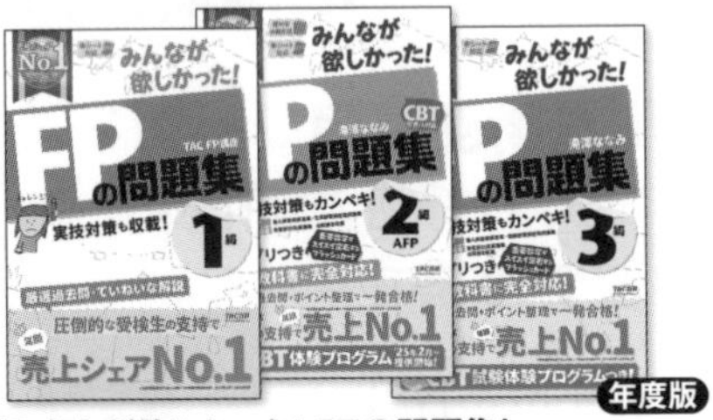

『みんなが欲しかった! FPの問題集』
●1級 学科基礎・応用対策　●2級・AFP　●3級
1級:TAC FP講座 編著・A5判・2色刷
2・3級:滝澤ななみ 編著・A5判・2色刷
■ 無駄をはぶいた解説と、重要ポイントのまとめによる「アウトプット→インプット」学習で、知識を完全に定着。

『みんなが欲しかった! FPの予想模試』
●3級　TAC出版編集部 編著
滝澤ななみ 監修・A5判・2色刷
■ 出題が予想される厳選模試を学科3回分、実技2回分掲載。さらに新しい出題テーマにも対応しているので、本番前の最終確認に最適。

『みんなが欲しかった! FP合格へのはじめの一歩』
滝澤ななみ 編著・
A5判・4色オールカラー
■ FP3級に合格できて、自分のお金ライフもわかっちゃう。本気でやさしいお金の入門書。自分のお金を見える化できる別冊お金ノートつきです。

わかって合格る シリーズ

『わかって合格る FPのテキスト』
●3級　TAC出版編集部 編著
A5判・4色オールカラー
■ 圧倒的なカバー率とわかりやすさを追求したテキスト!さらに人気YouTuberが監修してポイント解説をしてくれます。

『わかって合格る FPの問題集』
●3級　TAC出版編集部 編著
A5判・2色刷
■ 過去問題を徹底的に分析し、豊富な問題数で合格をサポート!さらに人気YouTuberが監修しているので、わかりやすさも抜群。

スッキリ シリーズ

『スッキリわかる FP技能士 』
●1級 学科基礎・応用対策　●2級・AFP　●3級
白鳥光良 編著・A5判・2色刷
■ テキストと問題集をコンパクトにまとめたシリーズ。繰り返し学習を行い、過去問の理解を中心とした学習を行えば、合格ラインを超える力が身につきます!

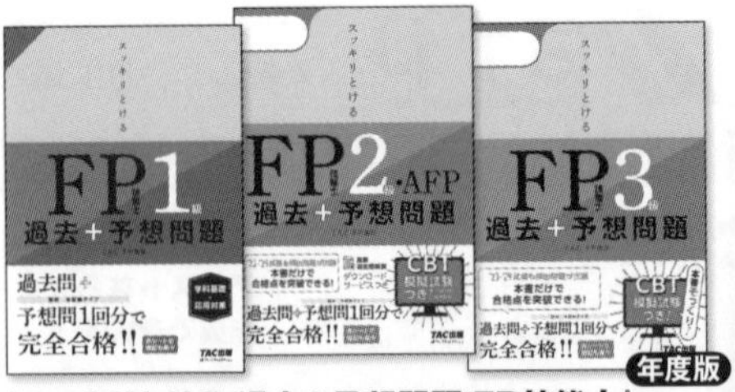

『スッキリとける 過去＋予想問題 FP技能士』
●1級 学科基礎・応用対策　●2級・AFP　●3級
TAC FP講座 編著・A5判・2色刷
■ 過去問の中から繰り返し出題される良問で基礎力を養成し、学科・実技問題の重要項目をマスターできる予想問題で解答力を高める問題集。

TAC出版
TAC PUBLISHING Group

よくわかるFP シリーズ

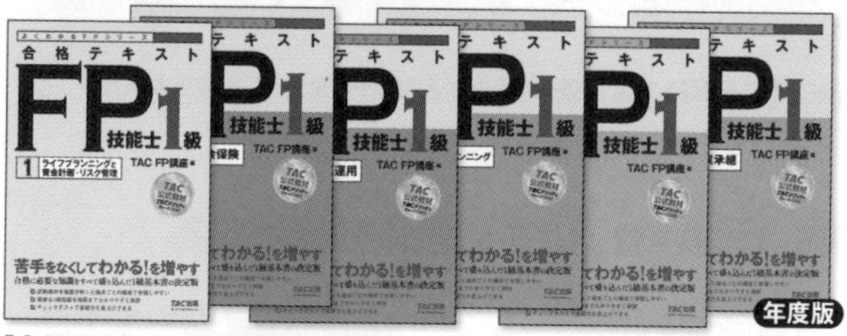

『合格テキスト FP技能士1級』
●1 ライフプランニングと資金計画・リスク管理　●2 年金・社会保険　●3 金融資産運用
●4 タックスプランニング　●5 不動産　●6 相続・事業承継
TAC FP講座 編著・A5判・2色刷
■ TAC FP講座公式教材。それぞれの論点について、「きちんとわかる」をコンセプトに、合格に必要な知識をすべて盛り込んだFP技能士1級対策基本書の決定版。

『合格トレーニング FP技能士1級』
TAC FP講座 編著・A5判・1色刷
■ TAC FP講座公式教材。本試験対応力を養う、総仕上げの問題集。出題傾向を徹底分析し、過去問題から頻出問題を厳選。覚えておくべき論点は「ポイントまとめ」で最終確認もバッチリ。

あてる直前予想模試

＊本試験約3ヵ月前に改訂(3級は5月改訂のみ)

『○年○月試験をあてる　TAC直前予想模試 FP技能士』
●2級・AFP　●3級
TAC FP講座 編著・B5判・2色刷
■ 本試験の出題を予想した模試3回分に加えて、頻出の計算問題を収載した「計算ドリル」や、直前期の暗記に役立つ「直前つめこみノート」など、直前対策に役立つコンテンツを厳選収載!

●1級
TAC FP講座 編著・B5判・2色刷
■ 本試験の出題を予想した模試3回分に加えて、最新の法改正情報や実技試験対策も掲載! 直前対策はこれ一冊で完璧。

啓蒙書 ほか

『FPの極意がわかる本
～活かし方・働き方・稼ぎ方～
第3版』
藤原久敏 著・A5判

『女性のための資格シリーズ
自力本願で
ファイナンシャル・プランナー』
森江加代 著・A5判

『47テーマで学ぶ家計の教科書
節約とお金の基本』
矢野きくの 北野琴奈 著・A5判

年度版 マークのある書籍は、試験実施年月に合わせて年度改訂を行っています。
掲載の内容は、2024年4月現在の内容です。各書籍の価格等詳細につきましては、下記サイバーブックストアにてご確認ください。

TAC出版の書籍は こちらの方法でご購入 いただけます	1 全国の書店・大学生協　2 TAC各校 書籍コーナー 3 インターネット　CYBER BOOK STORE TAC出版書籍販売サイト アドレス https://bookstore.tac-school.co.jp/

書籍の正誤に関するご確認とお問合せについて

書籍の記載内容に誤りではないかと思われる箇所がございましたら、以下の手順にてご確認とお問合せをしてくださいますよう、お願い申し上げます。

なお、正誤のお問合せ以外の**書籍内容に関する解説および受験指導などは、一切行っておりません。**

そのようなお問合せにつきましては、お答えいたしかねますので、あらかじめご了承ください。

1 「Cyber Book Store」にて正誤表を確認する

TAC出版書籍販売サイト「Cyber Book Store」の
トップページ内「正誤表」コーナーにて、正誤表をご確認ください。

URL:https://bookstore.tac-school.co.jp/

2 1の正誤表がない、あるいは正誤表に該当箇所の記載がない ⇒ 下記①、②のどちらかの方法で文書にて問合せをする

★ご注意ください★

お電話でのお問合せは、お受けいたしません。

①、②のどちらの方法でも、お問合せの際には、「お名前」とともに、
「対象の書籍名(○級・第○回対策も含む)およびその版数(第○版・○○年度版など)」
「お問合せ該当箇所の頁数と行数」
「誤りと思われる記載」
「正しいとお考えになる記載とその根拠」
を明記してください。
なお、回答までに1週間前後を要する場合もございます。あらかじめご了承ください。

① ウェブページ「Cyber Book Store」内の「お問合せフォーム」より問合せをする

【お問合せフォームアドレス】

https://bookstore.tac-school.co.jp/inquiry/

② メールにより問合せをする

【メール宛先　TAC出版】

syuppan-h@tac-school.co.jp

※土日祝日はお問合せ対応をおこなっておりません。
※正誤のお問合せ対応は、該当書籍の改訂版刊行月末日までといたします。

乱丁・落丁による交換は、該当書籍の改訂版刊行月末日までといたします。なお、書籍の在庫状況等により、お受けできない場合もございます。
また、各種本試験の実施の延期、中止を理由とした本書の返品はお受けいたしません。返金もいたしかねますので、あらかじめご了承くださいますようお願い申し上げます。

TACにおける個人情報の取り扱いについて
■お預かりした個人情報は、TAC(株)で管理させていただき、お問合せへの対応、当社の記録保管にのみ利用いたします。お客様の同意なしに業務委託先以外の第三者に開示、提供することはございません(法令等により開示を求められた場合を除く)。その他、個人情報保護管理者、お預かりした個人情報の開示等及びTAC(株)への個人情報の提供の任意性については、当社ホームページ(https://www.tac-school.co.jp)をご覧いただくか、個人情報に関するお問い合わせ窓口(E-mail:privacy@tac-school.co.jp)までお問合せください。

(2022年7月現在)

スッキリとける

予想問題編

〈問題〉

●この色紙を残したまま、問題冊子をゆっくり引いて取り外してください（下図を参照）。取り外しの際の損傷についてのお取替えはご遠慮願います。

●解答用紙は冊子の最終ページに掲載しています。ハサミやカッターで切り取ってご利用ください。必要に応じ、コピーしてご利用ください。

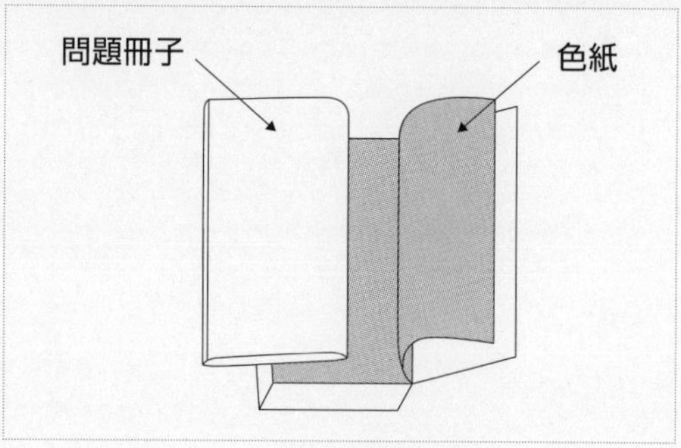

2級

ファイナンシャル・プランニング技能検定

学科　予想問題

実 施 日◆	年　月　日（　）
試験時間 ◆	120分

TAC　FP講座

次の各問について答えを１つ選び、その番号を解答用紙にマークしなさい。

⑴　ファイナンシャル・プランナー（以下「ＦＰ」という）の顧客に対する行為に関する次の記述のうち、関連法規に照らし、最も不適切なものはどれか。

1）社会保険労務士の登録を受けていないＦＰのＡさんは、ライフプランの相談に来た顧客に対して、老齢基礎年金や老齢厚生年金の受給要件や請求方法の概要を無償で説明した。

2）弁護士の登録を受けていないＦＰのＢさんは、資産管理の相談に来た顧客の求めに応じ、有償で、当該顧客を委任者とする任意後見契約の受任者となった。

3）生命保険募集人の登録を受けていないＦＰのＣさんは、ライフプランの相談に来た顧客に対して、個人年金保険の一般的な商品性や活用方法を有償で説明した。

4）金融商品取引業の登録を受けていないＦＰのＤさんは、金融資産運用に関心のある不特定多数の者に対して、有価証券の価値の分析に基づき、インターネットを利用して個別・相対性の高い投資情報を有償で提供した。

⑵　公的医療保険に関する次の記述のうち、最も適切なものはどれか。

1）退職により健康保険の被保険者資格を喪失した者が、健康保険の任意継続被保険者になるためには、資格喪失日の前日まで継続して２年以上の被保険者期間がなければならない。

2）健康保険や国民健康保険の被保険者は、原則として、70歳に達したときに、その被保険者資格を喪失して後期高齢者医療制度の被保険者となる。

3）全国健康保険協会管掌健康保険（協会けんぽ）の一般保険料率は、都道府県ごとに算定され、保険料は、原則として、労使で折半して負担する。

4）自営業者や農林漁業従事者などが被保険者となる国民健康保険は、国が保険者として運営している。

⑶　労働者災害補償保険（以下「労災保険」という）に関する次の記述のうち、最も不適切なものはどれか。

1）労働者が業務上の負傷または疾病により、労災指定病院で療養補償給付として受ける療養の給付については、労働者の一部負担金はない。

2）労働者が業務上の負傷または疾病による療養のために労働することができず、賃金の支給を受けられない日が４日以上に及ぶ場合、休業４日目から休業補償給付が支給される。

3）労災保険の保険料を計算する際に用いる労災保険率は、災害発生率に応じて事業の種類ごとに定められている。

4）労働者が業務上の負傷または疾病が治癒したときに一定の障害が残り、その障害の程度が所定の障害等級に該当するときは、障害補償年金または障害補償一時金のいずれかを選択して受給することができる。

(4) 雇用保険に関する次の記述のうち、最も適切なものはどれか。

1）雇用保険の適用事業所に雇用される者であっても、日本国籍を有しない者は、原則として、雇用保険の被保険者とならない。

2）雇用保険の一般被保険者が失業した場合、基本手当の支給を受けるためには、原則として、離職の日以前2年間に被保険者期間が通算して6ヵ月以上あること等の要件を満たす必要がある。

3）育児休業給付金の支給額は、賃金が支払われなかった場合、育児休業給付金の支給に係る休業日数が通算して181日目以降については、1支給単位期間当たり、「休業開始時賃金日額×支給日数×50％」相当額である。

4）高年齢雇用継続基本給付金の支給を受けるためには、原則として、60歳到達時に雇用保険の一般被保険者であった期間が通算して10年以上あること等の要件を満たす必要がある。

(5) 公的年金に関する次の記述のうち、最も適切なものはどれか。

1）産前産後休業を取得している厚生年金保険の被保険者の厚生年金保険料は、所定の手続きにより、被保険者負担分に限り免除される。

2）厚生年金保険の適用事業所に常時使用される者のうち、65歳以上の者は、厚生年金保険の被保険者とならない。

3）国民年金の保険料免除期間に係る保険料のうち、追納することができる保険料は、追納に係る厚生労働大臣の承認を受けた日の属する月前2年以内の期間に係るものに限られる。

4）日本国籍を有するが日本国内に住所を有しない20歳以上65歳未満の者は、国民年金の第2号被保険者および第3号被保険者に該当しない場合、原則として、国民年金の任意加入被保険者となることができる。

(6) 公的年金等に係る税金に関する次の記述のうち、最も適切なものはどれか。

1）障害基礎年金および遺族基礎年金は、所得税および住民税の課税対象となる。

2）年末調整の対象となる給与所得者が学生納付特例の承認を受けた期間に係

る国民年金保険料を追納する場合、当該保険料に係る社会保険料控除の適用を受けるためには所得税の確定申告をしなければならず、年末調整によってその適用を受けることはできない。

3）国民年金基金の掛金は、所得税の生命保険料控除の対象となる。

4）小規模企業共済の加入者が事業を廃止した際に受け取る共済金は、一括受取りを選択した場合、退職所得として所得税の課税対象となる。

(7) 公的年金の遺族給付に関する次の記述のうち、最も適切なものはどれか。

1）配偶者が死亡したことにより遺族厚生年金の受給権を取得した65歳以上の受給権者について、その受給権者が受給できる老齢厚生年金の額が、遺族厚生年金の額を上回る場合は、遺族厚生年金の全部が支給停止される。

2）遺族基礎年金を受給することができる遺族は、国民年金の被保険者等の死亡の当時、その者によって生計を維持し、かつ、所定の要件を満たす「子のある妻」または「子」である。

3）死亡一時金は、国民年金の第1号被保険者として保険料納付済期間が24月以上ある者が老齢基礎年金・障害基礎年金を受給せずに死亡した場合、一定の遺族に支給される。

4）厚生年金保険の被保険者が死亡し、子のない40歳未満の妻が遺族厚生年金の受給権を取得した場合、その妻に対する遺族厚生年金の支給期間は、最長で5年間となる。

(8) 国民年金基金、中小企業退職金共済および小規模企業共済に関する次の記述のうち、最も適切なものはどれか。

1）国民年金基金の給付には、老齢年金、障害年金、遺族一時金がある。

2）日本国籍を有するが、日本国内には住所を有しない20歳以上65歳未満の国民年金の任意加入被保険者は、国民年金基金に加入することができない。

3）中小企業退職金共済の掛金は、事業主が全額を負担し、掛金月額は、被共済者1人当たり3万円が上限となっている。

4）常時使用する従業員数が10人の小売業を営む個人事業主は、小規模企業共済に加入することができる。

(9) 奨学金および教育ローンに関する次の記述のうち、最も不適切なものはどれか。

1）日本学生支援機構の奨学金（貸与型）の返還が困難となった場合、一定期間の返還を猶予する返還期限猶予を申請することができる。

2）日本学生支援機構の奨学金（貸与型）と日本学生支援機構の奨学金（給付型）は、併せて利用することができない。

3）日本政策金融公庫の教育一般貸付（国の教育ローン）の資金使途として、入学金・授業料等の学校納付金や教材費だけでなく、受験にかかった費用や在学のために必要となる住居費用も対象となる。

4）日本政策金融公庫の教育一般貸付（国の教育ローン）は、学生の保護者が申込人となるが、世帯の収入（所得）について、子供の人数に応じた上限額が設けられている。

⑽　中小企業の資金調達の各種方法と一般的な特徴に関する次の記述のうち、最も不適切なものはどれか。

1）ＡＢＬ（動産・債権担保融資）は、企業が保有する売掛債権や在庫・機械設備等の動産あるいは知的財産等を担保に資金を調達する方法であり、不動産担保や個人保証に過度に依存することなく資金を調達できるというメリットがある。

2）私募債は、少数の特定の投資家が直接引き受ける社債であり、企業が資本市場から直接資金を調達（直接金融）する手段の1つである。

3）信用保証協会保証付融資（マル保融資）は、中小企業者が金融機関から融資を受ける際に信用保証協会が保証するものであり、利用するためには、業種に応じて定められた資本金の額（出資の総額）または常時使用する従業員数の要件を満たす必要がある。

4）インパクトローンは、米ドル等の外貨によって資金を調達する方法であり、その資金使途は、海外事業の展開・再編に係るものに限定されている。

⑾　少額短期保険に関する次の記述のうち、最も適切なものはどれか。

1）少額短期保険業者が取り扱う保険契約は、生命保険契約者保護機構または損害保険契約者保護機構のいずれも保護の対象とならない。

2）少額短期保険では、保険期間の満了時に満期返戻金を受け取ることができる。

3）少額短期保険の保険期間は、生命保険、傷害疾病保険および損害保険のいずれも1年が上限である。

4）少額短期保険は、低発生率保険および経過措置を適用している少額短期保険業者が引き受ける保険契約を除き、被保険者1人につき加入できる保険金額の合計額は2,000万円が上限である。

⑿　死亡保障を目的とする生命保険の一般的な商品性に関する次の記述のうち、最も適切なものはどれか。なお、記載のない特約については考慮しないものとする。

1）変額保険（終身型）の死亡保険金の額は、運用実績に応じて保険金額が変動するため、契約時に定めた保険金額（基本保険金額）は保証されず、基本保険金額を下回ることがある。

2）収入保障保険の死亡保険金を一時金で受け取る場合の受取額は、年金形式で受け取る場合の受取総額よりも多くなる。

3）逓増定期保険は、保険期間の経過に伴い所定の割合で保険料が逓増するが、保険金額は一定である。

4）定期保険特約付終身保険（更新型）は、定期保険特約を同額の保険金額で更新する場合、被保険者の健康状態についての告知や医師の診査は不要である。

⒀　個人年金保険の一般的な商品性に関する次の記述のうち、最も不適切なものはどれか。

1）確定年金において、保険料払込期間中に被保険者が死亡した場合、死亡保険金受取人が既払込保険料相当額の死亡保険金を受け取ることができる。

2）保証期間付終身年金において、契約時の被保険者の年齢、基本年金額、保険料払込期間や年金受取開始年齢などの契約内容が同一の場合、その保険料は、被保険者が女性であるよりも男性である方が高くなる。

3）保証期間付終身年金において、保証期間中に被保険者（＝年金受取人）が死亡した場合、被保険者の相続人が残りの保証期間に対応した年金を受け取ることができる。

4）確定年金において、保険料払込満了から年金受取開始までの据置期間を長く設定すれば、年金の受取総額を増やすことができる。

⒁　生命保険の税金に関する次の記述のうち、最も適切なものはどれか。なお、いずれも契約者（＝保険料負担者）および保険金・給付金等の受取人は個人であるものとする。

1）契約者と被保険者が同一人である終身保険において、被保険者がリビング・ニーズ特約に基づいて受け取った特約保険金は、一時所得として課税の対象となる。

2）契約者と被保険者が同一人である養老保険において、被保険者の相続人ではない者が受け取った死亡保険金は、贈与税の課税対象となる。

3）契約者と被保険者が同一人である医療保険において、被保険者が傷病の治療のために手術したことにより受け取った手術給付金は、一時所得として課税の対象となる。

4）一時払終身保険を保険期間の初日から4年6ヵ月で解約して契約者が受け取った解約返戻金は、一時所得として課税の対象となる。

⒂ 生命保険料控除に関する次の記述のうち、最も適切なものはどれか。

1）変額個人年金保険の保険料は、個人年金保険料控除の対象となる。

2）2011年12月31日以前に締結した医療保険契約を2012年1月1日以後に更新した場合、更新後の保険料は介護医療保険料控除の対象とならず、一般の生命保険料控除の対象となる。

3）2012年1月1日以後に締結した生命保険契約に付加された災害割増特約の保険料は、一般の生命保険料控除の対象となる。

4）終身保険の保険料の払込みがないために自動振替貸付となった場合、それによって立て替えられた金額は、生命保険料控除の対象となる。

⒃ 契約者（＝保険料負担者）を法人、被保険者を役員とする生命保険契約の経理処理に関する次の記述のうち、最も不適切なものはどれか。なお、特約については考慮しないものとする。また、いずれの保険契約も2023年9月に締結し、保険料は年払いであるものとする。

1）法人が受け取った医療保険の手術給付金は、その全額を雑収入として益金の額に算入する。

2）死亡保険金受取人が法人で、最高解約返戻率が65％である定期保険（保険期間20年、年払保険料120万円）の支払保険料は、保険期間の前半4割相当期間においては、その40％相当額を資産に計上し、残額を損金の額に算入することができる。

3）死亡保険金受取人が法人である終身保険を解約して受け取った解約返戻金は、その全額を雑収入として益金の額に算入する。

4）死亡保険金受取人および満期保険金受取人が法人である養老保険の支払保険料は、その全額を資産に計上する。

⒄ 総合福祉団体定期保険の一般的な商品性に関する次の記述のうち、最も不適切なものはどれか。なお、契約者は法人であるものとする。

1）契約の締結には、被保険者になることについての加入予定者の同意が必要である。

2）総合福祉団体定期保険は、1年更新の定期保険である。
3）ヒューマン・ヴァリュー特約を付加した場合、当該特約の死亡保険金受取人は従業員の遺族となる。
4）法人が負担した保険料は、その全額を損金の額に算入することができる。

⒅　任意加入の自動車保険の一般的な商品性に関する次の記述のうち、最も不適切なものはどれか。なお、記載のない特約については考慮しないものとする。
1）車両保険では、特約を付帯しない限り、地震・噴火またはこれらによる津波によって生じた損害における保険金は支払われない。
2）対人賠償保険では、被保険者が自動車事故によって他人を死傷させたことにより、法律上の損害賠償責任を負った場合、自動車損害賠償責任保険で支払われる金額を超える損害賠償額に対して保険金が支払われる。
3）人身傷害補償保険では、自動車事故によって被保険者が死傷した場合、被保険者自身の過失部分に対して減額された保険金が支払われる。
4）対物賠償保険では、被保険者が自動車を運転中に他の自動車に誤って追突し、相手車両の損害に対して法律上の損害賠償責任を負った場合、保険金が支払われる。

⒆　第三分野の保険の一般的な商品性に関する次の記述のうち、最も適切なものはどれか。
1）特定（三大）疾病保障定期保険では、ガン、急性心筋梗塞、脳卒中により所定の状態となった場合特定疾病保険金が支払われ、その後も契約は存続し、死亡した時に死亡保険金が支払われる。
2）所得補償保険は、ケガや病気により就業不能となった場合に、被保険者が喪失する収入を補償する保険であり、医師の指示による自宅療養中も保険金を受け取ることができる。
3）ガン保険では、入院した場合に「1回の入院限度日数」と「通算限度日数」により入院給付金の支払日数に制限があり、支払限度日数を超えた入院に対しては、入院給付金は支払われない。
4）先進医療特約において、支払い対象となる先進医療は、保険契約時点において厚生労働大臣が承認しているものとされている。

⒇　損害保険を活用した事業活動のリスク管理に関する次の記述のうち、最も適切なものはどれか。
1）印刷業を営む企業が、工場内の機械設備・装置が火災により損害を被った

場合に備えて、機械保険を契約した。

２）家具製造業を営む企業が、労働者災害補償保険（政府労災保険）の上乗せ補償を目的に、労働災害総合保険を契約した。

３）塗装工事業を営む企業が、従業員がマンションの外壁の塗装中に誤って工具を落として通行中の歩行者にケガを負わせた場合に備えて、施設所有（管理）者賠償責任保険を契約した。

４）設備工事業を営む企業が、住宅の水道工事完了後に工事ミスによる水道管の破損を原因とする水漏れ事故が発生して住宅に損害を与えた場合に備えて、受託者賠償責任保険を契約した。

(21)　為替相場や金利の変動要因等に関する次の記述のうち、最も不適切なものはどれか。

１）日本の物価が米国と比較して相対的に上昇することは、一般に円安米ドル高の要因となる。

２）米国が政策金利を引き上げ、日本と米国との金利差が拡大することは、一般に円安米ドル高の要因となる。

３）日本の対米貿易赤字が拡大することは、一般に円安米ドル高の要因となる。

４）日本銀行が、国債買入オペによって長期国債（利付国債）を買い入れ、金融市場に資金を供給することは、一般に市中金利の上昇要因となる。

(22)　上場投資信託（ＥＴＦ）に関する次の記述のうち、最も不適切なものはどれか。

１）証券取引所を通じて行うＥＴＦの取引では、成行注文や指値注文ができ、信用取引も可能である。

２）通常の場合、上場株式の売買と同様に、購入時と売却時それぞれに手数料がかかるが、運用管理費用（信託報酬）を徴収されることはない。

３）ＥＴＦは、日経平均株価や東証株価指数など特定の指数に運用成績が連動するように設計された契約型投資信託で、インデックスファンドの１つである。

４）東京証券取引所に上場されているＥＴＦには、日本株のほか、外国株やＲＥＩＴ（不動産投資信託）などの指数に連動する銘柄もある。

(23)　株式投資信託の運用手法および運用スタイルに関する次の記述のうち、最も適切なものはどれか。

1）各銘柄の投資指標の分析や企業業績などのリサーチによって銘柄を選定し、その積上げによってポートフォリオを構築する手法は、トップダウン・アプローチと呼ばれる。
2）マクロ的な環境要因等を基に国別組入比率や業種別組入比率などを決定し、その比率に応じて、個別銘柄を組み入れてポートフォリオを構築する手法は、ボトムアップ・アプローチと呼ばれる。
3）株価が現在の資産価値や利益水準などから割安と評価される銘柄に投資する手法は、バリュー投資と呼ばれる。
4）ベンチマークを上回る運用成果を目指す株式投資信託の運用手法は、パッシブ運用と呼ばれる。

(24) 固定利付国債の利回り（単利・年率）と市場金利の変動との関係を説明した次の記述の空欄（ア）、（イ）にあてはまる語句の組み合わせとして、最も適切なものはどれか。なお、手数料、経過利子、税金等については考慮しないものとし、国債のイールドカーブは順イールド（期間が長いものほど利回りが高い）の状況にあるものとする。

表面利率が1.2%、償還期限が5年（満期一括償還）の固定利付国債を発行時に額面100円当たり100円で購入し、3年後に売却した。売却時の市場金利が購入時よりも低下していた場合、通常、当該国債の額面100円当たりの売却価格は100円を（　ア　）、当該国債の購入時から売却時までの所有期間利回りは1.2%（　イ　）。

1）（ア）上回り　　（イ）よりも高くなる
2）（ア）下回り　　（イ）で変わらない
3）（ア）下回り　　（イ）よりも低くなる
4）（ア）上回り　　（イ）で変わらない

(25) 債券のデュレーションに関する次の記述の空欄（ア）、（イ）にあてはまる語句の組み合わせとして、最も適切なものはどれか。

デュレーションは、債券への投資資金の平均回収期間を表すとともに、債券投資における金利変動リスクの度合い（金利変動に対する債券価格の感応度）を表す指標としても用いられる。他の条件が同一であれば、債券の表面利率が（　ア　）ほど、また残存期間が長いほど、デュレーションは長くなる。なお、割引債券のデュレーションは、残存期間（　イ　）。

1）（ア）低い　（イ）と等しくなる
2）（ア）高い　（イ）よりも短くなる
3）（ア）低い　（イ）よりも短くなる
4）（ア）高い　（イ）と等しくなる

(26) 下記の〈資料〉から求められるPER（株価収益率）、PBR（株価純資産倍率）に基づく、X社株式とY社株式の株価の比較評価に関する次の記述のうち、最も適切なものはどれか。なお、X社とY社の業種および事業内容は同一の分類であるものとする。

〈資料〉X社およびY社の財務データ等

	X社	Y社
株価	500円	800円
1株当たり当期純利益	40円	50円
1株当たり純資産（＝自己資本）	500円	1,250円

1）PERではX社株式の方が割安、PBRではY社株式の方が割安と評価できる。
2）PERではY社株式の方が割安、PBRではX社株式の方が割安と評価できる。
3）PERとPBRのいずれにおいても、X社株式の方が割安であると評価できる。
4）PERとPBRのいずれにおいても、Y社株式の方が割安であると評価できる。

(27) 株式の信用取引に関する次の記述のうち、最も適切なものはどれか。
1）信用取引は、現物取引と同様に「買い」から取引を始めなければならない。
2）信用取引は、委託保証金の額の範囲内で行われるため、顧客が委託保証金の額を上回る損失を被ることはない。
3）委託保証金は、現金以外に有価証券でも代用することができるため、信用取引口座を開設している証券会社に管理を委託している現物の上場株式等を活用して取引することができる。
4）委託保証金率が30％である場合に、60万円の委託保証金を金銭で差し入れたときは、約定金額は100万円まで新規建てすることができる。

(28) 個人（居住者）が国内の金融機関等を通じて行う外貨建て金融商品の取引等に関する次の記述のうち、最も適切なものはどれか。
1）国内の証券取引所に上場している外国株式を国内委託取引により売買した

場合の受渡日は、売買の約定日から起算して4営業日目となる。
2）外貨定期預金の預入時に満期日の円貨での受取額を確定させるために為替先物予約を締結した場合、満期時に生じた為替差益は外貨預金の利息とは別に、雑所得として総合課税の対象となる。
3）国外の証券取引所に上場している外国株式を国内店頭取引により売買する場合、外国証券取引口座を開設する必要はない。
4）米ドル建て債券を保有している場合、米ドルに対する円の為替レートが円安に変動することは、当該債券に係る円換算の投資利回りの上昇要因となる。

(29) 金融派生商品に関する次の記述のうち、最も適切なものはどれか。
1）現物価格の変動による利益と同額の利益が発生するように、現物と同じポジションの先物を保有することなどにより、価格変動リスク等を回避または軽減することを狙う取引を、ヘッジ取引という。
2）現物価格と当該現物を原資産とする先物の理論価格との間で価格差が生じた場合、割安な方を売り、割高な方を買うポジションを組み、その価格差を利益として得ることを狙う取引を、裁定取引という。
3）先物の将来の価格を予想してポジションを取り、予想どおりの方向に変動したときに反対売買を行って利益を確定することを狙う取引を、スペキュレーション取引という。
4）金融派生商品を利用する場合、現物取引を行った場合と同等の投資効果を得るには、現物取引よりも多額の資金を投入する必要がある。

(30) 金融商品の取引に係る各種法規制に関する次の記述のうち、最も適切なものはどれか。なお、本問においては、「犯罪による収益の移転防止に関する法律」を犯罪収益移転防止法という。
1）消費者契約法に基づく消費者契約の取消権は、消費者が追認をすることができる時から1年間を経過したとき、あるいは消費者契約の締結時から3年を経過したときに消滅する。
2）消費者契約法では、事業者の不当な勧誘により締結した消費者契約によって損害を被った場合、消費者は、同法に基づく損害賠償を請求することができるとされている。
3）金、白金、大豆などのコモディティを対象とした市場デリバティブ取引は、金融商品取引法の適用対象となる。
4）犯罪収益移転防止法では、金融機関等の特定事業者が顧客と特定業務に係る取引を行った場合、特定事業者は、原則として、直ちに当該取引に関する記録を作成し、当該取引の行われた日から3年間保存しなければならないとされている。

(31) わが国の税制に関する次の記述のうち、最も適切なものはどれか。

1）所得税では、課税対象となる所得を15種類に区分し、それぞれの所得の種類ごとに定められた計算方法により所得の金額を計算する。

2）相続税では、納税者が申告書に記載した被相続人の資産等の内容に基づき、税務署長が納付すべき税額を決定する賦課課税方式を採用している。

3）相続税は直接税に該当し、消費税は間接税に該当する。

4）不動産取得税は国税に該当し、登録免許税は地方税に該当する。

(32) 所得税における各種所得に関する次の記述のうち、最も適切なものはどれか。

1）賃貸用土地および建物の取得者が、当該土地および建物を取得した際に支出した仲介手数料は、その支払った年分の不動産所得の金額の計算上、全額を必要経費に算入することができる。

2）不動産の貸付けをしたことに伴い敷金の名目により収受する金銭の額のうち、その年中に、返還を要することが確定した金額は、その年分の不動産所得の金額の計算上、総収入金額に算入する。

3）借家人が賃貸借の目的とされている居宅の立退きに際し受ける立退き料（借家権の消滅の対価の額に相当する部分の金額を除く）は、原則として一時所得に該当する。

4）収入のない専業主婦（夫）が金地金を売却したことによる所得は、雑所得となる。

(33) 所得税の各種所得の金額の計算上生じた次の損失の金額のうち、給与所得の金額と損益通算できるものはどれか。

1）自己資金により購入したマンションを賃貸して家賃を受け取ったことによる不動産所得の金額の計算上生じた損失の金額

2）健全に経営されていたゴルフ場の会員権を譲渡したことによる譲渡所得の金額の計算上生じた損失の金額

3）上場株式を譲渡したことによる譲渡所得の金額の計算上生じた損失の金額

4）終身保険の解約返戻金を受け取ったことによる一時所得の金額の計算上生じた損失の金額

⑶ 所得税における医療費控除に関する次の記述のうち、最も不適切なものはどれか。なお、「特定一般用医薬品等購入費を支払った場合の医療費控除の特例」は考慮しないものとする。

1）健康診断の結果により、重大な疾病が発見され、かつ、引き続きその疾病の治療をした場合には、その健康診断の費用は医療費控除の対象となる。

2）妊娠と判断されてからの定期健診や検査などの費用、または通院費用は、医療費控除の対象となる。

3）医療費控除の控除額は、その年中に支払った医療費控除の金額の合計額から総所得金額等の10％相当額または10万円のいずれか少ない金額を控除して計算される。

4）ビタミン剤などの病気の予防や健康増進のために用いられる医療品の購入代金は、医療費控除の対象とならない。

(35) 所得税における所得控除等に関する次の記述のうち、最も適切なものはどれか。

1）納税者の合計所得金額が2,400万円以下である場合、基礎控除の額は48万円である。

2）合計所得金額が900万円以下の納税者と生計を一にする配偶者（青色申告者の事業専従者として給与の支払いを受ける人および白色申告者の事業専従者である人を除く）の合計所得金額が48万円以下の場合、納税者が適用を受けることができる配偶者控除の額は36万円である。

3）控除対象扶養親族のうち、その年の12月31日時点の年齢が65歳以上の者を老人扶養親族といい、同居老親等の場合、その者に係る扶養控除の額は58万円である。

4）給与所得控除額は、給与等の収入金額に応じて計算されるが、収入金額が162.5万円以下である場合は55万円となり、収入金額が850万円を超える場合は220万円となる。

(36) 所得税における青色申告に関する次の記述のうち、最も不適切なものはどれか。

1）青色申告者と生計を一にしている配偶者やその他の親族のうち、年齢が15歳以上で、その青色申告者の事業に専ら従事している人に支払った給与は、事前に提出された届出書に記載された金額の範囲内で労務の対価として適正な金額であれば、必要経費に算入することができる。

2）その年の1月16日以降に新たに業務を開始した者が、その年分から青色申告の適用を受けようとする場合には、その業務を開始した日から3ヵ月以内に「青色申告承認申請書」を納税地の所轄税務署長に提出し、その承認を受けなければならない。

3）55万円の青色申告特別控除の適用を受けようとする事業を営む青色申告者は、取引の内容を正規の簿記の原則に従って記帳し、かつ、それに基づいて作成された貸借対照表や損益計算書などを添付した確定申告書を法定申告期限内に提出しなければならない。

4）不動産所得、事業所得または山林所得を生ずべき業務を行う者は、納税地の所轄税務署長の承認を受けて、青色申告書を提出することができる。

(37) 法人税の仕組みに関する次の記述のうち、最も適切なものはどれか。

1）期末資本金の額等が1億円以下の一定の中小法人に対する法人税の税率は、所得金額のうち年1,000万円以下の部分について軽減税率が適用される。

2）法人税の確定申告書は、原則として、各事業年度終了の日の翌日から1ヵ月以内に、納税地の所轄税務署長に提出しなければならない。

3）法人税の納税地は、原則として、その法人の代表者の住所または居所の所在地である。

4）法人税の各事業年度の所得の金額は、その事業年度の益金の額からその事業年度の損金の額を控除した金額である。

(38) 法人税の損金に関する次の記述のうち、最も適切なものはどれか。

1）役員退職給与を損金の額に算入するためには、所定の時期に確定額を支給する旨の定めの内容に関する届出書をあらかじめ税務署長に提出しなければならない。

2）2016年4月1日以後に取得した建物附属設備の減価償却方法は、定率法である。

3）2024年4月1日以後に支出する参加者1人当たり20,000円以下の得意先との接待飲食費は、必要とされる書類を保存していれば、税法上の交際費等に該当せず、その全額を損金の額に算入することができる。

4）損金の額に算入される租税公課のうち、事業税については、原則として、その事業税に係る納税申告書を提出した日の属する事業年度の損金の額に算入することができる。

(39) 会社と役員間の取引に係る所得税・法人税に関する次の記述のうち、最も適切なものはどれか。

1）会社が役員に支給した退職金は、金額の多寡にかかわらず、損金の額に算入することができる。

2）役員が会社に無利息で金銭の貸付けを行った場合、原則として、通常収受すべき利息に相当する金額が、その役員の雑所得の収入金額となる。

3）会社が所有する資産を適正な時価よりも低い価額で役員に譲渡した場合、その適正な時価と譲渡価額との差額が、その役員の給与所得の収入金額となる。

4）役員が所有する土地を会社に無償で譲渡した場合、会社は、その適正な時価の２分の１相当額を受贈益として益金の額に算入する。

(40) 決算書の見方に関する次の記述のうち、最も適切なものはどれか。

1）損益計算書の営業利益の額は、売上高の額から売上原価の額を差し引いた額である。

2）損益計算書の税引前当期純利益の額は、経常利益の額に営業外損益の額を加算・減算した額である。

3）流動比率（％）は、「流動資産÷固定資産×100」の算式で計算される。

4）自己資本比率（％）は、「自己資本÷総資産×100」の算式で計算される。

(41) 不動産の登記に関する次の記述のうち、最も不適切なものはどれか。

1）同一の不動産について二重に売買契約が締結された場合、譲受人相互間においては、売買契約の締結の先後にかかわらず、原則として、所有権移転登記を先にした者が当該不動産の所有権の取得を対抗することができる。

2）不動産の登記事項証明書の交付を請求することができる者は、当該不動産に利害関係を有する者に限られず、誰でも請求することができる。

3）区分建物を除く建物に係る登記記録において、床面積は、壁その他の区画の中心線で測られた部分の壁芯面積により算出される。

4）不動産の表示に関する登記を申請する場合、申請人は、原則として、その申請情報と併せて登記原因を証する情報を登記所に提供しなければならない。

(42) 宅地建物取引業法に関する次の記述のうち、最も不適切なものはどれか。なお、買主は宅地建物取引業者ではないものとする。

1）宅地建物取引業者が建物の貸借の媒介を行う場合、貸主と借主の双方から受け取ることができる報酬の合計額は、当該建物の借賃（消費税等相当額を除く）の１ヵ月分に相当する額に消費税等相当額を加算した額が上限となる。

2）宅地建物取引業者は、自ら売主となる宅地の売買契約の締結に際して、代金の額の10分の2を超える額の手付を受領することができない。

3）宅地建物取引業者が、自ら売主となる宅地の売買契約の締結に際して手付を受領したときは、その手付がいかなる性質のものであっても、買主が契約の履行に着手する前であれば、当該宅地建物取引業者はその倍額を現実に提供して、契約の解除をすることができる。

4）専任媒介契約の有効期間は、原則として3ヵ月であるが、双方の合意のもとであれば、これより長い期間を定めたときは、その期間となる。

(43) 建築基準法に関する次の記述のうち、最も適切なものはどれか。

1）建築基準法第42条第2項により道路境界線とみなされる線と道路との間の敷地部分（セットバック部分）は、建築物を建築することができないが、建蔽率および容積率を算定する際の敷地面積に算入することができる。

2）建築物の敷地が、工業専用地域と工業地域にわたる場合において、当該敷地の過半が工業地域内であるときは、原則として、住宅を建築することができない。

3）日影規制（日影による中高層の建築物の高さの制限）は、原則として、工業専用地域、工業地域、および商業地域を除く用途地域における建築物に適用される。

4）建築物の高さに係る道路斜線制限は、すべての用途地域における建築物に適用されるが、用途地域の指定のない区域内の建築物には適用されない。

(44) 借地借家法の規定に関する次の記述のうち、最も不適切なものはどれか。なお、本問においては、同法第22条から第24条の定期借地権等以外の借地権を普通借地権といい、特約については考慮しないものとする。

1）普通借地権の設定契約において、存続期間の定めがない場合には、その期間は30年となる。

2）普通借地権の設定契約を初めて更新する場合、原則として、その期間は更新の日から10年以内にしなければならない。

3）普通借地権の存続期間が満了する場合で、借地人が契約の更新を請求したときは、建物がある場合に限り、原則として、従前の契約と同一の条件で契約を更新したものとみなされる。

4）普通借地権の存続期間が満了する場合で、契約の更新がないときは、借地人は地主に対し、借地権の目的たる土地上の建物等を時価で買い取るべきことを請求することができる。

⑷⑸ 借地借家法に関する次の記述のうち、最も適切なものはどれか。なお、本問においては、同法第38条による定期建物賃貸借契約を定期借家契約といい、それ以外の建物賃貸借契約を普通借家契約という。

1）期間の定めのない普通借家契約において、建物の賃貸人が賃貸借の解約の申入れをし、正当の事由があると認められる場合、建物の賃貸借は、解約の申入れの日から6ヵ月を経過することによって終了する。

2）普通借家契約において存続期間を3ヵ月と定めた場合、その存続期間は1年とみなされる。

3）もっぱら事業の用に供する建物について定期借家契約を締結する場合、その契約は公正証書によってしなければならない。

4）定期借家契約は、契約当事者間の合意があっても、存続期間を1ヵ月未満とすることはできない。

⑷⑹ 都市計画法に関する次の記述のうち、最も適切なものはどれか。

1）都市計画法の規定によれば、市街化区域は、すでに市街化を形成している区域とされており、市街化調整区域は、おおむね10年以内に優先的かつ計画的に市街化を図るべき区域とされている。

2）市街地再開発事業の施行として行う開発行為には、都道府県知事等の許可を必要としない。

3）市街化区域における開発行為を行う場合、その規模にかかわらず、都道府県知事等の許可が必要である。

4）都市計画区域内において、用途地域が定められている区域については、防火地域または準防火地域のいずれかを定めなくてはならない。

⑷⑺ 建物の区分所有等に関する法律に関する次の記述のうち、最も適切なものはどれか。

1）共用部分に対する各区分所有者の共有持分は、原則として、その有する戸数の総戸数に占める割合となる。

2）専有部分の占有者は、区分所有者が規約または集会の決議に基づいて負うすべての義務と同一の義務を負う。

3）規約の設定・変更・廃止には、区分所有者および議決権の各4分の3以上の賛成による集会の決議を必要とする。

4）管理者は少なくとも半年に1回、集会を招集しなければならないとしている。

(48) 個人が居住用財産を譲渡した場合の譲渡所得に係る各種特例に関する記述のうち、最も不適切なものは次のうちどれか。なお、記載されたもの以外の要件はすべて満たしているものとする。

1）3,000万円特別控除と軽減税率制度の重複適用が認められるのは、所有期間10年超の居住用財産を譲渡した場合のみである。

2）居住用財産の3,000万円特別控除は、所有期間要件がないため他の要件を満たせば、長期所有・短期所有にかかわらず適用される。

3）特定の居住用財産の買換え特例において、譲渡資産については建物の床面積が50㎡以上で、かつ、土地の面積が500㎡以下という面積制限がある。

4）居住用財産の買換えに伴い譲渡損失が生じた場合には、一定要件のもと他の所得との損益通算および翌年以後3年内の繰越控除ができる。

(49) 個人が土地を譲渡した場合の譲渡所得等に関する次の記述のうち、最も適切なものはどれか。

1）譲渡所得のうち、土地を譲渡した日の属する年の1月1日における所有期間が10年以下のものについては、短期譲渡所得に区分される。

2）土地の譲渡が長期譲渡所得に区分される場合、課税長期譲渡所得金額に対し、原則として、20.42％の税率により所得税（復興特別所得税を含む）が課される。

3）相続（限定承認に係るものを除く）により取得した土地を譲渡した場合、その土地の所有期間を判定する際の取得の日については、被相続人の取得時期がそのまま相続人に引き継がれる。

4）譲渡するために直接要した仲介手数料であっても、譲渡所得の金額の計算上、譲渡費用に含めることはできない。

(50) 不動産の有効活用の手法等の一般的な特徴に関する次の記述のうち、最も適切なものはどれか。

1）定期借地権方式では、土地所有者は、土地を一定期間貸し付けることによる地代収入を得ることができ、借地期間中の当該土地上の建物の所有名義についても土地所有者となる。

2）建設協力金方式では、土地所有者が土地上に建設するビルや店舗等を借り受ける予定のテナント等から、建設資金の全部または一部を借り受け、当該建物を建設することとなる。

3）等価交換方式では、土地所有者は、土地の所有権の一部（持分）を譲渡することにより、その共有地上に建設された建物を全部取得することとなる。

4）事業受託方式では、土地の有効活用の企画、建設会社の選定や当該土地上に建設された建物の管理・運営および、建設資金の調達についてもデベロッパーが行うこととなる。

(51) 民法上の贈与に関する次の記述のうち、最も適切なものはどれか。

1）書面による贈与においては、その履行がなされていない場合であれば、各当事者は契約の解除をすることができる。

2）負担付贈与では、受贈者がその負担である義務を履行しない場合において、贈与者が相当の期間を定めてその履行の催告をし、その期間内に履行がないときは、贈与者は、原則として、当該贈与の契約の解除をすることができる。

3）定期贈与とは、贈与者が受贈者に対して定期的に財産を給付することを目的とする贈与をいい、贈与者が死亡しても受贈者が生存している限り、その効力を失うことはない。

4）死因贈与とは、贈与者の死亡によって効力が生じる贈与をいい、民法の遺贈に関する規定が準用され、死因贈与契約書については家庭裁判所による検認が必要である。

(52) 贈与税の課税財産に関する次の記述のうち、最も不適切なものはどれか。

1）契約者（＝保険料負担者）が父、被保険者が母、死亡保険金受取人が子である生命保険契約を締結していた場合において、母の死亡により子が受け取った死亡保険金は、贈与税の課税対象となる。

2）個人の債務者が資力を喪失して債務を弁済することが困難になり、個人の債権者から当該債務の免除を受けた場合、当該免除を受けた金額のうちその債務を弁済することが困難である部分の金額は、贈与税の課税対象とならない。

3）離婚による財産分与によって取得した財産については、その価額が婚姻中の夫婦の協力によって得た財産の額その他一切の事情を考慮しても過当でなく、贈与税や相続税のほ脱を図ったものでもない場合には、贈与税の課税対象とならない。

4）子が父から著しく低い価額の対価で土地の譲渡を受けた場合、原則として、その相続税評価額と支払った対価の額との差額を限度に、子が父から贈与により取得したものとみなされ、その差額相当分は、贈与税の課税対象となる。

⒀ 法定後見制度に関する次の記述の空欄（ア）～（ウ）にあてはまる語句の組み合わせとして、最も適切なものはどれか。

・法定後見制度は、本人の判断能力が（　ア　）に、家庭裁判所によって選任された成年後見人等が本人を法律的に支援する制度である。
・法定後見制度において、後見開始の審判がされたときは、その内容が（　イ　）される。
・成年後見人は、成年被後見人が行った法律行為について、原則として、（　ウ　）。

1）（ア）不十分になる前　（イ）登記　（ウ）取り消すことはできない
2）（ア）不十分になった後　（イ）戸籍に記載　（ウ）取り消すことはできない
3）（ア）不十分になった後　（イ）登記　（ウ）取り消すことができる
4）（ア）不十分になる前　（イ）戸籍に記載　（ウ）取り消すことができる

⒁ 民法における相続人等に関する次の記述のうち、最も適切なものはどれか。
1）被相続人と婚姻の届出をしていないが、事実上婚姻関係にある者は、民法上は配偶者に該当しないため、相続権は認められない。
2）被相続人に子がいない場合、被相続人の直系尊属は、第3順位の相続人となる。
3）相続権は、出生と同時に権利が認められるため、相続開始時に胎児であった者は、相続権が認められない。
4）相続の欠格によって相続権を失った場合、その者の直系卑属は代襲相続人となるが、相続権を失った理由が相続の廃除である場合には、その者の直系卑属は代襲相続人にはなれない。

⒂ 次の費用等のうち、相続税の課税価格の計算上、相続財産の価額から債務控除することができるものはどれか。なお、相続人は債務控除の適用要件を満たしているものとする。
1）被相続人に係る初七日および四十九日の法要に要した費用のうち、社会通念上相当と認められるもの
2）被相続人が生前に購入した墓石の購入代金で、相続開始時点で未払いのもの
3）遺言執行者に支払った被相続人の相続に係る遺言執行費用

4）被相続人が所有していた不動産に係る固定資産税のうち、相続開始時点で納税義務は生じているが、納付期限が到来していない未払いのもの

(56) 遺産分割に関する次の記述のうち、最も適切なものはどれか。

1）遺産分割協議が適法に成立した後でも、共同相続人全員の合意があれば、遺産の再分割協議をすることは可能である。

2）遺産分割が確定し遺産分割協議書を作成する場合、相続の開始があったことを知った日の翌日から３ヵ月以内に作成しなければならない。

3）相続人の間で遺産分割協議が調わない場合には、家庭裁判所に審判の申し立てを行い、審判が不成立になった場合には、自動的に調停手続が開始される。

4）共同相続人は、遺言により遺産の分割を禁じられている場合を除き、相続の開始があったことを知った日の翌日から10ヵ月以内に遺産分割を行わなければならない。

(57) Ａさんの死亡に伴い、Ａさんが契約者（＝保険料負担者）および被保険者である生命保険契約に基づき、妻が1,500万円、長男が200万円の死亡保険金を受け取った。法定相続人は、妻および長男の２人で、上記以外に死亡保険金を受け取った者はいない。また、長男は相続の放棄をしている。この場合、妻と長男が受け取った死亡保険金の金額のうち、相続税における生命保険金等の非課税規定（相続税法第12条の「相続税の非課税財産」の規定）の適用を受けた場合の各人の非課税金額として、最も適切なものはどれか。

1）妻　800万円　長男　200万円

2）妻　800万円　長男　適用なし

3）妻　1,000万円　長男　200万円

4）妻　1,000万円　長男　適用なし

(58) 宅地の相続税評価額の算定方法等に関する次の記述の空欄（ア）～（ウ）にあてはまる語句の組み合わせとして、最も適切なものはどれか。

・宅地の相続税評価額の算定方法には、路線価方式や倍率方式がある。路線価方式とは、その宅地の面する路線に付された路線価を基とし、宅地の奥行距離や道路付けの状況等に応じた画地調整率により補正した後に、その宅地の面積を乗じて計算した金額によって評価する方式である。一方、倍率方式とは、宅地の固定資産税評価額に（　ア　）が一定の地域ごとに定

めた倍率を乗じて計算した金額によって評価する方式である。
・宅地の相続対策の１つとして、生前贈与が挙げられる。宅地の贈与を受けた場合、贈与税額の計算上、その宅地の価額は、原則として（　イ　）によって評価する。ただし、負担付贈与により宅地を取得した場合、贈与税額の計算上、その宅地の価額は、（　ウ　）によって評価する。

1）（ア）国税局長　（イ）通常の取引価額　（ウ）相続税評価額
2）（ア）国税局長　（イ）相続税評価額　（ウ）通常の取引価額
3）（ア）市町村長　（イ）相続税評価額　（ウ）通常の取引価額
4）（ア）市町村長　（イ）通常の取引価額　（ウ）相続税評価額

(59)　小規模宅地等についての相続税の課税価格の計算の特例に関する次の空欄（ア）～（エ）にあてはまる語句の組み合わせとして、最も適切なものはどれか。なお、宅地等の適用面積の調整は考慮しないものとする。

特例対象宅地等の区分	減額の対象となる限度面積	減額割合
特定事業用宅地等	400㎡	（ア）
特定居住用宅地等	（イ）	80%
特定同族会社事業用宅地等	（ウ）	80%
貸付事業用宅地等	200㎡	（エ）

1）（ア）50%　（イ）330㎡　（ウ）400㎡　（エ）50%
2）（ア）80%　（イ）400㎡　（ウ）330㎡　（エ）80%
3）（ア）80%　（イ）330㎡　（ウ）400㎡　（エ）50%
4）（ア）50%　（イ）400㎡　（ウ）330㎡　（エ）80%

(60)　相続税における取引相場のない株式の評価に関する次の記述のうち、最も不適切なものはどれか。なお、特定の評価会社の株式には該当しないものとする。

1）類似業種比準方式における比準要素は、１株当たりの配当金額、１株当たりの利益金額および１株当たりの純資産価額（帳簿価額によって計算した金額）である。

は、原則として、類似業種比準方式と純資産価額方式の併用方式によって評価する。

2）会社規模が大会社である会社において、中心的な同族株主が取得した株式の価額は、原則として、類似業種比準方式によって評価する。

3）会社規模が中会社である会社において、中心的な同族株主が取得した株式の価額は、原則として、類似業種比準方式と純資産価額方式の併用方式によって評価する。

4）同族株主のいる会社において、同族株主以外の株主が取得した株式の価額は、その会社規模にかかわらず、原則として、純資産価額方式によって評価する。

2級

ファイナンシャル・プランニング技能検定

実技　予想問題①

《金財》個人資産相談業務

実施日◆	年　月　日(　)
試験時間◆	90分

解答にあたっての注意

1．問題は、【第１問】から【第５問】まであります。
2．各問の問題番号は、通し番号になっており、《問１》から《問15》までとなっています。
3．解答にあたっては、各設例および各問に記載された条件・指示に従うものとし、それ以外については考慮しないものとします。
4．解答は、解答用紙に記入してください。

TAC　FP講座

【第1問】 次の設例に基づいて、下記の各問（《問1》～《問3》）に答えなさい。

《設　例》

株式会社X社（以下、「X社」という）に勤務するAさん（59歳）は、妻Bさん（54歳）および長男Cさん（26歳）との3人家族である。Aさんは大学卒業後からX社に勤務しており、同社の定年年齢である満60歳を迎えたら退職する予定である。

Aさんは、あらためて社会保険の仕組みを確認して今後のライフプラン等について考えるため、ファイナンシャル・プランナーのMさんに相談することにした。

なお、Aさんおよび家族に関する資料は、以下のとおりである。

〈Aさんおよび家族に関する資料〉

(1)　Aさん（会社員）

生年月日：1965年5月5日

厚生年金保険、全国健康保険協会管掌健康保険、雇用保険に加入している。

〔公的年金の加入歴（見込みを含む）〕

20歳5月	22歳4月	60歳
国民年金 任意未加入期間 35月	厚　生　年　金　保　険 （180月）	（265月）
	（2003年3月以前の 平均標準報酬月額32万円）	（2003年4月以後の 平均標準報酬額53万円）

(2)　妻Bさん（専業主婦）

生年月日：1970年4月18日

〔公的年金の加入歴〕

大学卒業後からAさんと結婚するまでは厚生年金保険に加入、結婚後は、Aさんの被扶養配偶者として国民年金に加入している。また、Aさんが加入している健康保険の被扶養者である。

(3)　長男Cさん（会社員）

生年月日：1998年7月1日

大学卒業後からY社に勤務し、健康保険（全国健康保険協会）、厚生年金保険、雇用保険に加入。

※妻Bさんは、現在および将来においてもAさんと同居し、生計維持関係にあるものとする。また、就業の予定はないものとする。
※全員、現在および将来においても、公的年金制度における障害等級に該当する障害の状態にないものとする。

※上記以外の条件は考慮せず、各問に従うこと。

《問1》Mさんは、Aさんに対して、退職後の社会保険について説明した。Mさんが説明した以下の文章の空欄①～③に入る最も適切な語句を、下記の〈語句群〉のイ～ヌのなかから選び、その記号を解答用紙に記入しなさい。

「Aさんが、X社を退職後、退職時の健康保険に任意継続被保険者として加入する場合は、原則として、退職日の翌日から（　①　）以内に任意継続被保険者になるための申請をする必要があります。Aさんが任意継続被保険者として健康保険に加入できる期間は最長で（　②　）です。この期間の保険料は、全額自己負担となります。

また、Aさんは、妻BさんをAさんが任意継続被保険者として加入する健康保険の被扶養者とする場合、その手続きを任意継続被保険者になるための申請をする際に行う必要があります。一方、妻Bさんは、Aさんの退職に伴い、国民年金の（　③　）への種別変更手続を行い、60歳に達するまでの間、国民年金の保険料を納付することになります」

〈語句群〉

イ．10日　ロ．14日　ハ．20日　ニ．2週間　ホ．1年間
ヘ．2年間　ト．5年間　チ．第1号被保険者　リ．第2号被保険者
ヌ．第3号被保険者

《問2》Aさんが、60歳でX社を退職し、その後再就職しない場合に、原則として65歳から受給することができる老齢厚生年金の年金額（2024年度価額）を計算した次の〈計算式〉の空欄①～④に入る最も適切な数値を解答用紙に記入しなさい。計算にあたっては、《設例》および下記の〈資料〉を利用すること。なお、問題の性質上、明らかにできない部分は「□□□」で示してある。

〈計算式〉

1．報酬比例部分の額（円未満四捨五入）

$$\square\square\square円\times\frac{7.125}{1,000}\times\square\square\square月+\square\square\square円\times\frac{5.481}{1,000}\times\square\square\square月=（\ ①\ ）円$$

2．経過的加算額（円未満四捨五入）

$$1,701円\times\square\square\square月-816,000円\times\frac{\square\square\square月}{\square\square\square月}=（\ ②\ ）円$$

3．基本年金額（上記「1＋2」の額）

（　③　）円

4．老齢厚生年金の年金額

加給年金額が加算□□□□□ので、

（　④　）円

〈資料〉

老齢厚生年金の年金額（本来水準の年金額）

下記、老齢厚生年金の計算式の　ⅰ）＋ⅱ）＋ⅲ）

老齢厚生年金の計算式

ⅰ）報酬比例部分の額＝（イ）＋（ロ）

（イ）2003年3月以前の期間分

$$平均標準報酬月額\times\frac{7.125}{1,000}\times 2003年3月以前の被保険者期間の月数$$

（ロ）2003年4月以後の期間分

$$平均標準報酬額\times\frac{5.481}{1,000}\times 2003年4月以後の被保険者期間の月数$$

ⅱ）経過的加算額＝1,701円×被保険者期間の月数

$$-816,000円\times\frac{1961年4月以後で20歳以上60歳未満の厚生年金保険の被保険者期間の月数}{加入可能年数\times 12}$$

ⅲ）加給年金額＝408,100円（要件を満たしている場合のみ加算すること）

《問３》Mさんは、Aさんに対して、公的介護保険（以下、「介護保険」という）の保険給付等について説明した。Mさんが説明した次の記述①～③について、適切なものには○印を、不適切なものには×印を解答用紙に記入しなさい。

① 「仮に、Aさんが現時点（2024年９月１日）で介護保険の保険給付を受けた場合、原則として、実際にかかった費用（食費、居住費等を除く）の３割を自己負担する必要があります」

② 「介護保険の保険給付を受けるためには、都道府県から、要介護認定または要支援認定を受ける必要があります。ただし、介護保険の第２号被保険者に該当するAさんは、要介護状態または要支援状態となった原因が、末期がんや脳血管疾患などの加齢に伴う特定疾病によって生じたものでなければ、保険給付は受けられません」

③ 「Aさんが65歳以後に、年額18万円以上の公的年金を受給している場合の介護保険の保険料の納付は、原則として、公的年金からの特別徴収の方法によります」

【第２問】 次の設例に基づいて、下記の各問（《問４》～《問６》）に答えなさい。

《設　例》

個人で不動産賃貸業を営むＡさん（50歳）は、Ｘ社債（特定公社債）の購入を検討している。また、Ｙ銀行の米ドル建定期預金の金利の高さに魅力を感じているが、外貨建て取引のリスク等について理解しておきたいと考えている。

そこで、Ａさんは、ファイナンシャル・プランナーのＭさんに相談することにした。

〈円建てのＸ社債（固定利付債）に関する資料〉
- 発行会社：国内の大手企業
- 購入価格：101.8円（額面100円当たり）
- 表面利率：0.60％
- 利払日：年２回
- 残存期間：４年
- 償還価格：100円
- 格付：ＢＢ

〈Ｙ銀行の米ドル建定期預金に関する資料〉
- 預入金額：30,000米ドル　・預入期間：１年
- 利率（年率）：1.00％（満期時一括支払）
- 為替予約なし
- 預入時の適用為替レート（ＴＴＳ・米ドル／円）：140.75円

※上記以外の条件は考慮せず、各問に従うこと。

《問４》 Ｍさんは、Ａさんに対して、Ｘ社債について説明した。Ｍさんが説明した次の記述①～③について、適切なものには○印を、不適切なものには×印を解答用紙に記入しなさい。

① 「一般に、ＢＢ（ダブルビー）格相当以下の格付は、投機的格付と呼ばれています。Ｘ社債は、投資適格債に比べて信用力は劣りますが、相対的に高い利

回りを期待することができます」

② 「毎年受け取る利子額（税引前）は、X社債の購入価格に表面利率を乗じて得た金額となります。X社債の表面利率は、発行時の金利水準を反映して決定されたものであり、償還時まで変わることはありません」

③ 「X社債の利子は、その支払時に、所得税および復興特別所得税と住民税の合計で20.42％相当額が源泉徴収等されます。X社債のような特定公社債の利子については、申告分離課税の対象となりますが、確定申告不要制度を選択することができます」

《問５》 Ｍさんは、Ａさんに対して、Ｙ銀行の米ドル建定期預金について説明した。Ｍさんが説明した次の記述①～③について、適切なものには○印を、不適切なものには×印を解答用紙に記入しなさい。

① 「米ドル建定期預金の魅力は、現時点において、円建ての預金と比べて相対的に金利が高いことにあります。ただし、満期時の為替レートが預入時に比べて円高ドル安に変動した場合、円換算の運用利回りがマイナスになる可能性があります」

② 「満期時に為替差損が生じた場合、当該損失の金額は、所得税において、不動産所得の金額と損益通算することができます」

③ 「米ドル建定期預金の預入時において、円貨を米ドルに換える際に適用されるＴＴＳは、当該預金の取扱金融機関が独自に決定しており、Ｙ銀行と他の金融機関では異なることがあります」

《問６》 次の①、②を求め、解答用紙に記入しなさい（計算過程の記載は不要）。なお、計算にあたっては税金等を考慮せず、〈答〉は、％表示の小数点以下第３位を四捨五入し、小数点以下第２位までを解答すること。

① Ａさんが X 社債を《設例》の条件で購入した場合の最終利回り（年率・単利）を求めなさい。

② Ａさんが《設例》の条件で円貨を米ドルに換えて米ドル建定期預金に30,000米ドルを預け入れ、満期を迎えた際の円ベースでの運用利回り（年率・単利）を求めなさい。なお、満期時の適用為替レート（ＴＴＢ・米ドル／円）は、141.00円とする。

【第３問】　次の設例に基づいて、下記の各問（《問７》～《問９》）に答えなさい。

《設　例》

会社員のＡさんは、妻Ｂさんおよび長女Ｃさんとの３人家族である。Ａさんは、2024年中に長女Ｃさんの入院・手術費用として医療費32万円を支払ったため、医療費控除の適用を受けたいと思っている。なお、不動産所得の金額の前の「▲」は赤字であることを表している。

〈Ａさんとその家族に関する資料〉

Ａさん（55歳）　　：会社員
妻Ｂさん（53歳）　：専業主婦。2024年中の収入はない。
長女Ｃさん（20歳）：大学生。2024年中の収入はない。

〈Ａさんの2024年分の収入等に関する資料〉

(1)　給与収入の金額　：700万円
(2)　不動産所得の金額：▲120万円（白色申告）
・損失の金額120万円のうち、土地等の取得に係る負債の利子20万円を含む。

※妻Ｂさんおよび長女Ｃさんは、Ａさんと同居し、生計を一にしている。
※Ａさんとその家族は、いずれも障害者および特別障害者には該当しない。
※Ａさんとその家族の年齢は、いずれも2024年12月31日現在のものである。

※上記以外の条件は考慮せず、各問に従うこと。

《問７》　所得税における医療費控除に関する以下の文章の空欄①～③に入る最も適切な数値を、下記の〈数値群〉のなかから選び、その記号を解答用紙に記入しなさい。

「通常の医療費控除は、その年分の総所得金額等の合計額が200万円以上である居住者の場合、その年中に支払った医療費の総額から保険金などで補填される金額を控除した金額が（　①　）円を超えるときは、その超える部分の金額（最高

200万円）をその居住者のその年分の総所得金額等から控除します。また、通常の医療費控除との選択適用となるセルフメディケーション税制（医療費控除の特例）では、定期健康診断や予防接種などの一定の取組みを行っている者が自己または自己と生計を一にする配偶者等のために特定一般用医薬品等購入費を支払った場合、その額が（　②　）円を超えるときは、その超える部分の金額（最高（　③　）円）を総所得金額等から控除することができます」

〈通常の医療費控除額の算式〉

｛［その年中に支払った医療費の総額］－［保険金などで補填される金額］｝－（　①　）円＝［医療費控除額（最高200万円）］

〈セルフメディケーション税制に係る医療費控除額の算式〉

｛［その年中に支払った特定一般用医薬品等購入費の総額］－［保険金などで補填される金額］｝－（　②　）円＝［セルフメディケーション税制に係る医療費控除額（最高（③）円）］

〈数値群〉

イ．12,000	ロ．24,000	ハ．32,000	ニ．80,000	ホ．88,000
ヘ．100,000	ト．120,000	チ．150,000	リ．200,000	

《問８》　Ａさんの2024年分の所得税の課税に関する次の記述①～③について、適切なものには○印を、不適切なものには×印を解答用紙に記入しなさい。

①「Ａさんは不動産所得の金額に損失が生じているため、確定申告をすることによって、純損失の繰越控除の適用を受けることができます」

②「Ａさんが適用を受けることができる配偶者控除の控除額は、48万円です」

③「医療費控除については、年末調整では適用を受けることができないため、医療費控除の適用を受けるためには、所得税の確定申告が必要となります」

《問９》　Ａさんの2024年分の所得税における課税総所得金額を計算した下記の表の空欄①～③に入る最も適切な数値を求めなさい。なお、問題の性質上、明らかにできない部分は「□□□」で示してある。

（a）総所得金額	（ ① ）円
医療費控除	□□□円
社会保険料控除	□□□円
生命保険料控除	□□□円
地震保険料控除	□□□円
配偶者控除	□□□円
扶養控除	（ ② ）円
基礎控除	（ ③ ）円
（b）所得控除の額の合計額	2,900,000円
（c）課税総所得金額（（a）－（b））	□□□円

〈資料〉給与所得控除額

給与収入金額	給与所得控除額
万円超　万円以下	
～ 180	収入金額×40%－ 10万円（55万円に満たない場合は、55万円）
180 ～ 360	収入金額×30%＋ 8万円
360 ～ 660	収入金額×20%＋ 44万円
660 ～ 850	収入金額×10%＋110万円
850 ～	195万円

【第４問】 次の設例に基づいて、下記の各問（《問10》～《問12》）に答えなさい。

《設　例》

Ａさん（69歳）は、７年前に父親の相続によって甲土地（650㎡）を含む複数の土地を取得している。甲土地は、父親の代からアスファルト敷きの月極駐車場として賃貸しているが、収益性は高くない。

Ａさんは、先日、ハウスメーカーのＸ社から、「甲土地は、最寄駅から徒歩５分の好立地にあり、住宅需要が見込めるので、自己建設方式による賃貸マンションでの有効活用をお勧めします。弊社（Ｘ社）が、マスターリース契約（特定賃貸借契約）により、建築後のマンションを一括賃借したうえで、サブリース契約で第三者への賃貸・管理を行います。Ａさんにお支払いする賃料は保証します」との提案を受けた。

Ａさんは、甲土地の収益性を高めるために、Ｘ社の提案を検討することにした。

〈甲土地の概要〉

用途地域　：第一種住居地域
指定建蔽率　：60％
指定容積率　：300％
前面道路幅員による容積率の制限
　：前面道路幅員×$\frac{4}{10}$
防火規制　：準防火地域

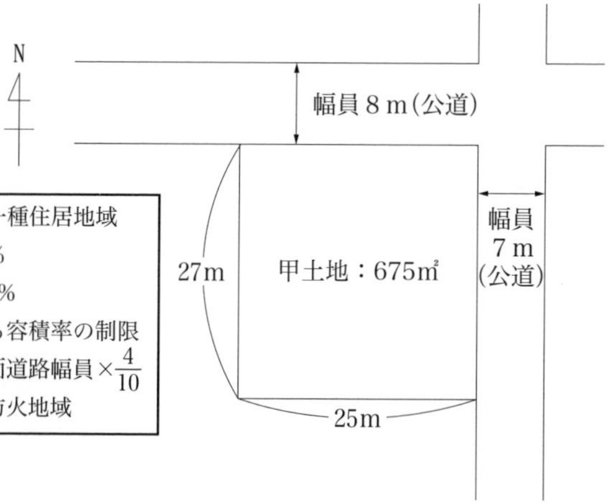

・甲土地は、建蔽率の緩和について特定行政庁が指定する角地である。
・指定建蔽率および指定容積率とは、それぞれ都市計画において定められた数値である。
・特定行政庁が都道府県都市計画審議会の議を経て指定する区域ではない。

※上記以外の条件は考慮せず、各問に従うこと。

《問10》 甲土地上に耐火建築物を建築する場合における次の①、②を求めなさい（計算過程の記載は不要）。

① 建蔽率の上限となる建築面積
② 容積率の上限となる延べ面積

《問11》 X社が提案する自己建設方式による賃貸マンション事業に関する次の記述①～③について、適切なものには○印を、不適切なものには×印を解答用紙に記入しなさい。

① 「マスターリース契約（特定賃貸借契約）において、賃料が保証されている場合、その契約が定期借家契約でない限り、賃貸住宅の管理業務等の適正化に関する法律や借地借家法に基づき、AさんがX社から経済事情等により賃料の減額請求を受けることはありません」
② 「Aさんが甲土地に賃貸マンションを建設した場合、相続税額の計算上、甲土地は貸家建付地として評価されます。仮に、甲土地の自用地価額を1億円、借地権割合を60％、借家権割合を30％、賃貸割合を100％とした場合の相続税評価額は、1,800万円です」
③ 「仮に、Aさんが金融機関から融資を受けて賃貸マンションを建設した場合、相続税の課税価格の計算上、Aさんの相続開始時における当該借入金残高は、債務控除の対象となります」

《問12》 賃貸マンションの事業計画とリスク対策に関する次の記述①〜③について、適切なものには○印を、不適切なものには×印を解答用紙に記入しなさい。

① 「賃貸マンションの地震リスクに備えるため、火災保険に地震保険を付帯することをお勧めします。地震保険の保険金額は、火災保険の保険金額の40〜60%の範囲で設定することができます」

② 「借入金の返済には、元金均等返済と元利均等返済の２つの方法があり、元金均等返済の場合、毎年の支払利息は同額になります。そのため、賃貸マンションの所有者は毎年、不動産所得の金額の計算上、一定額の支払利息を必要経費に算入することができます」

③ 「賃貸マンションの賃料収入を想定する際にはレンタブル比が重要です。一般に、賃貸マンションのグレードが高いほど、また規模が大きくなるほど、レンタブル比は低くなる傾向があり、レンタブル比が低いほど投資効率が高いことを示しています」

【第５問】 次の設例に基づいて、下記の各問（《問13》～《問15》）に答えなさい。

《設　例》

非上場企業であるＸ株式会社（以下、「Ｘ社」という）の代表取締役社長であったＡさんは、2024年８月４日に82歳で死亡した。Ａさんが保有していたＸ社株式（発行済株式数の全部）は、後継者である長男Ｃさんが相続により取得する予定である。Ａさんの親族関係図等は、以下のとおりである。なお、長女Ｄさんは、 Ａさんの相続開始前に死亡している。

〈Ａさんの親族関係図〉

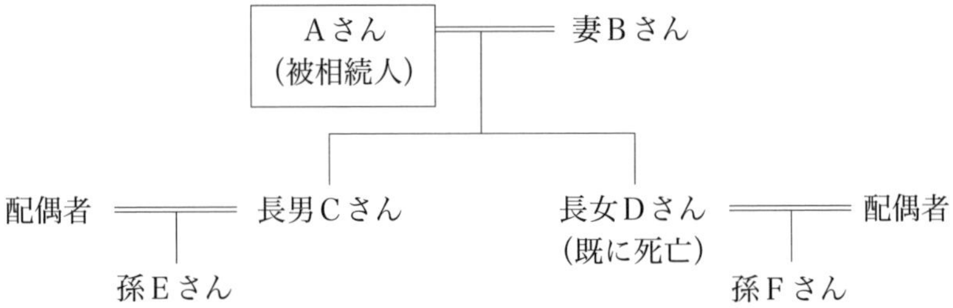

〈各人が取得する予定の相続財産（遺贈やみなし相続財産を含む）〉

①妻Ｂさん（78歳）

現金および預貯金…… 3,000万円

自宅（敷地330㎡）…… 2,500万円（「小規模宅地等についての相続税の課税価格の計算の特例」適用後の金額）

自宅（建物）………… 1,000万円（固定資産税評価額）

死亡保険金 ………… 1,500万円（契約者（＝保険料負担者）・被保険者はＡさん、死亡保険金受取人は妻Ｂさん）

死亡退職金 ………… 3,000万円

②長男Ｃさん（53歳）

現金および預貯金…… 9,000万円

Ｘ社株式……………… １億3,000万円（相続税評価額）

※相続税におけるＸ社株式の評価上の規模区分は「中会社の大」であり、特定の評価会社には該当しない。

③孫Ｅさん（19歳）

現金および預貯金…… 1,000万円

④孫Ｆさん（21歳）

現金および預貯金…… 2,000万円

※上記以外の条件は考慮せず、各問に従うこと。

《問13》 Aさんの相続等に関する以下の文章の空欄①～③に入る最も適切な語句または数値を、下記の〈語句群〉のなかから選び、その記号を解答用紙に記入しなさい。

Ⅰ「Aさんが2024年分の所得税および復興特別所得税について確定申告書を提出しなければならない場合に該当するとき、相続人は、原則として、相続の開始があったことを知った日の翌日から（ ① ）ヵ月以内に準確定申告書を提出しなければなりません」

Ⅱ「配偶者に対する相続税額の軽減の適用を受けた場合、妻Bさんが相続により取得した財産の金額が、配偶者の法定相続分相当額と1億6,000万円とのいずれか（ ② ）金額を超えない限り、妻Bさんが納付すべき相続税額は算出されません」

Ⅲ「仮に、妻Bさんが自宅の敷地および建物を相続により取得し、相続税の申告期限までに自宅の敷地を売却した場合、当該敷地は、特定居住用宅地等として小規模宅地等についての相続税の課税価格の計算の特例の適用を受けること（ ③ ）」

〈語句群〉

イ．3　ロ．4　ハ．10　ニ．多い　ホ．少ない　ヘ．ができます
ト．ができません

《問14》 Aさんの相続等に関する次の記述①～③について、適切なものには○印を、不適切なものには×印を解答用紙に記入しなさい。

①「孫Eさんは、相続税額の2割加算の対象になりますが、孫Fさんは、長女Dさんの代襲相続人ですので、相続税額の2割加算の対象にはなりません」

②「X社株式の相続税評価額は、原則として、類似業種比準方式と純資産価額方式の併用方式により評価されます。そのうち類似業種比準方式は、類似業種の株価を基に、1株当たりの『配当金額』『取引金額』および『簿価純資産価額』の3つの要素から算出します」

③「相続税の総額は、各相続人の実際の取得割合によって計算されますので、分割内容によって異なります」

《問15》 各相続人は《設例》の記載のとおり、相続財産を取得した。Aさんの相続に係る相続税の総額を計算した下記の表の空欄①～④に入る最も適切な数値を求めなさい。なお、問題の性質上、明らかにできない部分は「□□□」で示してある。

	妻Bさんに係る課税価格	（ ① ）万円
	長男Cさんに係る課税価格	□□□万円
	孫Eさんに係る課税価格	1,000万円
	孫Fさんに係る課税価格	2,000万円
（a）相続税の課税価格の合計額		□□□万円
	（b）遺産に係る基礎控除額	（ ② ）万円
課税遺産総額（(a) － (b)）		□□□万円
	相続税の総額の基となる税額	
	妻Bさん	□□□万円
	長男Cさん	□□□万円
	孫Fさん	（ ③ ）万円
相続税の総額		（ ④ ）万円

〈資料〉相続税の速算表

法定相続分に応ずる取得金額			税率	控除額
万円超		万円以下		
	～	1,000	10%	－
1,000	～	3,000	15%	50万円
3,000	～	5,000	20%	200万円
5,000	～	10,000	30%	700万円
10,000	～	20,000	40%	1,700万円
20,000	～	30,000	45%	2,700万円
30,000	～	60,000	50%	4,200万円
60,000	～		55%	7,200万円

2級

ファイナンシャル・プランニング技能検定

実技　予想問題②
《金財》生保顧客資産相談業務

実施日◆　　年　月　日（　）

試験時間◆90分

解答にあたっての注意

1．問題は、【第１問】から【第５問】まであります。
2．各問の問題番号は、通し番号になっており、《問１》から《問15》までとなっています。
3．解答にあたっては、各設例および各問に記載された条件・指示に従うものとし、それ以外については考慮しないものとします。
4．解答は、解答用紙に記入してください。

TAC　FP講座

【第１問】 次の設例に基づいて、下記の各問（《問１》～《問３》）に答えなさい。

《設　例》

Ａさん（49歳）は、Ｘ株式会社（以下、「Ｘ社」という）を2024年10月末日に退職し、個人事業主として独立する予定である。Ａさんは、Ｘ社を退職するにあたって、公的年金制度の取扱いや60歳以後の支給額について知りたいと思っている。そこで、Ａさんは、ファイナンシャル・プランナーのＭさんに相談することにした。

〈Ａさんとその家族に関する資料〉

(1)　Ａさん（49歳）
- 1975年６月12日生まれ
- 公的年金加入歴：下図のとおり（60歳までの見込みを含む）
- 全国健康保険協会管掌健康保険、雇用保険に加入中

20歳	22歳	49歳	60歳
国民年金未納期間（34月）	厚生年金保険被保険者期間 60月	厚生年金保険被保険者期間 259月	国民年金保険料納付予定期間 127月
	（2003年３月以前の平均標準報酬月額28万円）	（2003年４月以後の平均標準報酬額42万円）	

(2)　妻Ｂさん（48歳）
- 1976年７月21日生まれ／専業主婦
- 公的年金加入歴：20歳からＡさんと結婚するまでの５年間（60月）は、厚生年金保険に加入。結婚後は、国民年金に第３号被保険者として加入している。
- 全国健康保険協会管掌健康保険の被扶養者である。

(3)　長女Ｃさん（15歳）
- 全国健康保険協会管掌健康保険の被扶養者である。

※妻Ｂさんおよび長女Ｃさんは、現在および将来においても、Ａさんと同居し、生計維持関係にあるものとする。
※家族全員、現在および将来においても、公的年金制度における障害等級に該当する障害の状態にないものとする。

※上記以外の条件は考慮せず、各問に従うこと。

《問１》 はじめに、Ｍさんは、Ａさんに対して、Ａさんが受給することができる公的年金制度からの老齢給付について説明した。《設例》の〈Ａさんとその家族に関する資料〉および下記の〈資料〉に基づき、次の①、②を求め、解答用紙に記入しなさい（計算過程の記載は不要）。なお、年金額は2024年度価額に基づいて計算し、年金額の端数処理は円未満を四捨五入すること。

① 原則として、Ａさんが65歳から受給することができる老齢基礎年金の年金額

② 原則として、Ａさんが65歳から受給することができる老齢厚生年金の年金額

〈資料〉

○老齢基礎年金の計算式（４分の１免除月数、４分の３免除月数は省略）

$$816{,}000\text{円}\times\frac{\text{保険料納付済月数}+\text{保険料半額免除月数}\times\frac{□}{□}+\text{保険料全額免除月数}\times\frac{□}{□}}{480}$$

○老齢厚生年金の計算式（本来水準の額）

ｉ）報酬比例部分の額（円未満四捨五入）＝ⓐ＋ⓑ

ⓐ 2003年３月以前の期間分

$$\text{平均標準報酬月額}\times\frac{7.125}{1{,}000}\times\text{2003年3月以前の被保険者期間の月数}$$

ⓑ 2003年４月以後の期間分

$$\text{平均標準報酬額}\times\frac{5.481}{1{,}000}\times\text{2003年4月以後の被保険者期間の月数}$$

ⅱ）経過的加算額（円未満四捨五入）＝1,701円×被保険者期間の月数

$$-816{,}000\text{円}\times\frac{\text{1961年4月以後で20歳以上60歳未満の厚生年金保険の被保険者期間の月数}}{480}$$

ⅲ）加給年金額＝408,100円（要件を満たしている場合のみ加算すること）

《問２》 次に、Mさんは、Aさんに対して、X社退職後におけるAさん夫妻の公的年金制度の取扱いについて説明した。Mさんが説明した次の記述①～③について、適切なものには○印を、不適切なものには×印を解答用紙に記入しなさい。

①「Aさんは国民年金の第２号被保険者から第１号被保険者へ、妻Bさんは国民年金の第３号被保険者から第１号被保険者への種別変更の届出を行う必要があります」

②「Aさんの退職に伴い、Aさんおよび妻Bさんは、国民年金の保険料を納付することになります。2024年度の国民年金の保険料は、月額16,980円となります」

③「国民年金の毎月の保険料は翌月末日までに納付しなければなりませんが、将来の一定期間の保険料を前納することもできます。前納した場合、前納期間に応じて保険料の割引があり、前納できる期間は３年が上限となります」

《問３》 最後に、Ｍさんは、Ａさんに対して、Ｘ社退職後、老後の年金収入を増やすことができる各種制度について説明した。Ｍさんが説明した次の記述①～③について、適切なものには○印を、不適切なものには×印を解答用紙に記入しなさい。

①「老後の年金収入を増やすために、国民年金の付加保険料を納付することができます。仮に、Ａさんが付加保険料を120月納付し、65歳から老齢基礎年金を受け取る場合、老齢基礎年金の額に付加年金として24,000円が上乗せされます」

②「老後の年金収入を増やすために、国民年金基金に加入することができます。ただし、60歳から給付を受けるためには、通算加入者等期間が10年以上なければならないため、50歳までに加入する必要があります」

③「老後の年金収入を増やすために、確定拠出年金の個人型年金に加入することができます。Ａさんが拠出することができる掛金の限度額は、年額81万6,000円（月額68,000円）となり、拠出した掛金は社会保険料控除の対象となります」

【第２問】 次の設例に基づいて、下記の各問（《問４》～《問６》）に答えなさい。

《設　例》

家電メーカーに勤務するＡさん（37歳）は、妻Ｂさん（34歳）、長男Ｃさん（４歳）および長女Ｄさん（０歳）との４人家族である。Ａさんは、第２子の誕生を機に、生命保険の見直しについて検討したいと思っている。また、Ａさんは、医療保険など第三分野の保険について理解を深めたいと思っている。そこで、知り合いであるファイナンシャル・プランナーのＭさんに相談することにした。

Ａさんの家族構成等に関する資料は、以下のとおりである。

〈Ａさんの家族構成〉

Ａさん　　：会社員。2024年中の給与収入の金額は700万円である。
妻Ｂさん　：専業主婦。2024年中の収入はない。
長男Ｃさん：幼稚園児。2024年中の収入はない。
長女Ｄさん：2024年４月17日誕生。

〈Ａさんが現在加入している生命保険等の契約内容〉

保険の種類　　　　　　　：生命共済
共済契約者（＝掛金負担者）：Ａさん
被共済者　　　　　　　　：Ａさん
死亡共済金受取人　　　　：妻Ｂさん
共済期間　　　　　　　　：65歳まで（60～65歳は一部保障が変更）
　※型の変更により85歳まで自動継続可能

〈主な保障内容〉

入院	交通事故	１日目から184日目まで	１日当たり　10,000円
	不慮の事故	１日目から184日目まで （交通事故を除く）	１日当たり　10,000円
	病気	１日目から124日目まで	１日当たり　9,000円
通院	交通事故	14日以上90日まで	実通院当初から １日当たり　3,000円
	不慮の事故	14日以上90日まで （交通事故を除く）	実通院当初から １日当たり　3,000円

死亡	交通事故	2,000万円
	不慮の事故（交通事故を除く）	1,560万円
	病気	800万円

※上記以外の条件は考慮せず、各問に従うこと。

《問４》 はじめに、Mさんは、現時点でＡさんが死亡した場合の必要保障額を計算した。①遺族に必要な生活資金等の総額（支出総額）、②必要保障額、をそれぞれ求めなさい。計算にあたっては下記〈条件〉を利用し、それ以外の条件は考慮しなくてよい。

〈条件〉

i）現在の毎月の日常生活費は25万円であり、Ａさん死亡後から第２子が独立するまで（22年間）の生活費は、現在の日常生活費の70％とし、第２子独立後の期間における妻Ｂさんの生活費は、現在の日常生活費の50％とする。

ii）第２子独立時の妻Ｂさんの年齢における平均余命は、32年とする。

iii）Ａさんの葬式費用等は、300万円とする。

iv）Ａさん死亡時の住宅ローン（団体信用生命保険加入）の残高は、2,800万円とする。

v）子ども２人の教育資金の総額は、3,200万円とする。

vi）子ども２人の結婚援助資金の総額は、500万円とする。

vii）死亡退職金見込額と保有金融資産の合計額は、2,000万円とする。

viii）Ａさん死亡後に妻Ｂさんが受け取る公的年金等の総額は、6,700万円、生計を維持するためにパートタイマーとして働き始めて得る収入の総額は2,000万円とする。

ix）現在加入している設例の死亡共済金額は、考慮しなくてよい。

《問５》 次に、Ｍさんは、Ａさんに対して、生命保険の見直しについてアドバイスをした。Ｍさんのアドバイスに関する次の記述①～③について、適切なものには○印を、不適切なものには×印を解答用紙に記入しなさい。

① 「Ａさんが死亡または高度障害状態となった場合は団体信用生命保険から住宅ローンの残債が返済されますが、Ａさんがその他の事由で長期入院等をして働けなくなった場合、治療費等に加えて生活費や住宅ローン返済費等の負担がかかることを考慮して、追加の保障を検討することも大切です」
② 「最近では先進医療が注目されていますが、先進医療に係る技術料は高額となるケースも多く、また、Ａさんのように年齢70歳未満の方の場合は技術料の３割が自己負担となりますので、先進医療の技術料に係る保障を準備することも検討してください」
③ 「将来、Ａさんの相続が発生した場合、Ａさんが契約者および被保険者で、保険金受取人を妻Ｂさんとした生命保険契約の死亡保険金は、原則として、Ａさん名義の預金や不動産などと同様に民法上の相続財産に含まれて、遺産分割協議の対象となります」

《問６》 最後に、Ｍさんは、Ａさんに対して、第三分野の保険について説明した。Ｍさんの説明に関する次の記述①～③について、適切なものには○印を、不適切なものには×印を解答用紙に記入しなさい。

① 「ガン保険は、保障の対象をガンに絞った保険です。ガンで入院や手術したときに、入金給付金や手術給付金を受け取ることができます。一般的に、入院給付金の支払日数は、主に120日、180日、360日など支払日数に制限が設けられています」
② 「所得補償保険（就業不能保険）は、病気や傷害で就業不能になった場合に、保険金を受け取ることができます。所得補償保険でいう就業不能とは、医師の治療を要し、かつその結果として保険証券記載の業務に全く従事できず、一定の期間入院している状態をいうので、自宅療養の場合は、保険金支払いの対象とはなりません」
③ 「介護保障保険は、寝たきりや認知症など所定の要介護状態になり、その期間が一定期間継続した場合に、介護年金や一時金を受け取ることができます。すべての介護保障保険の要介護状態の認定は、公的介護保険の要介護認定に連動していますので、公的介護保険の要介護認定を受けなければ、保険金を受け取ることはできません」

【第3問】 次の設例に基づいて、下記の各問（《問7》～《問9》）に答えなさい。

《設 例》

Aさん（74歳）は、X株式会社（以下、「X社」という）の代表取締役社長である。Aさんは、今期限りで専務取締役の長男Bさん（42歳）に社長の座を譲り、勇退することを決意している。

Aさんは、先日、〈資料1〉の生命保険に関して、生命保険会社の営業担当者であるファイナンシャル・プランナーのMさんに相談した。また、Mさんから、長男Bさんを被保険者とする〈資料2〉の生命保険の提案を受けた。

〈資料1〉X社が現在加入している生命保険の契約内容

保険の種類：終身保険（特約付加なし、予定利率：5.5％）
契約年月日：1990年6月1日（40歳時加入）
契約者（＝保険料負担者）：X社
被保険者：Aさん
死亡保険金受取人：X社
死亡・高度障害保険金額：5,000万円
保険料払込期間：65歳満了（保険料の払込みは満了している）
年払保険料：90万円
払込保険料累計額：2,250万円（25年間の累計額）
現時点の解約返戻金額：2,400万円

〈資料2〉Mさんから提案を受けた生命保険の内容

保険の種類：無配当定期保険（特約付加なし）
契約者（＝保険料負担者）：X社
被保険者：長男Bさん
死亡保険金受取人：X社
死亡・高度障害保険金額：1億円
保険期間・保険料払込期間：95歳満了
年払保険料：200万円
最高解約返戻率：78％

※保険料の払込みを中止し、払済終身保険に変更することができる。
※所定の範囲内で、契約者貸付制度を利用することができる。

※上記以外の条件は考慮せず、各問に従うこと。

《問７》 仮に、Ｘ社がＡさんに役員退職金4,500万円を支給した場合、Ａさんが受け取る役員退職金について、次の①、②を求め、解答用紙に記入しなさい（計算過程の記載は不要）。〈答〉は万円単位とすること。なお、Ａさんの役員在任期間（勤続年数）を32年2カ月とし、これ以外に退職手当等の収入はなく、障害者になったことが退職の直接の原因ではないものとする。

① 退職所得控除額
② 退職所得の金額

《問８》 Ｍさんは、Ａさんに対して、〈資料１〉の終身保険について説明した。Ｍさんが説明した次の記述①～③について、適切なものには○印を、不適切なものには×印を解答用紙に記入しなさい。

① 「現時点で当該生命保険を解約した場合、配当金等を考慮しなければ、Ｘ社はそれまで資産計上していた保険料積立金2,250万円を取り崩して、解約返戻金2,400万円との差額150万円を雑収入として経理処理します」
② 「勇退時に契約者をＡさん、死亡保険金受取人をＡさんの相続人に名義を変更することで、当該生命保険を役員退職金の一部としてＡさんに支給することができます。保険料の払込みが既に終わっており、今後も解約返戻金額が増加することを考えると、個人の保険として保障を継続することも選択肢の１つです」
③ 「契約者をＡさん、死亡保険金受取人をＡさんの相続人に名義を変更し、当該生命保険を役員退職金の一部としてＡさんに支給した場合、名義変更時の既払込保険料総額がＡさんの退職所得に係る収入金額となり、他の退職手当等と合算して退職所得の金額を計算します」

《問９》 Mさんは、Aさんに対して、〈資料２〉の定期保険について説明した。Mさんが説明した次の記述①～④について、適切なものには○印を、不適切なものには×印を解答用紙に記入しなさい。

① 「当該生命保険の単純返戻率（解約返戻金額÷払込保険料累計額）は、保険期間の途中でピークを迎え、その後は低下し、保険期間満了時には０（ゼロ）になります。当該生命保険の解約返戻金は、役員退職金の原資や設備投資等の事業資金として活用することができます」

② 「当該生命保険の場合、保険期間開始日から保険期間の４割に相当する期間を経過する日までは、当期分支払保険料の４割相当額を前払保険料として資産に計上し、残額は損金の額に算入します」

③ 「保険期間中にX社に緊急の資金需要が発生し、契約者貸付制度を利用する場合、当該制度により借り入れることができる金額は、利用時点での既払込保険料相当額が限度となります」

④ 「当該生命保険を長男Bさんの勇退時に払済終身保険に変更した場合、契約は継続しているため、経理処理の必要はありません」

【第４問】 次の設例に基づいて、下記の各問（《問10》～《問12》）に答えなさい。

《設　例》

Ａさん（63歳）は、レストランを営む個人事業主である。レストランは地域密着型で、開業以来、安定した経営をしている。

Ａさんの家族構成に関する資料等は、以下のとおりである。

〈Ａさんの家族構成〉

Ａさん　　（63歳）：個人事業主（青色申告者）

妻Ｂさん（61歳）：Ａさんの営むレストランの事業にもっぱら従事している（青色事業専従者）。2024年中に84万円の給与を受け取っている。

母Ｃさん（86歳）：2024年中に公的年金等の収入110万円を得ている。

〈Ａさんの2024年分の収入等に関する資料〉

(1)　事業所得の金額　：460万円（青色申告特別控除後）

(2)　上場株式の譲渡損失の金額（証券会社を通じて譲渡したものである）　：　30万円

(3)　特別支給の老齢厚生年金の年金額　：　52万円

(4)　個人年金保険に係る確定年金の年金額：120万円（必要経費96万円）

(5)　生命保険の解約返戻金額　：510万円

〈Ａさんが2024年中に解約した生命保険の契約内容〉

保険の種類　：一時払養老保険（10年満期）

契約年月日　：2017年２月１日

契約者（＝保険料負担者）：Ａさん

被保険者　：Ａさん

死亡保険金受取人　：妻Ｂさん

解約返戻金額　：510万円

一時払保険料　：500万円

〈妻Bさんの2024年分の収入に関する資料〉

(1)　レストランに係る青色事業専従者給与：84万円
(2)　個人年金保険に係る確定年金の年金額：60万円
(必要経費42万円)

※妻Bさんおよび母Cさんは、Aさんと同居し、生計を一にしている。
※全員、障害者または特別障害者には該当しない。
※年齢は、2024年12月31日現在のものである。

※上記以外の条件は考慮せず、各問に従うこと。

《問10》　青色申告制度に関する以下の文章の空欄①～③に入る最も適切な語句を、下記の〈語句群〉のイ～リのなかから選び、その記号を解答用紙に記入しなさい。

不動産所得、事業所得または山林所得を生ずべき業務を行う者が、一定の帳簿書類を備え付け、所轄税務署長に対して青色申告の承認申請を行い、その承認を受けた場合、所得税について青色申告書を提出することができる。青色申告承認申請書の提出期限は、原則として、青色申告をしようとする年の3月15日まで(その年1月16日以後新たに業務を開始した場合、その業務を開始した日から(　①　)以内)である。

青色申告者のみが受けられる税務上の特典として、青色申告特別控除の適用、青色事業専従者給与の必要経費算入、(　②　)などが挙げられる。(　②　)とは、所得に損失が出た場合で、損益通算してもなお控除しきれない金額が生じたときに、その損失額を翌年以後(　③　)年間にわたって繰り越して、各年の所得から控除することができる。

〈語句群〉

イ．2ヵ月　　ロ．3ヵ月　　ハ．4ヵ月
ニ．損益通算　　ホ．純損失の繰越控除　　ヘ．雑損失の繰越控除
ト．3　　チ．5　　リ．10

《問11》　Aさんの2024年分の所得税の課税に関する次の記述①～③について、適切なものには○印を、不適切なものには×印を解答用紙に記入しなさい。

① 「上場株式の譲渡損失の金額は、事業所得の金額と損益通算することができます」
② 「事業所得の金額460万円から、妻Bさんに支払った青色事業専従者給与84万円を差し引くことができます」
③ 「妻Bさんの合計所得金額は48万円以下であり、Aさんの合計所得金額の要件も満たしているため、Aさんは妻Bさんに係る配偶者控除の適用を受けることができます」

《問12》　Aさんの2024年分の納付すべき所得税額を計算した下記の空欄①～④に入る最も適切な数値を求めなさい。なお、予定納税額や源泉徴収税額は考慮しないものとし、Aさんの2024年分の所得税に係る所得控除の額の合計額は180万円とする。また、問題の性質上、明らかにできない部分は□□□で示してある。

・事業所得の金額：460万円
・雑所得の金額：
　(a)　公的年金に係る雑所得の金額：(　①　) 円
　(b)　個人年金保険に係る雑所得の金額：(　②　) 円
　(a) + (b) = □□□
・一時所得の金額：□□□円
・総所得金額：(　③　) 円
・課税総所得金額：(　③　) − 180万円 = □□□
・納付すべき所得税額：(　④　) 円

〈資料〉公的年金等控除額（一部抜粋）

公的年金等に係る雑所得以外の所得に係る合計所得金額が1,000万円以下

納税者区分	公的年金等の収入金額	公的年金等控除額
65歳未満	130万円未満	60万円
	130万円以上　410万円未満	収入金額×25%＋275,000円
	410万円以上　770万円未満	収入金額×15%＋685,000円
	770万円以上 1,000万円未満	収入金額×５%＋1,455,000円
	1,000万円以上	1,955,000円

〈資料〉所得税の速算表

課税総所得金額			税率	控除額
万円超		万円以下		
		195	5%	－
195	～	330	10%	97,500円
330	～	695	20%	427,500円
695	～	900	23%	636,000円
900	～	1,800	33%	1,536,000円
1,800	～	4,000	40%	2,796,000円
4,000	～		45%	4,796,000円

【第５問】 次の設例に基づいて、下記の各問（《問13》～《問15》）に答えなさい。

《設 例》

個人で不動産賃貸業を営んでいるＡさん（70歳）は、妻Ｂさん（70歳）および長女Ｃさん（38歳）と３人でＸ市内の自宅で暮らしている。Ａさんの推定相続人は、妻Ｂさん、長女Ｃさんおよび二女Ｄさん（35歳）の３人である。

長女Ｃさんは、Ｘ市内の地元企業に勤務している。一方、二女Ｄさんは他県にある上場企業に勤務しており、Ｘ市に戻る意思はない。

Ａさんは、自身の相続に関し、不動産賃貸業を手伝ってくれている長女Ｃさんに賃貸ビルを相続させたいと考えている。しかし、二女Ｄさんは長女Ｃさんと折り合いが悪く、Ａさんは、遺産分割について長女Ｃさんと二女Ｄさんがもめてしまうのではないかと心配している。

〈Ａさんの推定相続人〉

妻Ｂさん	：Ａさんと自宅で同居している。
長女Ｃさん	：会社員。Ａさん夫妻と同居している。
二女Ｄさん	：会社員。夫と２人でマンション（所有）に住んでいる。

〈Ａさんの主な所有財産（相続税評価額、下記の生命保険を除く）〉

現預金	：8,000万円
自宅（敷地400㎡）	：6,000万円（注）
自宅（建物）	：2,000万円
賃貸ビル（敷地400㎡）	：8,000万円（注）
賃貸ビル（建物）	：6,000万円

（注）「小規模宅地等についての相続税の課税価格の計算の特例」適用前の金額

〈Ａさんが加入している一時払終身保険の内容〉

契約者（＝保険料負担者）・被保険者：Ａさん

死亡保険金受取人	：妻Ｂさん
死亡保険金額	：2,000万円

※上記以外の条件は考慮せず、各問に従うこと。

《問13》 Aさんの相続に係る遺産分割に関する以下の文章の空欄①～④に入る最も適切な数値を、下記の〈数値群〉のなかから選び、その記号を解答用紙に記入しなさい。

Ⅰ 「仮に、Aさんの相続に係る遺留分を算定するための財産の価額を3億2,000万円とした場合、二女Dさんの遺留分の金額は、（ ① ）万円になります。Aさんの相続が開始し、長女Cさんが賃貸ビルなど相続財産の大部分を取得した場合、二女Dさんの遺留分を侵害する可能性があります。遺留分が侵害された場合、二女Dさんは、Aさんの相続の開始を知った時から（ ② ）年以内に遺留分侵害額請求権を行使することができます」

Ⅱ 「遺産分割をめぐる争いを防ぐ手段として遺言書の作成をお勧めします。公正証書遺言は、証人（ ③ ）人以上の立会いのもと、遺言者が遺言の趣旨を公証人に口授し、公証人がこれを筆記して作成します」

Ⅲ 「相続税の申告期限までに遺産分割協議が調わなかった場合、相続税の申告時において、未分割の財産に対して『配偶者に対する相続税額の軽減』や『小規模宅地等についての相続税の課税価格の計算の特例』の適用を受けることができないというデメリットが生じます。その場合、相続税の申告の際に『申告期限後（ ④ ）年以内の分割見込書』を税務署に提出し、申告期限後（ ④ ）年以内に遺産分割協議が成立すれば、それらの特例の適用を受けるため、分割後4ヵ月以内に更正の請求を行うことができます」

〈数値群〉

イ．1　ロ．2　ハ．3　ニ．4　ホ．5　ヘ．7
ト．10　チ．20　リ．4,000　ヌ．5,000　ル．8,000

《問14》　Ａさんの相続等に関する次の記述①～③について、適切なものには○印を、不適切なものには×印を解答用紙に記入しなさい。

①「妻Ｂさんが自宅の敷地および建物を相続により取得した場合、『小規模宅地等についての相続税の課税価格の計算の特例』の適用を受けることで、自宅の敷地（相続税評価額6,000万円）について、相続税の課税価格に算入すべき価額を3,960万円とすることができます」

②「長女Ｃさんが、二女Ｄさんに対する代償交付金を準備する方法として、契約者および死亡保険金受取人を長女Ｃさん、被保険者をＡさんとする終身保険に加入し、長女Ｃさんが負担する保険料相当額の現金をＡさんが贈与することも検討事項の１つです」

③「妻Ｂさんが受け取る死亡保険金（2,000万円）は、みなし相続財産として相続税の課税対象となりますが、死亡保険金の非課税金額の規定の適用を受けることで、相続税の課税価格に算入される金額は、500万円となります」

《問15》 現時点（2024年９月１日）において、Ａさんの相続が開始した場合における相続税の総額を試算した下記の表の空欄①～③に入る最も適切な数値を求めなさい。なお、相続税の課税価格の合計額は３億2,000万円とし、問題の性質上、明らかにできない部分は「□□□」で示してある。

(a)相続税の課税価格の合計額	3億2,000万円
(b)遺産に係る基礎控除額	（　①　）万円
課税遺産総額（(a)−(b)）	万円
相続税の総額の基となる税額	
妻Bさん	万円
長女Cさん	（　②　）万円
二女Dさん	□□□万円
(c)相続税の総額	（　③　）万円

〈資料〉相続税の速算表（一部抜粋）

法定相続分に応ずる取得金額			税率	控除額
万円超		万円以下		
	～	1,000	10%	−
1,000	～	3,000	15%	50万円
3,000	～	5,000	20%	200万円
5,000	～	10,000	30%	700万円
10,000	～	20,000	40%	1,700万円
20,000	～	30,000	45%	2,700万円

2級

ファイナンシャル・プランニング技能検定

実技　予想問題③

《日本FP協会》資産設計提案業務

実施日◆	年　月　日（　）
試験時間◆	90分

解答にあたっての注意

1．問題は、【第１問】から【第10問】まであります。
2．各問の問題番号は、通し番号になっており、《問１》から《問40》までとなっています。
3．解答にあたっては、各設例および各問に記載された条件・指示に従うものとし、それ以外については考慮しないものとします。
4．解答は、解答用紙に記入してください。

TAC　FP講座

【第１問】 下記の《問１》～《問２》について解答しなさい。

《問１》 ファイナンシャル・プランナー（以下「ＦＰ」という）は、ファイナンシャル・プランニング業務を行ううえで関連業法等を順守することが重要である。ＦＰの行為に関する次の（ア）～（エ）の記述について、適切なものには○、不適切なものには×を解答欄に記入しなさい。

(ア) 生命保険募集人・保険仲立人の登録を受けていないＦＰが、生命保険契約を検討している顧客のライフプランに基づき、有償で具体的な必要保障額を試算した。
(イ) 投資助言・代理業の登録を受けていないＦＰが、顧客に対し有償で、特定企業の公表されている決算報告書を用いて、具体的な株式の投資時期等の判断や助言を行った。
(ウ) 税理士の登録を受けていないＦＰが、自治体主催の無料相談に訪れた相談者に対し、相続人の具体的な相続税額を計算した。
(エ) 社会保険労務士の登録を受けていないＦＰが、顧客が持参した「ねんきん定期便」を基に、有償で公的年金の受給見込み額を計算した。

《問２》「消費者契約法」に関する次の（ア）～（エ）の記述について、適切なものには○、不適切なものには×を解答欄に記入しなさい。

(ア) 事業者が、将来の受取額が不確実な商品について、「確実に儲かる」と断言し、消費者がそれを信じて結んだ契約は、取り消すことができる。
(イ) 消費者契約法では、個人および法人を保護の対象としている。
(ウ) 消費者契約の申込み等に係る取消権は、消費者が追認をすることができる時から１年間行わないとき、または契約締結の時から３年を経過したときは、時効によって消滅すると定められている。
(エ) 金融商品の販売において、金融サービス提供法と消費者契約法の両方の規定を適用することができる場合は、消費者契約法が優先して適用される。

【第2問】 下記の《問3》～《問6》について解答しなさい。

《問3》 下記〈資料〉は、外貨定期預金の契約締結前交付書面の一部である。この契約締結前交付書面に関する次の記述の空欄（ア）～（エ）にあてはまる語句として、最も適切なものはどれか。なお、〈資料〉に記載のない事項は一切考慮しないこととする。

〈資料〉

商品概要
［商品名］外貨定期預金 ［商品の概要］外国通貨建ての、期間の定めのある預金です。 ［預金保険］外貨定期預金は、預金保険制度の（　ア　）です。 ［販売対象］個人のお客様

税金について
［利息］（　イ　）が適用されます。 ［為替差損益］雑所得となります。 ※雑所得は、原則として確定申告による総合課税の対象です。

お預入れとお引出しに関わる為替手数料
［お預入れ］円の現金でのお預入れ（1通貨単位当たり）　米ドル：1円 ［お引出し］円の現金でのお引出し（1通貨単位当たり）　米ドル：1円 例）お預入時点の為替相場（仲値）が1米ドル＝１４１円の場合、1万米ドルのお預入金額は、（　ウ　）となります。

その他
※外貨定期預金は、少額投資非課税制度（新ＮＩＳＡ）の（　エ　）です。

1）空欄（ア）にあてはまる語句は、「対象」である。
2）空欄（イ）にあてはまる語句は、「申告分離課税」である。
3）空欄（ウ）にあてはまる語句は、「1,420,000円」である。
4）空欄（エ）にあてはまる語句は、「対象」である。

《問４》 下記〈資料〉の債券を取得日から６年後に売却した場合における所有期間利回り（単利・年率）を計算しなさい。なお、手数料や税金等については考慮しないものとし、計算結果については小数点以下第４位を切り捨てること。また、解答に当たっては、解答用紙に記載されている単位に従うこと（解答用紙に記載されているマス目に数値を記入すること）。

〈資料〉

表面利率：年1.2％
額面：100万円
購入価格：額面100円につき98.00円
売却価格：額面100円につき102.00円
所有期間：６年

《問５》 下記〈資料〉に関する次の記述の空欄（ア）、（イ）にあてはまる語句の組み合わせとして、正しいものはどれか。

〈資料〉

	ＸＡ株式会社	ＹＢ株式会社
株価（円）	3,000	2,400
１株当たり年間配当金（円）	120	60
１株当たり純資産（円）	2,800	2,000
１株当たり利益（円）	200	110
１単元の株数（株）	1,000	100

・ＸＡ株式会社とＹＢ株式会社の配当利回りを比較すると（　ア　）株式会社の方が高い。
・ＸＡ株式会社とＹＢ株式会社をＰＢＲ（株価純資産倍率）で比較する場合、（　イ　）株式会社の方が割安といえる。

1）（ア）ＸＡ　（イ）ＸＡ
2）（ア）ＸＡ　（イ）ＹＢ
3）（ア）ＹＢ　（イ）ＸＡ
4）（ア）ＹＢ　（イ）ＹＢ

《問６》 青山さんは、金投資について、ＦＰの鈴田さんに質問をした。下記の空欄（ア）～（エ）に入る適切な語句を語群の中から選び、その番号のみを解答欄に記入しなさい。

青山さん：「金投資について教えてください。地政学的リスクが高まっているとき、金価格にはどのような影響がありますか。」
鈴田さん：「一般的には、（　ア　）する傾向です。」
青山さん：「金を積立てで購入する、純金積立という方法があるそうですね。」
鈴田さん：「はい。純金積立では、毎回、（　イ　）を積み立てるドルコスト平均法が採用されています。」
青山さん：「積み立てた金を、現物で受け取ることはできるのでしょうか。」
鈴田さん：「地金で受け取ることが（　ウ　）。」
青山さん：「金を売却して利益が出た場合、所得税の区分はどうなりますか。」
鈴田さん：「個人が金地金や純金積立を売却した場合の所得は、譲渡所得に区分されます。保有期間が（　エ　）以内の場合は短期譲渡所得です。（　エ　）超であれば、長期譲渡所得となります。」

〈語群〉

１．下落	２．上昇	３．その都度指定する金額
４．一定金額	５．一定数量	６．できません
７．できます	８．５年	９．10年　　10．20年

【第３問】 下記の《問７》～《問10》について解答しなさい。

《問７》 高柳さんは、11年前に相続により取得して、引き続き居住している自宅の土地および建物を売却する予定である。売却に係る状況が下記〈資料〉のとおりである場合の所得税における課税長期譲渡所得の金額として、正しいものはどれか。なお、〈資料〉に記載のない条件については一切考慮しないこと。

〈資料〉

・取得費：土地および建物とも不明であるため概算取得費とする。
・譲渡価額（合計）：4,100万円
・譲渡費用（合計）： 120万円
※居住用財産を譲渡した場合の3,000万円特別控除の特例の適用を受けるものとする。
※所得控除は考慮しないものとする。

1）570万円
2）775万円
3）895万円
4）980万円

《問 8》 公的な土地評価に関する下表の空欄（ア）～（エ）にあてはまる語句の組み合わせとして、最も適切なものはどれか。

価格の種類	公示価格	基準地標準価格	固定資産税評価額	相続税路線価
所管	国土交通省	都道府県	市町村（東京23区は東京都）	国税庁
評価時点	毎年 1 月 1 日	毎年（　ア　）	原則として基準年度の前年 1 月 1 日。 （　イ　）に 1 度評価替え	毎年 1 月 1 日
評価割合	―	―	公示価格の（　ウ　）程度	公示価格の（　エ　）程度
目的	・一般の土地取引の指標 ・公共事業用地の適正補償額の算定基準	・国土利用計画法による土地取引の適正かつ円滑な実施 ・一般の土地取引の指標	・固定資産税等の課税のため	・相続税や贈与税の課税のため

1）（ア）12月31日　（イ） 5 年　（ウ）70%　（エ）80%
2）（ア）12月31日　（イ） 3 年　（ウ）80%　（エ）70%
3）（ア） 7 月 1 日　（イ） 5 年　（ウ）80%　（エ）70%
4）（ア） 7 月 1 日　（イ） 3 年　（ウ）70%　（エ）80%

《問 9》 建築基準法に従い下記〈資料〉の土地に耐火建築物を建てる場合、建築面積の最高限度（ア）と延べ面積の最高限度（イ）の組み合わせとして、正しいものはどれか。なお、記載のない条件については一切考慮しないこと。

〈資料〉

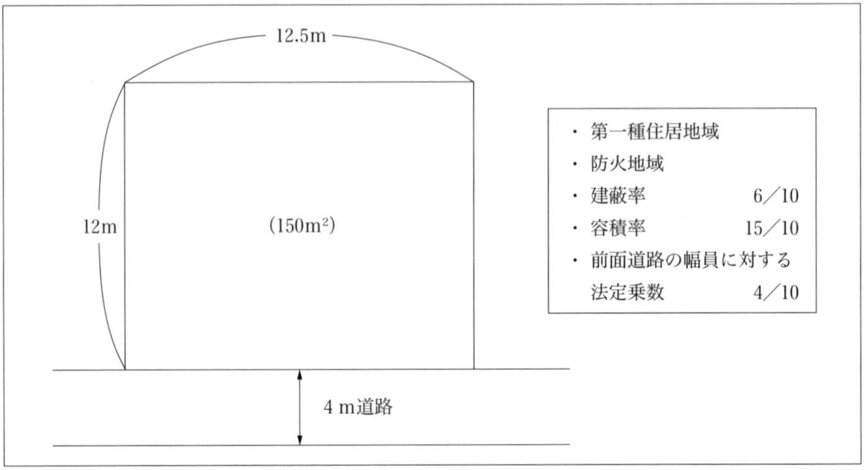

1）（ア）　90㎡　　（イ）225㎡
2）（ア）　90㎡　　（イ）240㎡
3）（ア）105㎡　　（イ）225㎡
4）（ア）105㎡　　（イ）240㎡

《問10》　下記〈資料〉は三木雅史さんが所有する土地の登記事項証明書の一部である。この登記事項証明書に関する次の（ア）～（エ）の記述について、適切なものには○、不適切なものには×を解答欄に記入しなさい。

〈資料〉

権利部（乙区）　（所有権以外の権利に関する事項）			
順位番号	登記の目的	受付年月日・受付番号	権利者その他の事項
1	抵当権設定	平成25年6月21日 第6△23号	原因　平成25年6月21日金銭消費貸借同日設定 債権額　金1,500万円 利息　年1.5% 損害金　年14%（年365日日割計算） 債務者 神奈川県○○市××区△△一丁目3番○号 三木雅史 抵当権者 神奈川県○○市××区△△五丁目□番2号 株式会社ＴＳ銀行

（ア）登記事項証明書は、法務局において手数料を納付することにより、誰でも交付の請求をすることができる。

（イ）上記〈資料〉から、抵当権の設定当時、三木雅史さんがこの土地の所有者であったことが確認できる。

（ウ）三木雅史さんが株式会社ＴＳ銀行への債務を完済すると、当該抵当権の登記は自動的に抹消される。

（エ）三木雅史さんが債務の弁済を怠った場合、株式会社ＴＳ銀行は、債権を回収するためにこの土地の競売を裁判所に申し立てることができる。

【第４問】　下記の《問11》～《問14》について解答しなさい。

《問11》　佐々木直弥さん（50歳）が加入の提案を受けた生命保険の保障内容は下記〈資料〉のとおりである。この生命保険に加入した場合、次の記述の空欄（ア）～（ウ）にあてはまる数値を解答欄に記入しなさい。なお、各々の記述はそれぞれ独立した問題であり、相互に影響を与えないものとする。

〈資料／生命保険提案書〉

保険提案書　無解約返戻金型医療総合保険

保険契約者：佐々木直弥　様　　被保険者：佐々木直弥　様　　年齢・性別：５０歳・男性

先進医療特約	付加
通院特約	６,０００円
がん診断特約	１００万円
５疾病就業不能特約	１００万円

予定契約日：２０２４年１１月１日

保険料：××,×××円
（月払い、口座振替）

主契約	１０,０００円

５０歳契約　　保険期間１０年

【ご提案内容】

主契約・特約の内容	主なお支払事由など	給付金額
医療総合保険	① 病気で所定の入院をしたとき、入院１日目より疾病入院給付金を支払います。 ※支払限度は、１回の入院で６０日、通算１，０９５日となります。 ② 不慮の事故によるケガで、事故の日からその日を含めて１８０日以内に所定の入院をしたとき、入院１日目より災害入院給付金を支払います。 ※支払限度は、１回の入院で６０日、通算１，０９５日となります。 ③ 病気やケガで公的医療保険制度の給付対象である所定の手術を受けたとき、手術給付金を支払います。 ※手術の種類に応じて入院給付金日額の５倍・１０倍・２０倍・４０倍をお支払いします。 ④ 病気やケガで公的医療保険制度の給付対象である所定の放射線治療を受けたとき、放射線治療給付金を支払います。 ※入院給付金日額の１０倍をお支払いします。	日額 １０，０００円
５疾病就業不能特約	① ５疾病で所定の入院をしたとき、または５疾病による就業不能状態が３０日を超えて継続したと診断されたとき、第１回就業不能給付金を支払います。 ※５疾病とは、悪性新生物、急性心筋梗塞、脳卒中、肝硬変、慢性腎不全をいいます。 ※就業不能状態とは、５疾病の治療を目的として所定の入院をしている状態、５疾病により医師の指示を受けて自宅等で療養し、職種を問わずすべての業務に従事できない状態、５疾病により生じた所定の高度障害状態をいいます。ただし、死亡した後や５疾病が治癒した後は、就業不能状態とはいいません。 ※支払限度は、疾病の種類にかかわらず保険期間を通じて１回となります。 ② 前回の就業不能給付金のお支払事由に該当した日の１年後の応当日以後に、５疾病による就業不能状態が３０日を超えて継続したと診断されたとき、第２回以後就業不能給付金を支払います。 ※支払限度は、１年に１回となります。	１００万円
がん診断特約	① 悪性新生物と診断確定された場合で、以下のいずれかに該当したとき、診断給付金を支払います。 ・ 初めて悪性新生物と診断確定されたとき ・ 悪性新生物が治癒または寛解状態となった後、再発したと診断確定されたとき ・ 悪性新生物が他の臓器に転移したと診断確定されたとき ・ 悪性新生物が新たに生じたと診断確定されたとき ② 初めて上皮内新生物と診断確定されたとき、診断給付金を支払います。 ※支払限度は、２年に１回となります。ただし、上皮内新生物に対する診断給付金は保険期間を通じて１回となります。	１００万円
通院特約	主契約の入院給付金が支払われる入院をし、かつ、入院の原因となった病気やケガにより以下のいずれかの期間内に所定の通院をしたとき、通院給付金を支払います。 ・ 入院日の前日からその日を含めて遡及して６０日以内 ・ 退院日の翌日からその日を含めて１８０日以内（入院の原因となった疾病ががん、心疾患、脳血管疾患の場合、７３０日以内） ※支払限度は、１回の入院で３０日、通算１，０９５日となります。	日額 ６，０００円
先進医療特約	公的医療保険制度における所定の先進医療を受けたとき、先進医療給付金を支払います。 ※先進医療にかかわる技術料と同額をお支払いします。	通算 ２，０００万円

・佐々木さんが、交通事故により事故当日から継続して9日間入院し、その間に約款に定められた所定の手術（公的医療保険制度の給付対象、給付倍率20倍）を受けたが死亡した場合、保険会社から支払われる給付金の合計は（　ア　）万円である。

・佐々木さんが急性心筋梗塞で継続して31日間入院し、その間に約款所定の手術（公的医療保険制度の給付対象、給付倍率10倍）と公的医療保険制度における先進医療に該当する治療（技術料5万円）を受け、検査等のため退院後3ヵ月間で10日間通院して治癒した場合、保険会社から支払われる給付金の合計は（　イ　）万円である。なお、「5疾病で所定の入院をしたとき」、「公的医療保険制度における所定の先進医療を受けたとき」に該当するものとする。

・佐々木さんが初めてがん（悪性新生物）と診断され、治療のため継続して21日間入院し、その間に約款に定められた所定の手術（公的医療保険制度の給付対象、給付倍率40倍）を受けた後に死亡した場合、保険会社から支払われる給付金の合計は（　ウ　）万円である。なお、「5　疾病で所定の入院をしたとき」、「初めて悪性新生物と診断確定されたとき」に該当するものとし、放射線治療は受けていないものとする。

《問12》　佐田一馬さんが2024年中に支払った定期保険特約付終身保険とがん保険の保険料は下記〈資料〉のとおりである。一馬さんの2024年分の所得税の計算における生命保険料控除額として、正しいものはどれか。なお、下記〈資料〉の保険について、これまでに契約内容の変更はないものとする。また、2024年分の生命保険料控除額が最も多くなるように計算すること。

〈資料〉

［定期保険特約付終身保険（無配当）］
契約日：2011年3月1日
保険契約者：佐田　一馬
被保険者：佐田　一馬
死亡保険金受取人：佐田　美香（妻）
2024年の年間支払保険料：99,840円

［がん保険（無配当）］
契約日：2012年12月1日
保険契約者：佐田　一馬
被保険者：佐田　一馬
死亡保険金受取人：佐田　美香（妻）
2024年の年間支払保険料：68,560円

〈所得税の生命保険料控除額の速算表〉

［2011年12月31日までに締結した保険契約（旧契約）等に係る控除額］

○一般生命保険料控除、個人年金保険料控除

年間正味払込保険料		控除額
	25,000円以下	払込保険料全額
25,000円超	50,000円以下	（払込保険料×1/2）+12,500円
50,000円超	100,000円以下	（払込保険料×1/4）+25,000円
100,000円超		一律50,000円

［2012年1月1日以降に締結した保険契約（新契約）等に係る控除額］

○一般生命保険料控除、個人年金保険料控除、介護医療保険料控除

年間正味払込保険料		控除額
20,000円以下		払込保険料全額
20,000円超	40,000円以下	（払込保険料×1/2）+10,000円
40,000円超	80,000円以下	（払込保険料×1/4）+20,000円
80,000円超		一律40,000円

（注）支払保険料とは、その年に支払った金額から、その年に受けた剰余金や割戻金を差し引いた残りの金額をいう。

1）77,140円

2）82,140円

3）87,100円

4）92,100円

《問13》　笹山秀之さんが契約している個人年金保険（下記〈資料〉参照）に関する次の（ア）～（エ）の記述について、正しいものには○、誤っているものには×を解答欄に記入しなさい。

〈資料：個人年金保険の契約内容〉

保険契約者（保険料負担者）	：笹山　秀之	保険料払込期間：60歳払込満了
被保険者	：笹山　秀之	基本年金額：60万円
年金受取人	：笹山　秀之	年金支払開始：65歳（10年確定年金）
死亡給付金受取人	：笹山　雪（妻）	税制適格特約付加

（ア）秀之さんが契約日から７年後に解約して受け取った解約返戻金は、金融類似商品に該当するため、源泉分離課税として所得税の課税対象となる。

（イ）秀之さんが毎年支払う保険料は、所得税における個人年金保険料控除の対象となる。

（ウ）秀之さんが毎年受け取る年金は、雑所得として所得税の課税対象となり、公的年金等控除額を差し引くことができる。

（エ）秀之さんが死亡し、雪さんが受け取った死亡給付金は、相続税の課税対象となる。

《問14》 田所寛之さんが契約している火災保険および地震保険（下記〈資料〉参照）に関する次の（ア）～（エ）の記述について、適切なものには○、不適切なものには×を解答欄に記入しなさい。なお、保険契約の内容は適正であり、かつ有効に継続しているものとする。また、〈資料〉に記載のない特約等については考慮しないものとする。

〈資料〉

火災保険証券

保険契約者	記名被保険者
住所　××××　〇〇号室 氏名　田所　寛之　様	保険契約者に同じ

証券番号	第△△－〇〇〇〇

火災保険期間	２０２４年２月１日　午後４時から ２０２９年２月１日　午後４時まで ５年間	火災保険料	〇〇,〇〇〇円
		地震保険料	××,×××円
地震保険期間	５年間	保険料払込方法	一時払い

保険の対象	火災保険：建物、家財 地震保険：建物、家財
構造級別	M構造（共同住宅）
面積	５５.３０m^2
建物建築年月	２０２４年１月

建物・家財等に関する補償

事故の種類	補償の有無	建物保険金額（再調達価額）	補償の有無	家財保険金額（再調達価額）
① 火災、落雷、破裂・爆発	○	８５０万円	○	４５０万円
② 風災、ひょう災、雪災※ ※損害額が２０万円以上となった場合にお支払いの対象となります。	○	８５０万円	○	４５０万円
③ 盗難	○	８５０万円	○	４５０万円
④ 水災	×	－	×	－
⑤ 破損、汚損等	○	８５０万円 （免責金額　１万円）	○	４５０万円 （免責金額　１万円）
⑥ 地震、噴火、津波（地震保険）	○	４２５万円	○	２２５万円
明記物件		作者××の絵画 （取得価額：１１０万円）		保険金額：１１０万円

その他特約等	
個人賠償責任特約	保険金額：１億円

※「補償の有無」について、○は有、×は無を示すものとする。

(ア) 住宅内に保管していた時価27万円の真珠のネックレスが盗難にあった場合、補償の対象とならない。
(イ) 田所さんがベランダから誤って物を落とし、歩道を通行中の他人にケガを負わせた場合の損害賠償責任について、補償の対象となる。
(ウ) 再調達価額とは、同等のものを新たに建築または購入するのに必要な金額から年月経過や消耗分を差し引いた金額のことである。
(エ) 契約の目的である建物(時価500万円)が地震により大半損となった場合、地震保険から255万円の保険金が支払われる。

【第5問】 下記の《問15》～《問18》について解答しなさい。

《問15》 横山さんは、2024年3月末で25年3ヵ月勤め続けてきたHB株式会社を退職した(支給された退職一時金は1,500万円である)。横山さんの退職一時金に係る退職所得の金額として、正しいものはどれか。なお、「退職所得の受給に関する申告書」は適正に提出している。また、横山さんは、勤務先の役員であったことはなく、退職は障害者になったことに基因するものではない。

1) 140万円
2) 175万円
3) 280万円
4) 350万円

《問16》 会社員の近藤健一さんは、2024年中に下記〈資料〉の医療費を支払っている。近藤さんの2024年分の所得税の確定申告における医療費控除の金額として、正しいものはどれか。なお、近藤さんの所得は給与所得700万円のみであり、妻は同一生計である。また、セルフメディケーション税制（医療費控除の特例）については考慮しないこと。

〈資料〉

支払年月	医療等を受けた人	医療機関等	内容	支払金額
2024年７月	本人	A病院	人間ドック（注）	105,000円
2024年８月	本人	A病院	治療のため入院	50,000円
2024年１月～12月	妻	B整体院	健康維持のためのマッサージ	60,000円

（注）近藤さんは人間ドックの結果、病気が判明して治療のため４日間ほど入院した。なお、生命保険会社から入院給付金として40,000円が給付された。

1）　　0円
2）　15,000円
3）　75,000円
4）115,000円

《問17》 会社員の塚地さんの2024年分の所得等は下記〈資料〉のとおりである。塚地さんが所得税の確定申告を行う際、給与所得と損益通算できる損失に関する次の記述のうち、最も適切なものはどれか。なお、▲が付された所得の金額は、その所得に損失が発生していることを意味するものとする。

〈資料〉

所得または損失の種類	収入	所得	参考
給与所得	590万円	414万円	給与所得控除額：176万円
不動産所得の計算上生じた損失	700万円	▲40万円	必要経費：740万円 ※必要経費の中には土地の取得に要した借入金の利子80万円が含まれている。
ゴルフ会員権の譲渡損失	420万円	▲80万円	取得費：500万円 ※ゴルフ会員権の譲渡は営利目的として継続的に行ったものではない。
上場株式の譲渡損失	380万円	▲30万円	取得費：410万円

1）不動産所得の計算上生じた損失▲40万円と損益通算できる。
2）不動産所得の計算上生じた損失▲40万円およびゴルフ会員権の譲渡損失▲80万円と損益通算できる。
3）ゴルフ会員権の譲渡損失▲80万円および上場株式の譲渡損失▲30万円と損益通算できる。
4）損益通算できる損失はない。

《問18》 会社員の三浦さんは、妻と子ども２人の４人家族である。2024年中における三浦さんの合計所得金額が910万円、妻の合計所得金額が95万円である場合、三浦さんの2024年分の配偶者控除または配偶者特別控除の金額として、正しいものはどれか。なお、三浦さんの妻は、三浦さんと生計を一にしており、老人控除対象配偶者には該当しない。また、三浦さんと妻は内縁関係ではない。

〈配偶者控除額（所得税）の早見表〉

納税者の合計所得金額	900万円以下	900万円超 950万円以下	950万円超 1,000万円以下
控除対象配偶者	38万円	26万円	13万円
老人控除対象配偶者	48万円	32万円	16万円

〈配偶者特別控除額（所得税）の早見表〉

納税者の合計所得金額 配偶者の合計所得金額	900万円以下	900万円超 950万円以下	950万円超 1,000万円以下
38万円超　85万円以下	38万円	26万円	13万円
85万円超　90万円以下	36万円	24万円	12万円
90万円超　95万円以下	31万円	21万円	11万円
95万円超　100万円以下	26万円	18万円	9万円
100万円超　105万円以下	21万円	14万円	7万円
105万円超　110万円以下	16万円	11万円	6万円
110万円超　115万円以下	11万円	8万円	4万円
115万円超　120万円以下	6万円	4万円	2万円
120万円超　123万円以下	3万円	2万円	1万円

1）配偶者控除　26万円　配偶者特別控除　0円
2）配偶者控除　0円　配偶者特別控除　18万円
3）配偶者控除　0円　配偶者特別控除　21万円
4）配偶者控除　0円　配偶者特別控除　0円

【第６問】 下記の《問19》～《問21》について解答しなさい。

《問19》 馬場次郎さんは、所有する土地（下記〈資料〉参照）にアパートを建設し、賃貸の用に供している。この土地について路線価方式により宅地評価を行った場合、土地の評価額を求める計算式として、正しいものはどれか。

〈資料〉

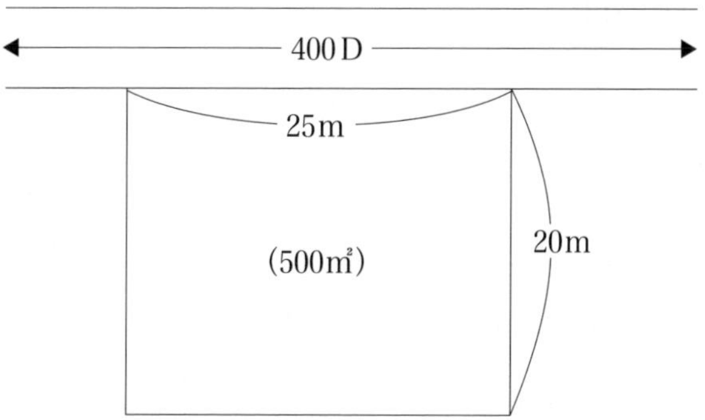

［借地権割合］

A	90%
B	80%
C	70%
D	60%
E	50%
F	40%
G	30%

注１：奥行価格補正率　20m以上24m未満　1.00
注２：借家権割合30％
注３：賃貸アパートは現在満室となっている。
注４：記載のない条件については、一切考慮しないものとする。

1）(400,000円×1.00)×500㎡×60％
2）(400,000円×1.00)×500㎡×(１－60％×30％×100％)
3）(400,000円×1.00)×500㎡×30％
4）(400,000円×1.00)×500㎡×(１－60％)

《問20》 下記の相続事例（2024年９月１日相続開始）に基づき、相続税の課税価格の合計額として、正しいものはどれか。

〈課税価格の合計額を算出するための財産等の相続税評価額〉

土地　　　　　　　　：4,000万円（小規模宅地等の評価減特例適用後：800万円）

建物　　　　　　　　：1,200万円

現預金　　　　　　　：4,500万円

死亡保険金　　　　　：2,000万円（生命保険金等の非課税限度額控除前）

債務および葬式費用：　500万円

〈相続人関係図〉

※小規模宅地等の評価減特例の適用対象となる要件はすべて満たしており、その適用を受けるものとする。

※死亡保険金は妻が受け取っている。

※すべての相続人は、相続により財産を取得しており、相続開始前３年以内に被相続人からの贈与により取得した財産はない。

※相続時精算課税制度を選択した相続人はなく、相続を放棄した者もいない。

1）　6,500万円

2）　8,000万円

3）　9,700万円

4）11,200万円

《問21》 下記〈親族関係図〉の場合において、民法の規定に基づく法定相続分に関する次の記述の空欄（ア）～（ウ）にあてはまる適切な語句または数値を語群の中から選び、その番号のみを解答欄に記入しなさい。なお、同じ番号を何度選んでもよいこととする。

〈親族関係図〉

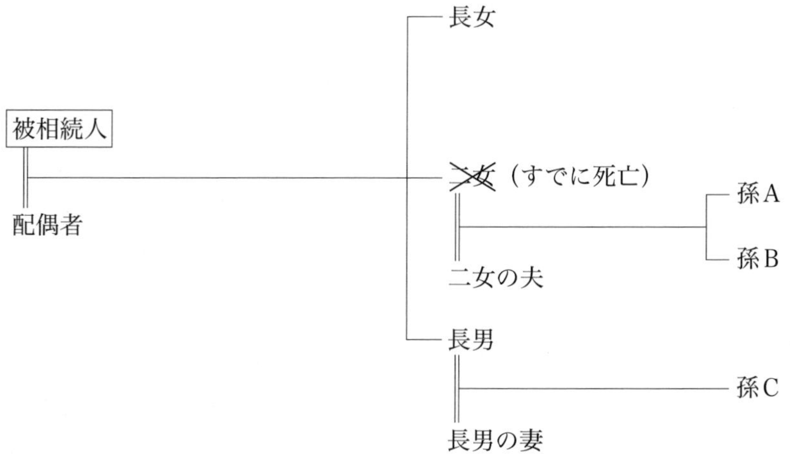

［相続人の法定相続分］

・被相続人の配偶者の法定相続分は（　ア　）である。
・被相続人の長男の法定相続分は（　イ　）である。
・被相続人の孫Bの法定相続分は（　ウ　）である。

〈語群〉

1．ゼロ	2．1／2	3．1／3	4．1／4	5．1／6
6．1／8	7．1／12	8．1／18	9．2／3	

【第７問】　下記の《問22》～《問24》について解答しなさい。

〈上野家の家族データ〉

氏名	続柄	生年月日	備考
上野　芳樹	本人	1984年６月16日	会社員
千鶴	妻	1982年９月２日	パートタイマー
裕太	長男	2011年12月20日	中学生
明日香	長女	2013年11月30日	小学生

〈上野家のキャッシュフロー表〉　　（単位：万円）

経過年数			基準年	１年	２年	３年	４年	５年
西暦（年）			2024	2025	2026	2027	2028	2029
家族構成／年齢	上野　芳樹	本人	40歳	41歳	42歳	43歳	44歳	45歳
	千鶴	妻	42歳	43歳	44歳	45歳	46歳	47歳
	裕太	長男	13歳	14歳	15歳	16歳	17歳	18歳
	明日香	長女	11歳	12歳	13歳	14歳	15歳	16歳
ライフイベント		変動率	裕太 中学入学		明日香 中学入学	裕太 高校入学		明日香 高校入学
収入	給与収入（夫）	１％	530	535	541	546	552	557
	給与収入（妻）	１％	120	121	122	124	125	126
	収入合計	－	650	656	663	670	677	683
支出	基本生活費	２％	350			（　ア　）		
	住居費	－	150	150	150	150	150	150
	教育費	２％						
	保険料	－	32	32	32	32	32	32
	一時的支出	－				50	30	
	その他支出	－				12		
	支出合計	－	590					
年間収支		－	60	7	36			
金融資産残高		１％	610	623	（　イ　）			

※家族の年齢は、各年12月31日現在のものとし、2024年を基準年とする。

※記載されている数値は正しいものとする。

※問題作成の都合上、一部空欄にしてある。

《問22》上野家のキャッシュフロー表の空欄（ア）に入る数値を計算しなさい。なお、計算に当たっては、キャッシュフロー表中に記載の整数を使用し、計算結果については万円未満を四捨五入すること。また、解答に当たっては、解答用紙に記載されている単位に従うこととする。

《問23》上野家のキャッシュフロー表の空欄（イ）に入る数値を計算しなさい。なお、計算に当たっては、キャッシュフロー表中に記載の整数を使用し、計算結果については万円未満を四捨五入すること。

《問24》 キャッシュフロー表を作成するうえでは、収入や支出などの変動率や金融資産の運用利回りの予測が重要である。運用利回り等の変動に影響を与える要因についての次の記述のうち、最も不適切なものはどれか。

1）変動金利型住宅ローンの適用金利は、短期プライムレートを基準とした金利を適用している金融機関が主流である。
2）新発10年長期国債利回りは、国内の金融市場において、長期金利の代表的な指標である。
3）一般的に、市場金利が低下すると、債券価格は上昇し、債券利回りは低下する。
4）為替相場が円安になると、輸入物価を下落させる要因となり得る。

【第 8 問】 下記の《問25》～《問27》について解答しなさい。

《設　例》

下記の係数早見表を乗算で使用し、各問について計算しなさい。なお、税金は一切考慮しないこととする。また、解答に当たっては、解答用紙に記載されている単位に従うこととし、同じ係数を何度使用してもよいこととする。

［係数早見表（年利1.0%）］

	終価係数	現価係数	減債基金係数	資本回収係数	年金終価係数	年金現価係数
1 年	1.010	0.990	1.000	1.010	1.000	0.990
2 年	1.020	0.980	0.498	0.508	2.010	1.970
3 年	1.030	0.971	0.330	0.340	3.030	2.941
4 年	1.041	0.961	0.246	0.256	4.060	3.902
5 年	1.051	0.951	0.196	0.206	5.101	4.853
6 年	1.062	0.942	0.163	0.173	6.152	5.795
7 年	1.072	0.933	0.139	0.149	7.214	6.728
8 年	1.083	0.923	0.121	0.131	8.286	7.652
9 年	1.094	0.914	0.107	0.117	9.369	8.566
10年	1.105	0.905	0.096	0.106	10.462	9.471
15年	1.161	0.861	0.062	0.072	16.097	13.865
20年	1.220	0.820	0.045	0.055	22.019	18.046
25年	1.282	0.780	0.035	0.045	28.243	22.023
30年	1.348	0.742	0.029	0.039	34.785	25.808

※記載されている数値は正しいものとする。

《問25》 今田さんは、定年退職時に受け取った退職一時金1,800万円を老後の生活資金として将来使用する予定である。これを10年間、年利1.0%で複利運用した場合、10年後の合計額はいくらになるか。

《問26》 尾山さんは、老後の旅行費用として毎年年末に80万円を受け取りたいと考えている。受取期間を 5 年間とし、年利1.0%で複利運用する場合、受取り開始年の初めにいくらの資金があればよいか。

《問27》 飯倉さんは、住宅購入資金として2,500万円を借り入れることを検討している。これを今後25年間、年利1.0%で毎年年末に元利均等返済をする場合、毎年の返済額はいくらになるか。

【第９問】 次の設例に基づき、下記の《問28》～《問34》について解答しなさい。

《設　例》

小谷雅弘さんは、民間企業に勤務する会社員である。雅弘さんと妻の里枝さんは、今後の資産形成や家計の見直しなどについて、ＦＰで税理士でもある井上さんに相談をした。なお、下記のデータはいずれも2024年９月１日現在のものである。

［家族構成］

氏名	続柄	生年月日	年齢	備考
小谷　雅弘	本人	1986年６月11日	38歳	会社員（正社員）
里枝	妻	1987年７月30日	37歳	会社員（正社員）
雅也	長男	2015年８月14日	９歳	小学生
美里	長女	2019年４月15日	５歳	保育園児

［収入金額（2023年）］
・雅弘さん：給与収入600万円（手取り）。雅弘さんに給与収入以外の収入はない。
・里枝さん：給与収入300万円（手取り）。里枝さんに給与収入以外の収入はない。

［自宅］
・賃貸マンション：家賃月額12万円（管理費込み）
・マイホームとして販売価格3,500万円（うち消費税額160万円）のマンションを購入する予定である。

［金融資産（時価）］
・雅弘さん名義
　銀行預金（普通預金）　：200万円
　銀行預金（定期預金）　：300万円
　財形住宅貯蓄（保険型）：200万円

・里枝さん名義

　銀行預金（普通預金）　　：300万円

　財形住宅貯蓄（定期預金）：100万円

［負債］

負債はない。

［保険］

・定期保険：保険金額3,000万円、保険契約者（保険料負担者）および被保険者は雅弘さん、死亡保険金受取人は里枝さんである。

・医療保険：入院給付金日額10,000円など、保険契約者（保険料負担者）および被保険者は雅弘さんである。

《問28》　雅弘さんはマンションの購入に当たり、夫婦での住宅ローンの借入れを検討しており、ＦＰの井上さんに質問をした。井上さんが行った次の説明のうち、最も適切なものはどれか。

1)「連帯保証方式である収入合算を利用すると、夫婦の収入を合算して1つの住宅ローンを契約することができますが、借入金額については、雅弘さんが単独で住宅ローンを契約する場合の金額と同額以下でなければなりません。」

2)「ペアローンは夫婦それぞれが住宅ローンを契約しますが、住宅借入金等特別控除（住宅ローン控除）の適用は世帯主のみ受けることができます。」

3)「自動車ローンを完済すると、借入可能額が増える可能性があります。」

4)「連帯保証方式である収入合算で住宅ローンを契約した場合、雅弘さんと里枝さんは二人とも団体信用生命保険を付保することができます。」

《問29》　ＦＰの井上さんは、個人に対する所得税の仕組みについて雅弘さんから質問を受けた。井上さんが説明した際に使用した下記〈イメージ図〉をもとに行った説明に関する次の（ア）～（ウ）の記述について、適切なものには○、不適切なものには×を解答欄に記入しなさい。

〈イメージ図〉

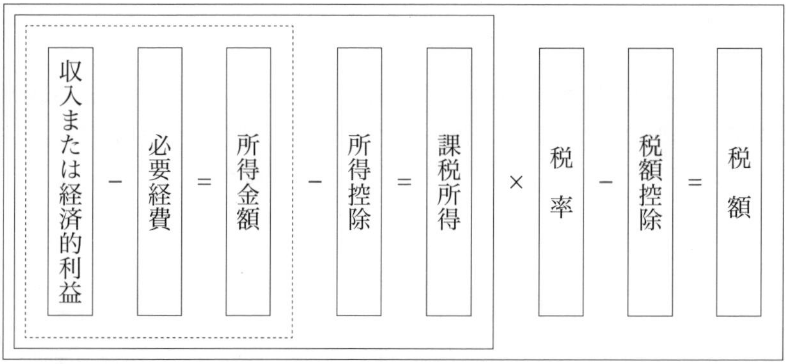

（出所：財務省「所得税の基本的な仕組み」）

（ア）「雅弘さんが支払った美里さんの医療費の金額は、医療費控除の対象となり、一定金額を所得金額から控除できます。」

（イ）「雅弘さんが住宅ローンを借り入れた場合、各年末における借入金残高は、要件を満たせば住宅ローン控除（住宅借入金等特別控除）の対象となり、一定金額を所得控除できます。」

（ウ）「雅弘さんが保険契約者として支払った定期保険の保険料の金額は、生命保険料控除の対象となり、控除金額の上限はありますが、所得金額から控除できます。」

《問30》　小谷さん夫妻は、2024年12月にマンションを購入する予定である。小谷さん夫妻が《設例》のマンションを購入する場合の販売価格のうち、土地（敷地の共有持分）の価格を計算しなさい。なお、消費税の税率は10％とし、計算結果については万円未満を四捨五入すること。また、解答に当たっては、解答用紙に記載されている単位に従うこと。

《問31》 里枝さんは、今後、正社員からパートタイマーに勤務形態を変更し、雅弘さんが加入する全国健康保険協会管掌健康保険（協会けんぽ）の被扶養者となることを検討しているため、ＦＰの井上さんに相談をした。協会けんぽの被扶養者に関する次の記述の空欄（ア）～（ウ）にあてはまる適切な語句を語群の中から選び、その番号のみを解答欄に記入しなさい。なお、問題作成の都合上、一部を「＊＊＊」にしてある。

「被扶養者になるには、主として被保険者により生計を維持していることおよび原則として、日本国内に住所を有していることが必要です。生計維持の基準は、被扶養者となる人が被保険者と同一世帯に属している場合、原則として、被扶養者となる人の年間収入が（　ア　）未満（60歳以上の人または一定の障害者は＊＊＊未満）で、被保険者の収入の（　イ　）未満であることとされています。被扶養者となる人の年間収入については、過去の収入、現時点の収入または将来の収入の見込みなどから、今後１年間の収入を見込むものとされています。なお、雇用保険の失業給付や公的年金等は、収入に（　ウ　）。」

〈語群〉

１．103万円　２．130万円　３．150万円
４．３分の１　５．２分の１　６．３分の２　７．含まれません
８．含まれます

《問32》 雅弘さんは、2024年７月から病気（私傷病）療養のため休業したことから、健康保険から支給される傷病手当金についてＦＰの井上さんに相談をした。雅弘さんの休業に関する状況は下記〈資料〉のとおりである。〈資料〉に基づき、雅弘さんに支給される傷病手当金に関する次の記述の（ア）～（ウ）に入る適切な語句を語群の中から選び、その番号のみを解答欄に記入しなさい。なお、雅弘さんは、全国健康保険協会管掌健康保険（協会けんぽ）の被保険者である。また、記載のない条件については一切考慮しないこと。

〈資料〉

［雅弘さんの7月の出勤状況］

5日（金）	6日（土）	7日（日）	8日（月）	9日（火）	10日（水）	11日（木）	12日（金）	13日（土）
休業	休業	出勤	休業	出勤	休業	休業	休業	休業

▲

休業開始日

※上記の休業した日については、労務不能と認められている。

・雅弘さんへの傷病手当金は、（ア）より支給が開始される。

・雅弘さんへ支給される1日当たりの傷病手当金の額は、次の算式で計算される。

［支給開始日の以前12ヵ月間の各標準報酬月額を平均した額］÷30日×（イ）

・傷病手当金が支給される期間は、支給を開始した日から通算して、最長で（ウ）である。

〈語群〉

1．7月10日　　2．7月11日　　3．7月13日

4．1／2　　5．2／3　　6．3／4

7．1年間　　8．1年6ヵ月　　9．2年間

《問33》 雅弘さんの弟の直司さんは会社員であるが、2024年12月に35歳で自己都合退職し、退職後は雇用保険の基本手当を受給することを考えている。雇用保険の基本手当に関する次の記述の空欄（ア）～（ウ）にあてはまる語句の組み合わせとして、正しいものはどれか。なお、直司さんは、現在の会社に26歳で就職した以後、継続して雇用保険に加入しており、雇用保険の基本手当の受給要件はすべて満たしているものとする。また、直司さんには、この他に雇用保険の加入期間はなく、障害者等の就職困難者には該当しないものとし、延長給付については考慮しないものとする。

・基本手当を受給できる期間は、原則として離職の日の翌日から（　ア　）である。
・直司さんの場合、基本手当の所定給付日数は（　イ　）である。
・直司さんの場合、基本手当は、受給資格決定日以後、７日間の待期期間および（　ウ　）の給付制限期間を経て支給が開始される。

〈資料：基本手当の所定給付日数〉
［一般の受給資格者（特定受給資格者・一部の特定理由離職者以外の者）］

<table>
<tr><td>離職時の年齢</td><td colspan="4">被保険者として雇用された期間</td></tr>
<tr><td rowspan="2">全年齢</td><td>１年未満</td><td>１年以上
10年未満</td><td>10年以上
20年未満</td><td>20年以上</td></tr>
<tr><td>ー</td><td>90日</td><td>120日</td><td>150日</td></tr>
</table>

［特定受給資格者（倒産・解雇等による離職者）・一部の特定理由離職者］

<table>
<tr><td>離職時の年齢</td><td colspan="5">被保険者として雇用された期間</td></tr>
<tr><td></td><td>１年未満</td><td>１年以上
５年未満</td><td>５年以上
10年未満</td><td>10年以上
20年未満</td><td>20年以上</td></tr>
<tr><td>30歳未満</td><td rowspan="5">90日</td><td>90日</td><td>120日</td><td>180日</td><td>ー</td></tr>
<tr><td>30歳以上
35歳未満</td><td>120日</td><td rowspan="2">180日</td><td>210日</td><td>240日</td></tr>
<tr><td>35歳以上
45歳未満</td><td>150日</td><td>240日</td><td>270日</td></tr>
<tr><td>45歳以上
60歳未満</td><td>180日</td><td>240日</td><td>270日</td><td>330日</td></tr>
<tr><td>60歳以上
65歳未満</td><td>150日</td><td>180日</td><td>210日</td><td>240日</td></tr>
</table>

1）（ア）１年間　（イ）　90日　（ウ）２ヵ月
2）（ア）２年間　（イ）180日　（ウ）２ヵ月
3）（ア）１年間　（イ）180日　（ウ）１ヵ月
4）（ア）２年間　（イ）　90日　（ウ）１ヵ月

《問34》　里枝さんは、仮に雅弘さんが在職中の38歳で死亡した場合の公的年金の遺族給付についてFPの井上さんに相談をした。里枝さんが65歳になるまでに受給できる遺族年金に関する次の記述のうち、最も適切なものはどれか。なお、雅弘さんは大学卒業後の22歳から死亡時まで厚生年金保険に加入しているものとし、家族に障害者に該当する者はいないものとする。また、記載以外の遺族給付の受給要件はすべて満たしているものとする。

1）里枝さんに支給される遺族厚生年金の額（中高齢寡婦加算額は除く）は、原則として雅弘さんの厚生年金の被保険者期間に基づく報酬比例部分の年金額の４分の３に相当する額になる。
2）雅弘さんが在職中に死亡したことにより支給される遺族厚生年金の額（中高齢寡婦加算額は除く）は、短期要件の計算式に基づく額となり、その額の計算の基礎となる被保険者期間の月数が200月未満の場合は、200月とみなして報酬比例部分の年金額が計算される。
3）遺族基礎年金は、里枝さんが65歳に達するまで支給されるが、末子の美里さんが18歳に達した日以後の最初の３月31日を終了すると子の加算額が加算されなくなる。
4）中高齢寡婦加算額は、夫の死亡時40歳以上の子のない妻にのみ支給されるため、里枝さんに支給される遺族厚生年金には加算されることはない。

【第10問】　下記の《問35》～《問40》について解答しなさい。

《設　例》

上場企業MZ株式会社の会社員である大橋幸司さんと妻の愛子さんは、今般、両親の相続や自分たちの老後のことなどに関して、FPで税理士でもある米田さんに相談をした。なお、下記のデータはいずれも2024年９月１日現在のものである。

Ⅰ．家族構成（同居家族）

氏名	続柄	生年月日	年齢	備考
大橋　幸司	本人	1965年６月19日	59歳	会社員
愛子	妻	1965年２月17日	59歳	パートタイマー

Ⅱ．大橋家（幸司さんと愛子さん）の財務データ

〈資料１：保有財産（時価）〉　（単位：万円）

	幸司	愛子
金融資産		
預貯金等（外貨預金を含む）	2,500	350
株式	－	200
社債	300	－
生命保険（解約返戻金相当額）	（各自計算）	（各自計算）
不動産		
土地（自宅敷地）	3,000	－
建物（自宅家屋）	600	－
その他（動産等）	200	100

〈資料２：負債残高〉

住宅ローン：750万円（債務者は幸司さん。団体信用生命保険付き）

〈資料３：生命保険〉　（単位：万円）

保険種類	保険契約者	被保険者	死亡保険金受取人	保険金額	解約返戻金相当額	保険期間
定期保険特約付終身保険A						
終身部分	幸司	幸司	愛子	300	130	終身
定期部分	幸司	幸司	愛子	3,000	－	2026年まで
終身保険B	幸司	幸司	愛子	500	270	終身
医療保険C	幸司	幸司	－	－	－	終身

注１：解約返戻金相当額は、現時点（2024年９月１日）で解約した場合の金額である。
注２：すべての契約において、契約者が保険料を負担している。
注３：契約者配当および契約者貸付はないものとする。

Ⅲ．その他
　上記以外の情報については、各設問において特に指示のない限り一切考慮しないこと。

《問35》 FPの米田さんは、まず現時点（2024年９月１日）における大橋家（幸司さんと愛子さん）のバランスシート分析を行うこととした。下表の空欄（ア）に入る数値を計算しなさい。

〈大橋家（幸司さんと愛子さん）のバランスシート〉　　　（単位：万円）

［資産］		［負債］	
金融資産		住宅ローン	×××
預貯金等（外貨預金を含む）	×××		
株式	×××		
社債	×××	負債合計	×××
生命保険（解約返戻金相当額）	×××		
不動産			
土地（自宅敷地）	×××		
建物（自宅家屋）	×××	［純資産］	（ア）
その他（動産等）	×××		
資産合計	×××	負債・純資産合計	×××

《問36》 ＭＺ社で正社員として勤務している幸司さんは、定年退職するか、ＭＺ社の再雇用制度を利用して継続して働くか悩んでいる。65歳以上の高年齢者が失業した場合の雇用保険の求職者給付について、ＦＰの米田さんに質問をした。米田さんが説明する際に使用した下表の空欄（ア）～（エ）にあてはまる語句の組み合わせとして、適切なものはどれか。

	65歳未満	65歳以上
被保険者	一般被保険者	（　ア　）被保険者
求職者給付	基本手当	（　イ　）給付金
給付制限期間	あり	（　ウ　）
失業の認定	4週間ごとに1回	（　エ　）

1）（ア）高年齢継続　（イ）高年齢雇用継続基本
　（ウ）あり　（エ）30日ごとに1回
2）（ア）高年齢継続　（イ）高年齢求職者
　（ウ）なし　（エ）1回限り
3）（ア）高年齢　（イ）高年齢雇用継続基本
　（ウ）なし　（エ）30日ごとに1回
4）（ア）高年齢　（イ）高年齢求職者
　（ウ）あり　（エ）1回限り

《問37》 愛子さんは、将来、父親の坂本隆三さんに係る相続が発生した場合の相続税について、FPの米田さんに質問をした。隆三さんの相続に関する米田さんの次の説明の空欄（ア）にあてはまる数値として、正しいものはどれか。なお、隆三さんの課税遺産総額（課税価格の合計額から基礎控除額を差し引いた後の金額）は12,000万円であるものとする。また、相続を放棄した者はいないものとする。

〈坂本隆三さんの親族関係図〉

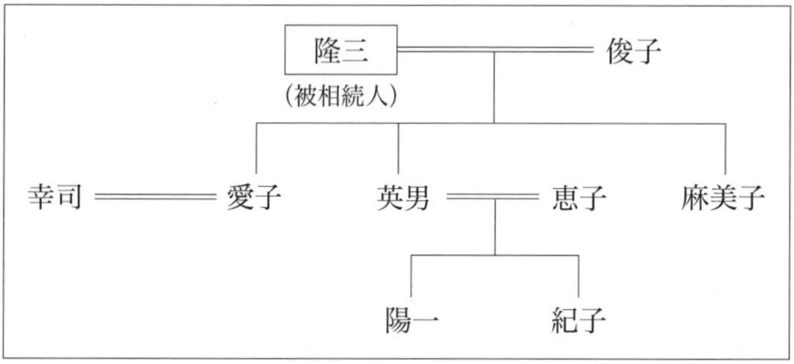

〈相続税の速算表（一部抜粋)〉

法定相続分に応ずる取得金額		税率	控除額
	1,000万円　以下	10%	−
1,000万円　超	3,000万円　以下	15%	50万円
3,000万円　超	5,000万円　以下	20%	200万円
5,000万円　超	1億円　以下	30%	700万円
1億円　超	2億円　以下	40%	1,700万円
2億円　超	3億円　以下	45%	2,700万円

「仮に現時点（2024年9月1日）で愛子さんの父親である隆三さんに係る相続が発生した場合の相続税の総額（各相続人等の納付税額を計算する前の金額）は、（　ア　）万円です。」

1）612.5
2）1,150
3）1,850
4）2,000

《問38》 幸司さんは、国内の証券会社の特定口座（源泉徴収選択口座）で保有していた利付国債が2024年３月に満期を迎え、償還金を受け取った（下記〈資料〉参照）。この国債の償還金に課される所得税および住民税の合計額を計算しなさい。なお、解答に当たっては、償還の際に支払われる利子については考慮しないこと。また、解答用紙に記載されている単位に従うこととし、復興特別所得税については考慮しないこと。

〈資料：利付国債の明細〉

額面金額：400万円
購入価格：額面100円につき97.00円（購入時の手数料およびその消費税等については考慮しない）
保有期間：４年間

《問39》 幸司さんは、自分が死亡した場合に備えて、自宅（土地・建物）を愛子さんに生前贈与することを検討している。仮に現時点（2024年９月１日）で幸司さんが保有する自宅（土地・建物）のすべてを、贈与税の配偶者控除を活用して愛子さんに生前贈与した場合、愛子さんが納付すべき贈与税額として、正しいものはどれか。なお、愛子さんは贈与税の配偶者控除の適用を受けるための要件をすべて満たしており、2024年においてこれ以外に贈与により取得する財産はないものとする。

〈自宅の相続税評価額（幸司さんの持分）〉
土地：2,400万円
建物：600万円

〈贈与税の速算表〉

（イ）18歳以上の者が直系尊属から贈与を受けた財産の場合

基礎控除後の課税価格	税率	控除額
200万円以下	10%	－
200万円超　400万円以下	15%	10万円
400万円超　600万円以下	20%	30万円
600万円超　1,000万円以下	30%	90万円
1,000万円超　1,500万円以下	40%	190万円
1,500万円超　3,000万円以下	45%	265万円
3,000万円超　4,500万円以下	50%	415万円
4,500万円超	55%	640万円

（ロ）上記（イ）以外の場合

基礎控除後の課税価格	税率	控除額
200万円以下	10%	－
200万円超　300万円以下	15%	10万円
300万円超　400万円以下	20%	25万円
400万円超　600万円以下	30%	65万円
600万円超　1,000万円以下	40%	125万円
1,000万円超　1,500万円以下	45%	175万円
1,500万円超　3,000万円以下	50%	250万円
3,000万円超	55%	400万円

1）177万円
2）210万円
3）231万円
4）275万円

《問40》 幸司さんの母のスミ子さんは、在宅で公的介護保険のサービスを利用している。スミ子さんが2024年８月の１ヵ月間に利用した公的介護保険の在宅サービスの費用が22万円である場合、下記〈資料〉に基づく介護（在宅）サービスの利用者負担額合計として、正しいものはどれか。なお、スミ子さんは公的介護保険における要介護２の認定を受けており、介護サービスを受けた場合の自己負担割合は１割であるものとする。また、同月中に〈資料〉以外の公的介護保険の利用はないものとし、記載のない条件については一切考慮しないものとする。

〈資料〉

［一郎さんの介護（在宅）サービス利用時の自己負担額：2024年８月分］

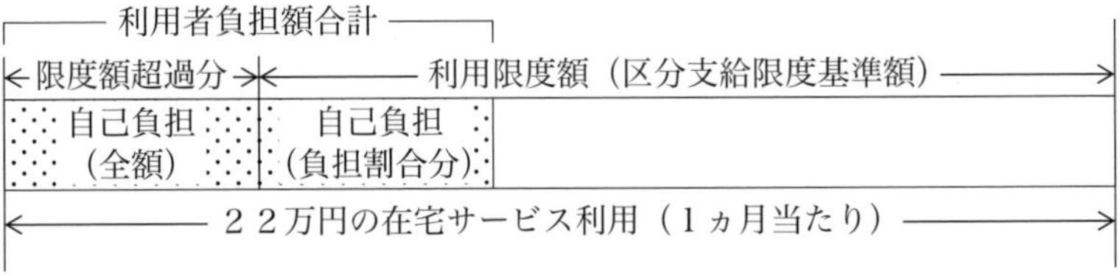

［在宅サービスの１ヵ月当たりの区分支給限度基準額］

要介護度	区分支給限度基準額（月額）
要支援１	5,032単位
要支援２	10,531単位
要介護１	16,765単位
要介護２	19,705単位
要介護３	27,048単位
要介護４	30,938単位
要介護５	36,217単位

※１単位は10円とする。

1）19,705円
2）22,000円
3）22,950円
4）42,655円

キリトリ線

予想問題　学科　解答用紙

問題番号	解　答　欄			
(1)	⊏1⊐	⊏2⊐	⊏3⊐	⊏4⊐
(2)	⊏1⊐	⊏2⊐	⊏3⊐	⊏4⊐
(3)	⊏1⊐	⊏2⊐	⊏3⊐	⊏4⊐
(4)	⊏1⊐	⊏2⊐	⊏3⊐	⊏4⊐
(5)	⊏1⊐	⊏2⊐	⊏3⊐	⊏4⊐
(6)	⊏1⊐	⊏2⊐	⊏3⊐	⊏4⊐
(7)	⊏1⊐	⊏2⊐	⊏3⊐	⊏4⊐
(8)	⊏1⊐	⊏2⊐	⊏3⊐	⊏4⊐
(9)	⊏1⊐	⊏2⊐	⊏3⊐	⊏4⊐
(10)	⊏1⊐	⊏2⊐	⊏3⊐	⊏4⊐
(11)	⊏1⊐	⊏2⊐	⊏3⊐	⊏4⊐
(12)	⊏1⊐	⊏2⊐	⊏3⊐	⊏4⊐
(13)	⊏1⊐	⊏2⊐	⊏3⊐	⊏4⊐
(14)	⊏1⊐	⊏2⊐	⊏3⊐	⊏4⊐
(15)	⊏1⊐	⊏2⊐	⊏3⊐	⊏4⊐
(16)	⊏1⊐	⊏2⊐	⊏3⊐	⊏4⊐
(17)	⊏1⊐	⊏2⊐	⊏3⊐	⊏4⊐
(18)	⊏1⊐	⊏2⊐	⊏3⊐	⊏4⊐
(19)	⊏1⊐	⊏2⊐	⊏3⊐	⊏4⊐
(20)	⊏1⊐	⊏2⊐	⊏3⊐	⊏4⊐
(21)	⊏1⊐	⊏2⊐	⊏3⊐	⊏4⊐
(22)	⊏1⊐	⊏2⊐	⊏3⊐	⊏4⊐
(23)	⊏1⊐	⊏2⊐	⊏3⊐	⊏4⊐
(24)	⊏1⊐	⊏2⊐	⊏3⊐	⊏4⊐
(25)	⊏1⊐	⊏2⊐	⊏3⊐	⊏4⊐
(26)	⊏1⊐	⊏2⊐	⊏3⊐	⊏4⊐
(27)	⊏1⊐	⊏2⊐	⊏3⊐	⊏4⊐
(28)	⊏1⊐	⊏2⊐	⊏3⊐	⊏4⊐
(29)	⊏1⊐	⊏2⊐	⊏3⊐	⊏4⊐
(30)	⊏1⊐	⊏2⊐	⊏3⊐	⊏4⊐

問題番号	解　答　欄			
(31)	⊏1⊐	⊏2⊐	⊏3⊐	⊏4⊐
(32)	⊏1⊐	⊏2⊐	⊏3⊐	⊏4⊐
(33)	⊏1⊐	⊏2⊐	⊏3⊐	⊏4⊐
(34)	⊏1⊐	⊏2⊐	⊏3⊐	⊏4⊐
(35)	⊏1⊐	⊏2⊐	⊏3⊐	⊏4⊐
(36)	⊏1⊐	⊏2⊐	⊏3⊐	⊏4⊐
(37)	⊏1⊐	⊏2⊐	⊏3⊐	⊏4⊐
(38)	⊏1⊐	⊏2⊐	⊏3⊐	⊏4⊐
(39)	⊏1⊐	⊏2⊐	⊏3⊐	⊏4⊐
(40)	⊏1⊐	⊏2⊐	⊏3⊐	⊏4⊐
(41)	⊏1⊐	⊏2⊐	⊏3⊐	⊏4⊐
(42)	⊏1⊐	⊏2⊐	⊏3⊐	⊏4⊐
(43)	⊏1⊐	⊏2⊐	⊏3⊐	⊏4⊐
(44)	⊏1⊐	⊏2⊐	⊏3⊐	⊏4⊐
(45)	⊏1⊐	⊏2⊐	⊏3⊐	⊏4⊐
(46)	⊏1⊐	⊏2⊐	⊏3⊐	⊏4⊐
(47)	⊏1⊐	⊏2⊐	⊏3⊐	⊏4⊐
(48)	⊏1⊐	⊏2⊐	⊏3⊐	⊏4⊐
(49)	⊏1⊐	⊏2⊐	⊏3⊐	⊏4⊐
(50)	⊏1⊐	⊏2⊐	⊏3⊐	⊏4⊐
(51)	⊏1⊐	⊏2⊐	⊏3⊐	⊏4⊐
(52)	⊏1⊐	⊏2⊐	⊏3⊐	⊏4⊐
(53)	⊏1⊐	⊏2⊐	⊏3⊐	⊏4⊐
(54)	⊏1⊐	⊏2⊐	⊏3⊐	⊏4⊐
(55)	⊏1⊐	⊏2⊐	⊏3⊐	⊏4⊐
(56)	⊏1⊐	⊏2⊐	⊏3⊐	⊏4⊐
(57)	⊏1⊐	⊏2⊐	⊏3⊐	⊏4⊐
(58)	⊏1⊐	⊏2⊐	⊏3⊐	⊏4⊐
(59)	⊏1⊐	⊏2⊐	⊏3⊐	⊏4⊐
(60)	⊏1⊐	⊏2⊐	⊏3⊐	⊏4⊐

※　必要に応じ、コピーしてお使いください。

実技　予想問題①
《金財》個人資産相談業務　解答用紙

【第1問】

《問1》

〈答〉

	①	②	③
記号			

《問2》

〈答〉　①　　　　(円)　②　　　　(円)

③　　　　(円)　④　　　　(円)

《問3》

〈答〉

	①	②	③
○×判定			

【第2問】

《問4》

	①	②	③
○×判定			

《問5》

〈答〉

	①	②	③
○×判定			

《問6》

〈答〉　①　　　　(%)　②　　　　(%)

キリトリ線

キリトリ線

【第3問】

《問7》

〈答〉

	①	②	③
記号			

《問8》

〈答〉

	①	②	③
○×判定			

《問9》

〈答〉 ① ______________________ (円)　② ______________________ (円)

③ ______________________ (円)

【第4問】

《問10》

〈答〉 ① ______________________ (m^2)　② ______________________ (m^2)

《問11》

〈答〉

	①	②	③
○×判定			

《問12》

〈答〉

	①	②	③
○×判定			

【第 5 問】

《問13》

〈答〉

	①	②	③
記号			

《問14》

〈答〉

	①	②	③
○×判定			

《問15》

〈答〉 ① ＿＿＿＿＿＿＿＿ (万円) ② ＿＿＿＿＿＿＿＿ (万円)

③ ＿＿＿＿＿＿＿＿ (万円) ④ ＿＿＿＿＿＿＿＿ (万円)

キリトリ線

実技　予想問題②
《金財》生保顧客資産相談業務　解答用紙

【第1問】

《問1》

〈答〉 ①＿＿＿＿＿＿＿＿＿＿(円)　②＿＿＿＿＿＿＿＿＿＿(円)

《問2》

〈答〉

	①	②	③
〇×判定			

《問3》

〈答〉

	①	②	③
〇×判定			

キリトリ線

【第2問】

《問4》

〈答〉 ①＿＿＿＿＿＿＿＿＿＿(万円)　②＿＿＿＿＿＿＿＿＿＿(万円)

《問5》

〈答〉

	①	②	③
〇×判定			

《問 6 》

〈答〉

	①	②	③
○×判定			

【第 3 問】

《問 7 》

〈答〉 ① ＿＿＿＿＿＿＿＿＿＿＿＿ (万円)　② ＿＿＿＿＿＿＿＿＿＿＿＿ (万円)

《問 8 》

〈答〉

	①	②	③
○×判定			

《問 9 》

〈答〉

	①	②	③	④
○×判定				

【第 4 問】

《問10》

〈答〉

	①	②	③
記号			

キリトリ線

《問11》

〈答〉

	①	②	③
○×判定			

《問12》

〈答〉 ①＿＿＿＿＿＿＿＿＿＿(円)　②＿＿＿＿＿＿＿＿＿＿(円)

③＿＿＿＿＿＿＿＿＿＿(円)　④＿＿＿＿＿＿＿＿＿＿(円)

【第5問】

《問13》

〈答〉

	①	②	③	④
記号				

《問14》

〈答〉

	①	②	③
○×判定			

《問15》

〈答〉 ①＿＿＿＿＿＿(万円)　②＿＿＿＿＿＿(万円)　③＿＿＿＿＿＿(万円)

キリトリ線

実技　予想問題③
《日本FP協会》資産設計提案業務　解答用紙

第1問	
問1	(ア)　(イ)　(ウ)　(エ)
問2	(ア)　(イ)　(ウ)　(エ)
第2問	
問3	
問4	(%)
問5	
問6	(ア)　(イ)　(ウ)　(エ)
第3問	
問7	
問8	
問9	
問10	(ア)　(イ)　(ウ)　(エ)
第4問	
問11	(ア)　(万円) (イ)　(万円) (ウ)　(万円)
問12	
問13	(ア)　(イ)　(ウ)　(エ)
問14	(ア)　(イ)　(ウ)　(エ)
第5問	
問15	
問16	
問17	
問18	
第6問	
問19	
問20	
問21	(ア)　(イ)　(ウ)

第7問	
問22	(万円)
問23	(万円)
問24	
第8問	
問25	(円)
問26	(円)
問27	(円)
第9問	
問28	
問29	(ア)　(イ)　(ウ)
問30	(万円)
問31	(ア)　(イ)　(ウ)
問32	(ア)　(イ)　(ウ)
問33	
問34	
第10問	
問35	(万円)
問36	
問37	
問38	(円)
問39	
問40	

※　必要に応じ、コピーしてお使いください。

キリトリ線